남겨진 자들의 신학

남겨진 자들의 신학

세월호의 기억과 분노 그리고 그 이후

세월호의 아픔을 함께하는 이 땅의 신학자들 지음
NCCK 세월호참사대책위원회 엮음

동연

편 집 자
머 리 말

1년. 세계를 가로질러 간다는 뜻의 세월을 자신의 이름으로 내걸었던 배가 한 지점에 멈춰선 채 시간을 가로질러 다시 우리 앞에 섰다. 시간을 건너온 배는 생생한 기억 속에서 뒤집혀 있고, 이 기억의 생생함에 몸서리치는 사람들의 두려움은 소멸된 기억과 왜곡된 기억 사이를 오가며 스스로를 기만하고 있다.

그러는 사이, 신학자들은 자신들의 신학하기가 작동 불능의 통영함과 다를 바 없다는 사실로 인해 좌절해야 했다. 교회는 기억의 소멸을 내용 없는 '주님의 뜻'으로 대체하기 바빴고 기억의 왜곡을 강요된 '주님의 은혜'로 정당화하는 데 열을 올렸다. 놀랍게도 교회엔 신학이 없었을 뿐만 아니라, 신학이 있다고 하더라도 신학'하기'는 불가능하다는 것을 증명하고 있었다. 여기 이 책의 집필에 참여한 신학자들은 세월호 참사를 기점으로 한 대한민국의 경험 앞에서 오만하게도 무력했던 신학과의 결별을 선언하고, 역사의 고통 앞에서 함께 고통 받으며 전진하는 신학의 탄생을 염원하여 부끄러운 펜을 들었다.

이러한 신학이라면 우리의 역사가 그 속에서 희망을 꿈꾸며 오늘의 '넘사벽'을 넘어설 가능성을 먼저 제시해야 할 것이다. 역사 속에서 역사의 절망을 초월하는 꿈에 대한 이야기, 우리는 그것을 성령론이라고 부른다. 우리는 신과 그리스도를 애써 설명하고 이 설명을 중심으로 세계를 납득시키려는 정형화되고 위계적인 닫힌 신학에서 벗어나고자 한다. 세월호 참사가 남기고 간 흔적들, 그 고통과 분노 속에서 기억을 주워 담으며 함께 아파하고 미래를 열어가는 열린 신학을 추구하고자 한다. 열린 신학이라면, 세계 내에서 활동하는 신, 곧 성령과 그 성령이 활동하는 공간, 곧 세계에서 출발해야 한다. 우리의 세계, 세월호 참사 이후의 세계 속에서 묻기 시작해야 한다—세월호 참사 이후 우리를 줄곧 괴롭혀오고 있는 것은 과연 무엇인가? 숱한 매스미디어의 현장감 넘치는 끔찍한 보도의 홍수 속에서 오히려 더 묻혀가는 진실?

그러나 세월호 참사 이후 우리 사회를 괴롭힌 것은 감춰진 진실만은 아니었다. 통상적으로 진실의 적은 거짓이지만, 이번에는 아니었다. 진실을 감추려는 세력의 천연덕스런 가식과 기만은 그들이 흘린 악어의 눈물과 돌변한 냉담 뒤에 숨은 속셈을 감추지 못했다. 그들은 감추려고 했기 때문에 오히려 그들의 모든 것을 드러냈다. 감추는 것이 그들의 본질이라는 것을.

우리를 보다 더 깊은 곳에서 괴롭힌 것은 그들에 의해서 감춰진 진실이 아니었다. 아직도 2014년 4월 16일 아침 진도 앞바다에서 세월호가 어떻게 침몰했고, 304명이나 되는 무고한 생명이 왜 수장되어야만 했는지, 그 직접적인 원인에 대해서 공식적으로 밝혀진 것은 거의 없다. 그러나 지난 1년 동안 우리 사회는 밝혀서 알아내야만 하는 것보다 더 많은 것을 배우게 되었다. 그것이 세월호를 침몰시킨 훨씬 더 근본적인 원인과 연관된 것인데, 매우 역설적으로, 그것은 우리의 몸을 물들일 만큼 확연해서 오히려 잘 드러나지 않았다. 몰라서 드러나지 않은 것이 아니라, 너무 지배적인 사실이기 때문에 표현되지 않은 것뿐이었다. 우리 사회가 구축해온 문명이 실패했다는 위기감. 그 사실로부터 거짓에 굴복하는 사회적 자발성이 짜이고, 진실을 향한 간절한 몸짓을 조롱하고 짓누르는 야만이 계속해서 탄생하고 있다는 사실을 우리는 목격했다.

만일 우리의 싸움이 의도적으로 진실을 감추려는 세력들과의 대결이기만 했다면 분노의 칼 몇 자루면 충분했을 것이다. 그러나 세월호의 진실은 앎의 부족보다는 삶의 방식과 연결된 것으로, 우리 삶을 구성하는 총체성에 대해서 물어야만 드러날 수 있는 것이었다. 우리가 일하는 이유, 우리가 믿고 사고하는 방식, 우리가 희망하는 지점 등이 충분히 밝혀져야만 했다. 그것이 신학자로서 우리가 세월호 '이후의' 신학을 하지 않으면 안 되는 이유가 되었다. 하지만 이 작업을 하는 동안 신학적 진술의 어려움을 크게 경험했다. 우리 역시 우리 시대의 문명이 만들어놓은 질병을 앓고 있는 당사자이기에 나병환자처럼 일그러진 입으로 다른 어떤 것보다도 우리 한국교회와 신학에 대한 이야기에서 출발해야 했기 때문이었다. 그 어려움 역시 앎의 부족 탓이라기보다는 이 시대가 소멸시키고 있는 간절함의 부재에서 오는 것이었다.

우리 시대는 어떻게 진실을 향한 간절함을 형상화하고 지켜갈 수 있을까? 이 질문을 하는 우리에게 세월호 참사는 무엇을 던져주고 있는가? 이것이 이 책을 구상하기 위해 모인 첫자리에서 우리가 스스로에게 던진 질문이었다. 이 질문을 통해서 우리는 세월호 참사가 던진 신학적 키워드 네 개를 선정했다. 그것은 '고통', '분노', '기억', '동행', 네 단어로 압축되었다. 그리고 이 단어들이 지닌 문제의식을 신학적 체계에 담기 위해서, 신론, 기독론, 성령론 그리고 교회론의 구도를 빌렸다. 이를 통해서, 희생자와 유가족의 고통에 대한 하나님의 응답, 조장되는 망각에 맞서 생명의 영이 주는 기억의 내용, 죽음의 세력에 대항하는 거룩한 분노의 원점으로서의 예수사건, 시대를 함께 아파하며 동행해야 할 교회의 과제 등에 대해 말하게 되었다.

이 책은 작년 11월 28일, 20여 명의 신학자가 1박 2일로 모여 함께 구상한 결과물이다. 당시에 우리는 세월호 참사가 한국 신학의 분기점으로 작용할 수밖에 없다는 점을 직감적으로 공유했다. 마치 아우슈비츠 이후의 유대-그리스도교 신학이 그 이전과 다를 수밖에 없었듯이, 1960년대 개신교 신학에서 '신 죽음의 신학'이 등장하여 그 이전의 신학적 사유가 불능에 빠졌음을 솔직하게 고백했듯이, 세월호 이전을 지배했던 신학적 사유는 근본적으로 재구성되어야 한다는 점에 모두가 동의했다. 이러한 신학적 각성은 각자의 학문적 이력으로 본다면 오래전에 시작된 것이었지만, 세월호 참사로 인해 생겨난 사회적 고통에 동참하려는 몸짓이 모이면서 구체화되기에 이른 것이다.

우리의 활동은 일련의 발자국을 갖고 있다. 8월 15일의 광화문 천막 농성장에서 드린 예배와 시국성명서 발표, 10월 7일 청운동 기도회와 유가족 방문 간담회, 10월 30일 광화문광장에서 가진 기자회견과 저녁 기도회 등을 거치면서 우리의 활동은 집단적인 의식으로 성장했다. 그 과정에서 처음 8월 함께 했던 십여 명의 신학자, 그리고 다시 10월 7일 아무런 이름과 명예 없이 자발적으로 SNS 메시지를 보고 모였던 40여 명의 신학자, 그리고 SNS와 메신저로 전해진 서명 소식을 듣고 성명서에 함께 해주었던 177명의 신학자, 이들의 자발적인 연대가 우리의 신학 작업이 계속 앞으로 나아갈 수 있도록 만들었다. 이는 다시 성탄절 즈음에 발간한 세월호 에세이집 『곁에 머물다』로 이어졌고, 이 책은 그 후속작으로서 좀 더 신학적인 주장을 가급적 이 시대를 살아가는 일반 독자들이 읽을 수 있는 언어로 서술하고자 노력하였다.

이 글을 쓴 신학자들은 대부분 괴로움을 호소하곤 했다. 학문과 현장의 간격이 빚어내는 거리감과 부채의식은 글쟁이의 성실함만으로는 해결되지 않는 특성을 갖고 있기 때문일 것이다. 그러나 그 고민은 앞으로 이 책이 읽혀지는 강의실과 교회에서 더욱 큰 지혜와 힘으로 퍼져나가는 계기로 작용할 것이라고 믿는다. 그리하여 부디 이 책이 세월호 이후의 시대를 살며 함께해야 하는 신학생들과, 이 시대 앞에서 어쩔 줄 몰라 하는 교회와 성도들에게 널리 읽히길 바란다.

무수히 많은 말을 가졌음에도 불구하고, 자신에게 부여된 한정된 주제에 맞춰서 글을 쓰고 다듬어준 모든 분에게 감사를 드린다. 이 책은 그 누구보다도 이 책의 글쓰기에 직접 참여하지 못했지만, 광화문 기도회와 청운동 기도회 그리고 광화문 기자회견과 예배에 함께하며 힘을 보태주었던 177명의 글이다. 비록 모두의 글을 모을 수 있는 작업이 되진 못했지만, 우리의 가슴은 그 이름 없이 빛도 없이 자발적으로 함께했던 여러 신학자들의 연대를 향한 열정으로 채워져 있었고, 그 힘과 열정이 이 작업을 가능케 했다. 시대와 교회를 향한 신학이 죽었다고 말하여지는 작금에 일면식도 없이 오직 고통 받는 이들과 함께하기 위하여 모였던 그 신학자들에게 이 책을 바친다. 아울러 신학자들이 함께 모여 집필할 수 있는 계기와 조건을 마련해주신 〈NCCK 세월호참사대책위원회〉에게 감사를 드린다. 생명평화마당의 〈작은교회박람회〉와 〈변선환 아키브〉는 이 책의 출판에 기꺼이 재정적 후원을 더해주었고, 이에 대해 깊은 감사의 마음을 전한다. 또한 출판을 맡아주신 도서출판 동연의 사장 김영호 장로님에게도 감사의 마음을 전한다. 이 모든 분의 수고와 헌신이 참사 1주년을 맞도록 고통을 이어가고 있는 유가족들에게 작은 위로와 희망이 되기를 빈다.

다시 찾아온 4월에
공동편집자 이정배 김희헌 박일준 정경일 신익상

차
례

분노 예 수 의 저 항

고통 하 느 님 을 만 나 는 장 소

기억

성령의 울음

세월호 참사 以後
하느님 영靈을 말하는 법
: 의미 없이 사라지는 것들에 대한 기억, 그를 신학적으로 사유하기

이 정 배 ― 감 리 교 신 학 대 학 교

제2차 세계 대전 종료 후 작가 엘리 비젤은 아우슈비츠를 통해 죄 없는 유대인들이 죽었으나 실상은 기독교가 사망선고를 받은 것이라 하였다. 국가사회주의를 표방한 히틀러 정권을 지지했고 유대인 차별 및 학살에 동조했으며 급기야 빵을 위해 파시즘을 출현시킨 독일 기독교가 아우슈비츠에서 죽었다는 것이다. 다행히도 이에 저항했던 소수의 기독교인들로 인해 그 목숨이 이어졌고 신학이 새롭게 되었으니 하느님 靈의 역사라 하겠다. 세월호 참사가 일어난 지난해가 바로 이런 저항(바르멘 선언)이 있었던 80년 되는 해였고 그 1주기인 올해는 그곳에서 중심 역할을 했던 신학자 본회퍼가 옥사한지 70년 되는 시점이다. 이렇듯 자신들의 목숨을 내놓고 역사의 방향을 바꿨던 소수의 사람들, 예외자인 그들로 인해 이 땅의 역사가 단순 세속사가 아닌 하느님 靈의 현존사임을 믿을 수 있다. 승천하는 예수께서 두려움에 빠진 제자들을 위해 성령을 보

낸다 했고 그 성령을 통해 자신보다 더 큰 일을 이룰 것이다(요 14:12) 했던 말을 이룬 탓이다.

2014년 4월 16일 진도 앞바다의 참사는 당시 아우슈비츠에 비견될 만큼 우리 사회의 민낯을 적실히 보여주는 시대적 징표였다. 바람과 구름의 향방을 보며 일기를 가늠하는(눅 12:56) 우리가 304명의 무고한 생명을 삼켜버린 죄악상을 통해 시대(때)를 읽지 못한다면 유대인 학살에 동조했던 당시 기독교인들과 다를 수 없다. 잘못된 정치와 경제적 탐욕에 눈먼 어른들 탓에, 살릴 수 있는 아이들을 구하지 못한 국가의 총체적 무능으로 버림받은 아이들, 그들 죽음이 지닌 시대적 의미를 묻고 찾지 않는다면 국가는 앞을 향해 한걸음도 내딛을 수 없고 기독교의 존재이유 역시 실종될 것이다. 불행히도 우리 국가는 자신들의 잘못을 덮고자 할 뿐 진실(facts) 규명에 소극적이었다. 유가족의 증언이 담긴『금요일엔 돌아오렴』[1]이란 책자 속에서 우리가 본 것은 국가에 대한 유가족의 절망뿐이었다. 아이들의 마지막 순간이 담긴 유품, 핸드폰의 영상조차 부모들은 쉽게 돌려받지 못했다. 자식 잃은 부모들의 분노를 역이용하여 그들을 폭도로 몰아가려는 간계가 팽목항에서 작동할 정도였다. 거짓 구조 활동을 벌였던 해경, 그것을 사실인양 보도한 언론들, 유병언에게 책임을 돌린 정치권은 아이들의 죽음을 실시간으로 지켜본 부모들에겐 거짓과 은폐의 온상이었다. 진실은 묻혔고 진실에 대한 이념적 공방만이 신문을 도배했으며 그로써 백성들이 분열되었다. 이에 예외적 고통에 몸부림쳤던 유가족이 홀연히 일어섰다. 지금껏 가정과 일터를 오가며 평범한 일상을 소망했던 유가족이 이 땅의 미래를 위해 자식들

1　416 세월호 참사 시민기록위원회 작가기록단,『금요일엔 돌아오렴: 240일간의 세월호 유가족 육성기록』(창비, 2015). 이하 내용에서 종종 이 책의 내용을 각주 없이 언급했다.

이 죽은 이유 곧 사실적 진리를 찾고자 거리의 사람이 되었고 자기만 생각하며 살았던 칠백 만의 민초가 이에 함께 동조, 협력한 것이다. 하지만 다수 기독교인들, 대형 교회 목회자들 및 신자들일수록 이들의 고통과 진실규명에 마음을 합해주지 못했다. 오히려 그들은 슬픔을 거두라고, 죽은 자는 천국 가고 남은 자에게 물질보상이 있을 터이니 세월호 망상에서 벗어날 것을 주문했다. 하지만 많은 시민들, 이웃 종교인들은 오히려 그렇지 않았다. 억울한 죽음의 이유를 끝까지 밝히려 했고 죽은 자들의 소리 없는 증언을 기록했다. 의미 없이 사라져간 이들의 한 맺힌 절규를 지속적으로 기억하려 한 것이다. 이런 점에서 힘없는 유가족의 용기 그리고 시민의 지속적 참여는 하느님 靈의 활동의 파편들이다. 주지하듯 성서(롬 8:26)는 성령께서 지극히 약한 자, 자신들 소리를 빼앗긴 자들을 대신하여 탄식하며 그들 소리를 듣는다 하였다. 세월호 참사, 그것이 우발적 사건을 넘어 학살로 의심되는 정황에서 유가족의 절규를 듣고 함께하는 이들의 간구에 응답하는 것이 靈과 조우하는 방식일 것이다. 이들의 절규란 사실을 밝히려는 열망이며 잊히는 것에 대한 거부이자 두려움이었다. 하느님의 靈이 자기 몸 하나 가눌 수 없을 만큼 슬픈 유가족과 자기 삶 내던지고 그들 곁에 머문 선량한 이웃들을 통해 일하고 있는 한, 우리 역시 그들 절규에 공명하지 않을 수 없다. 이것이 세월호 以後, 우리가 하느님 靈에 집중해야 할 이유이다. 우리가 그들을 대신하여 탄식하고 그들의 빼앗긴 소리를 기억할 수 없다면 유가족뿐 아니라 우리 모두에게 미래는 없다. 미래를 꿈꾸는 노래, 인순이의 '거위의 꿈'이 가장 듣기 싫은 노래 중 하나가 되었다는 한 유가족의 아픈 증언이 바로 하느님 靈의 탄식이다. 바람의 존재를 나뭇가지 흔들림으로 알 듯(요 3:8) 이런 하느님 靈의 활동 역시 기억하여 미래를 만들려는 우리 삶의 실천을 통해 증거될 수 있다.

책 제목처럼 사월 중순 어느 금요일에 가족 품으로 돌아와야 할 아이들의 부모들은 시신조차 보지 못한 채 가슴에 묻고 말았다. 평소 곱고 착한 모습이 수십 일 이상 차디찬 진도바다 속에 머문 탓에 부모조차 그 얼굴을 제정신으로 바라볼 수 없었다. 무섭고 두려워서가 아니라 살아생전의 모습으로 자식을 온전히 기억하고 싶었던 까닭이다. 단장지통斷腸之痛이란 말이 있다. 새끼를 빼앗긴 어미 원숭이의 창자가 한 치 간격으로 끊어져 느끼는 아픔을 뜻한다. 국가의 무능과 부패 탓에 자식들 죽음을 실시간으로 지켜봐야 했던 부모들의 고통은 아들로 인해 찬가讚歌를 부를 만큼 희망에 부풀었고 당당했던 마리아가 그 아들 예수의 십자가 처형을 목도하며 느낀 아픔과 비교될 수 있겠다. 따라서 우리는 죄 없는 아이들의 억울한 죽음을 어른들의 죄악, 그들이 만든 세상 죄악을 지고 우리 시대를 위해 희생양 된 예수라 고백한다. 그들의 죽음을 결코 헛되이 하지 않기 위함이다. 이것이 미정고未定稿로서 예수의 자기고백이었고 그가 자신보다 더 큰 일을 우리에게 기대한 이유일 것이다. 여기서 우리는 공감, 혹은 공감하는 인간Homo Empathicus이란 말을 떠올린다.[2] 탄식하며 간구하는 하느님 靈을 '단장지통'의 공감력이라 달리 언표하기 위해서이다. 성서는 우리가 세상의 소금이고 빛인 까닭에 소금과 빛의 삶을 살라고 말씀한다. 윤리적 행위를 요구하기 전에 그에 합당한 존재론적 의미를 부여한 것이다. 한 맺힌 이들의 절규를 듣고 그와 하나 되라는 요구는 인간 자체가 공감할 수 있는 존재임을 앞서 각인시켰다. 가장 한국적 사상가인 多夕 유영모는 위로부터 '받'아 '할' 것을 지닌 인

2　제러미 리프킨, 이경남 역, 『공감의 시대』(민음사, 2009), 1부 내용. 파커 J. 파머, 김찬호 역, 『비통한 자들을 위한 정치학』(글항아리, 2012), 155-194 참조.

간존재를 '받할' 즉 '바탈'이라 풀었다. 이 바탈의 존재론적 특성을 성서는 하느님 靈이라 한 것이다.[3] 이에 근거, 인간은 누구와도 접속 가능한 존재, 함께 느낄 수 있는 힘을 지녔으나 그것이 시대의 약자들, 뭇 예외자들과 공감하는 한에서 더욱 초월적일 수 있다. 여기서 바탈은 이런 靈의 보편적 확장을 의미한다. 세월호 희생자들 중 소수만이 기독교인이었고 그들과 끝까지 동행한 다수의 시민이 비기독교인이었던 탓에 하느님 영의 보편적 이해는 반드시 필요하다. 이런 확장 속에서 탄식하며 간구하는 하느님 靈이 인간의 몸을 입은 우리 모두에게 정의와 공감토록 역사役事할 것이다. 공감적 정의는 어떤 종교, 이념도 독점할 수 없는 하느님 靈의 활동인 까닭이다.

주지하듯 오순절, 성령강림 사건은 우리에게 바로 이 점을 명시했다. 저마다 다른 말(방언)로 이야기했으나 서로 통通할 수 있음에 함께 놀랐다(행 2:1-4)고 하였다. 새 술에 취했다고 비방 받을 만큼 더불어 소통하고 있음에 모두 경이를 느낀 것이다. 베드로는 이런 현상이 하느님 靈이 부여한 예언과 환상 그리고 꿈 탓이라 여겼다. 공감과 소통의 초월적 근거를 우리에게 재차 각인시킨 것이다. 이는 결국 뭇 차이에도 불구한 인간 간의 일치, 공동선共同善의 선취로서 우리 미래상의 일면을 보여주었다. 하지만 오순절 이야기는 바벨탑 사건과 견주어 해독될 때 그 의미가 더욱 명백하다. 지금껏 바벨탑은 神처럼 되고픈 인간의 욕망을 벌하고자 세상의 언어를 흩어 상호간 소통을 불가능하게 만든 사건으로 기억되었다. 반면 오순절의 소통은 이런 바벨탑의 분리와 단절의 반전 내

---

3 이정배, 『빈탕한데 맞혀놀이: 多夕으로 세상을 읽다』(동연, 2011), 199 이하 내용. 다석학회 엮음, 『다석강의』(현암사, 2006), 790 이하 내용(35강) 참조. 이외에도 본고에 나오는 미정고(未定稿)라는 말도 다석의 핵심 용어이다.

지 극복이라 했다. 하지만 다양성 자체가 신적 형벌이란 인습적 해석은 창조 시의 축복과 생육의 기회를 박탈하는 것으로 옳지 않다. 다양성의 거부는 오히려 통(획)일성의 사유와 맞물려 항시 지배체제의 가치관을 형성했고 그로써 반생명적 정조ethos를 낳던 탓이다. 그렇기에 여기서 핵심은 바벨탑 건설로 야기된 도시문화와 그 속에 깃든 에토스여야 한다.⁴ 하느님 얼굴을 피해 숨은 가인 후손들이 만든 도시문화는 자신들 힘의 집중을 위해 약자를 억압했고 예외자들을 인정치 않았다. 이로 인해 바벨탑은 다양성의 통제, 획일적 통일성의 상징이며 제국적 가치의 보고寶庫였다. 이런 도시문화가 바로 가인으로부터 오늘로 이어지는 원죄의 실상이다.

경험하듯 우리의 도시문화는 통일성, 자율성 그리고 익명성을 근거로 약자, 예외자, 소수자를 억압해왔다. 여기서 자율성은 힘과 권력을 창출하는 토대 힘을 뜻한다. 이를 막고자 神은 인간의 언어를 흩어 소통치 못하게 했고 바벨탑을 붕괴시킨 것이다. 이후 그 후손의 지은 죄가 아벨을 죽인 가인의 죄보다 몇 곱절 크고 많다는 성서의 증언이 바로 자율성, 곧 힘(권력)에 의존한 도시문화의 폐해를 증언한다. 대홍수 이후 하느님은 사람의 눈에서 눈물을 흘리게 하지 말 것과 동물을 피 채로 먹지 말라는(창 9:1-7) 새로운 정의를 선포했다. 1대 99의 불균형을 초래한 초국적 형태의 자본주의와의 단절을 명한 것이라 하겠다. 수백 명의 학생을 수장, 학살한 세월호 참사가 바벨탑과 오순절 사건의 맥락에서 읽혀져야 할 이유이다. 세월호의 고통이 우리의 기억을 오순절을 넘어 바벨탑에까지 닿도록 해야 마땅하다. 시대에 따라 형태를 달리한 지배와

---

4 김영석, 『성서에 던지는 물음표: 문화 비평적 성서 해석과 오늘』(동연, 2014), 99-103.

종속의 잘못된 인류 역사를 고쳐, 새로 쓰기 위함이다. 이런 맥락에서 세월호는 오늘 우리 시대의 바벨탑이자 도시문화의 지배가치인 자본주의와의 사투死鬪를 우리에게 요구한다. 예외자, 약자를 위한 성령의 위로와 탄식이 이렇듯 기억을 통해 태초부터 지금까지 이 세상 속에 이어져온 탓이다.

과거 아우슈비츠 비극이 파시즘, 전체주의에서 비롯한 것이라면 이 땅의 세월호 참사는 종교, 교회마저 집어삼킨 천민賤民자본주의로부터 야기된 예고된 재난이었다. 따라서 첫 번째 종교개혁이 가톨릭의 의지처인 봉건질서를 무너뜨렸듯이 그 500년 역사를 맞는 개신교회는 자본주의와 맞설 힘을 지녀야 마땅하다. 세월호 참사는 우리에게 이를 위한 시대적 표증이었고 그래서 우리는 그 의미를 바벨탑으로까지 소급했다. 하지만 자본주의를 추동했던 개신교가 그와 너무 같아졌고 오히려 그를 강화하고 있다. 기독교가 죄, 죄인 없이 존재할 수 없듯이 자본주의 역시 빚(부채) 없이는 유지될 수 없는 제의로서 이들 속에 희생양을 만드는 기제를 함께 작동시킨 탓이다. 하여 혹자는 예수의 神됨을 사용가치가 교환가치로 변질된 자본주의 체제와 견주기도 했다.[5] 자본이 인간의 걱정, 근심을 잠재우며 구매욕망이 영적체험을 대신하는 소위 시장의 신학을 출현시킨 것이다. 종종 자본주의는 시대를 위한 구원의 경제학이라 일컬어지기도 했다. 하지만 그것은 세월호 참사가 보여주듯 우리에게 절망을 약속하는 것으로 결국 神마저 죄짓게 만들 뿐이다. 세월호 유가족이 보았던 기독교의 민낯이 그 구체적 단면일 것이다. 결핍상태를 항구적으로 구조화하고 계획적 진부화로서 자연을 파괴하는 자본주의

---

5 문광훈, 『가면들의 병기창: 발터 베냐민의 문제의식』(한길사, 2014), 2부 내용. 이하 내용
   은 이를 풀어 나름대로 정리한 것이다.

와 기독교의 공생, 그것이 세월호 비극의 원초적 이유였다. 혹자는 이런 자본주의를 기독교의 기생충이라 부르기도 했다. 그러나 세월호의 불행은 예견된 일이긴 했으나 예외적 사건이었다. 하지만 이런 예외적 비상상태, 곧 문명사적 폭력이 전 지구적으로 확장되고 일상을 지배하고 있다. 예외상태가 일상이 되어가는 것이다. 세월호 참사가 이렇듯 인류의 미래상의 선취先取라면 종말론적 절망을 피하는 것이 옳다. 따라서 세월호 以後 신학은 자본주의 체제하의 예속적 삶을 중단시켜야 마땅하다. 종교개혁 500년을 맞는 이 땅의 신학이 세월호 以後의 신학과 중첩되어야 할 필연적 이유인 것이다. 하느님 靈의 보편성에 입각하여 성서를 고쳐 다시 읽고 자본주의와 맞서는 것이 세월호를 기억하는 이유이자 그 以後 신학의 확고한 본질이리라.

우리는 앞서 하느님 靈의 자발성과 탈脫경계성에 주목했다. 바람의 향방을 알 수 없듯이 하느님 靈 역시 불고 싶은 대로 불며 제도와 경계를 부수는 활동력을 지녔음을 보았다. 특별히 하느님 평화를 위해 사람이 만든 장벽을 허물고 서로를 온전히 소통시키는 주체로서 성령을 말하였으며 우리 스스로가 이런 靈의 처소가 될 것(엡 2:14-22)을 요구받았다. 자본주의를 수호하려 법法적 강제력을 앞세우는 시대적 관행과 맞설 목적에서이다. 그뿐 아니라 하느님의 정의와 은총의 관계 역시 되묻게 추동했다. 자본주의를 옹호하고 절대시하는 기존 법질서를 해체시켜 반인반수半人半獸가 아닌 곧 정규/비정규직의 구별 없이 밥 나누는 세상(平和)을 꿈꾸기 때문이다. 세월호 아이들이 부유층 자녀였더라도 이렇듯 구조에 소극적이며 특별법 제정에 미온적이었을까를 우리 민심民心이 의심하고 동요했던 것을 정부는 뼈아프게 기억해야 옳다. 참사 이후 확산된 유언비어들, 최종 규명되지 못했기에 사실facts아니라 말할 수 없는 험한 추측들은 법法에 대한 불신의 표현이었다. 법적 강제력과 맞서며 그를 불신하는 것은 기존질서를 해치는 의당 불온한 사건일 수 있겠다. 하지만 벽을 허무는 탈脫경계적 행위가 하느님 평화를 위한 靈의 일이었으니 우리 역시 허물고 맞서는 자가 되는 것이 마땅하다. 하지만 법질서의 전복은 하느님 평화를 위한 것일 뿐 무정부적인 혼동, 공동체의 파괴를 지향치 않는다. 오히려 현실을 다르게 보는 눈, 달리 만드는 힘을 선사하는 것으로서 신학은 이를 '은총'이라 했고 '메시아적 구원'이라 칭稱했다.

이명박 장로 대통령 시절 경험했듯 경제가 정치를 대신했고 스스로 신성화된 지경에서 우리는 법의 이름하에 비정상적인 것의 정상화를 요구받았다. 이 경우 법은 적법치 않을뿐더러 오히려 죄를 짓게 하는 지속적 방편이었다. 지난여름 세월호 아픔이 절정에 이르렀을 때 한 부장판사가 '지록위마指鹿爲馬'란 말로써 법조계의 비리를 알리지 않았던가? 따라서 신神적 강제력(메시아 도래)을 기대하며 은총의 이름으로 법을 전복하는 것이 신학의 존재이유가 되었다. 신학이 정치학과 변별되나 결코 무관할 수 없게 된 것이다. 한국교회가 유가족의 분노에 냉담했고 천국신앙으로 슬픔을 위로코자 한 것은 옳지 않았다. 오히려 권력에 종속된 법에 저항하며 밖에서 도래할 정의의 감각을 키워주는 것이 교회의 제 몫, 자기 할일이었다. 기독교에 대한 유가족의 절망은 기독교 스스로 은총의 감각, 성령의 역사役事를 방기한 것에서 비롯했다. 세월호 참사로 오히려 기독교가 죽었다는 말 역시 이런 의미일 것이다.

이제 기독교의 소생을 위하여 성서, 특히 로마서를 새롭게 읽을 필요가 있다.[6] 첫 번째 종교개혁가들이 로마서를 통해 중세를 벗을 수 있었듯, 두 번째 종교개혁 역시 그를 통해 자본주의 체제를 넘어서야만 한다.

하지만 공교롭게도 이 작업은 로마서에 대한 첫 개혁가들의 시각에서 자유로울 때 가능하다. 한마디로 로마서를 칭의稱義를 넘어 정의正義의 차원에서, 대속代贖과 자속自贖을 아우르는 화해和解의 책으로 읽자는 것이다. 바울이 당시의 제국 로마와 맞서며 그리스도의 남은 고난을 채웠듯 오늘 우리도 그 기억을 갖고 자본주의 체제와 그를 지탱하는 정치, 법과 맞서야 한다는 뜻이다. 기독교를 예수 우상주의 혹은 내세의 종교로 환원시키는 대신 세월호에서 여실히 드러났듯 인간을 사물화事物化하는 자본주의 체제와 맞서는 것이 하느님 靈의 담지자로서 우리 과제가 된 것이다. 성서가 종교적인 사적 경험을 엮은 책이 아니라 역사의 새 가능성을 여는 공공성(평화)의 보고寶庫인 까닭이다. 주지하듯 다메섹 사건 이후 바울은 당대의 실정법인 로마법과 유대법을 무력화했고 새로운 방식으로 정의를 세운 장본인이었다. 물론 성서의 증언대로 바울 역시도 이들 실정법과 하느님 의義 사이에서 고민이 깊었다(롬 7:24). 하지만 법法이 정의正義와 등가로 이해되고 강요된 탓에 억울한 이들의 눈물이 지금껏 그쳐질 수 없음을 알았다. 그렇기에 그는 국가 법이 아닌 또 다른 법, 약자의 눈물을 닦아 주는 하느님의 법, 곧 정의를 생각했다. 이런 자각을 일컬어 바울은 율법과 대비되는 믿음이라 한 것이다. 세월호 참사를 법을 넘어 하느님 정의의 관점에서 봐야 할 이유 역시 바로 여기에 있다. 세월호는 권력의 애완견 된 법 차원에서가 아니라 하느님 의義, 곧 믿음과 은총의 시각에서 그 해법을 찾을 수 있을 뿐이다.

그렇다면 하느님의 의義(正義), 곧 은총은 어떤 방식으로 우리 삶과 접속가능 할 수 있을 것인가? 이에 대한 바울의 답이 바로 믿음이었다.

---

6 테드 W. 제닝스, 박성훈 역, 『데리다를 읽는다/바울을 생각한다: 정의에 대하여』(그린비, 2014), 54 이하 내용 참조.

하지만 세월호 이후以後 신학에서 믿음에 대한 이해 자체도 달라져야 옳다. 앞서 우리가 하느님 영의 역사役事에 초점을 둔 것도 이와 관계 있다. 주지하듯 오늘날 세속 사회 속에서 신적 계시, 신적 강제력을 경험하는 것이 참으로 지난하다. 그렇기에 일상에서 은총, 신적 강제력은 쉽게 무시되고 간과된다. 그럼에도 역사 속에는 없는 듯하여 고찰되지 않았을 뿐 돌연 흐름(연속성)을 단절시켜 약자를 편드는 구원사가 존재했었다. 신구약성서의 핵심 내용이 그렇고 이 땅의 역사 또한 바로 이에 관한 증언들 아니었던가? 역사 발전의 끄트머리에서가 아니라 고통과 탄식의 현실 속에 신적 강제력이 도둑 임하듯 작용했던 사례가 적지 않다. 이런 사건을 일컬어 기독교는 메시아적 도래라 했고 이렇듯 역사 속 숨겨진 구원의 힘에 대한 자각을 바울은 믿음이라 했다. 실정(율)법에 만족치 않고 도래할 정의, 하느님 의義에 사로잡힌 상태가 바로 믿음인 것이다. 하지만 이는 역사 속에서 억울한 눈물 흘리는 자들의 고통을 떠나서는 생각될 수 없는 언어(개념)이다. 그렇기에 세월호 이후以後 신학을 말함에 있어 믿음은 기억과 나뉠 수 없다. 약자를 대신하여 탄식하고 그를 위로하는 성령의 역사役事가 기억하며 공감하는 인간의 삶과 분리될 수 없기 때문이다. 대속과 자속이 둘이 될 수 없는 이유도 여기에 있다. 또한 이런 방식으로 역사와 신학은 상호 관계한다. 세속사 한가운데서 신적 강제력이 역사를 단절시키는 뜻밖의 사건이 되는 까닭이다. 따라서 역사란 반드시 체제 밖 사유를 통해서만 완성될 수 있다. 이는 마지막이 있기에 처음이 존재한다는 함석헌 사관史觀과도 맥락이 흡사하다. 이념과 체제를 허무는 하느님 靈의 활동 같은 사건만이 역사를 수정할 수 있는 것이다. 여기서 핵심은 역사와 신학을 잇는 매개자로서의 기억이다.[7] 뭇 예외자에 대한 기억을 통해 메시아(靈)가 매순간 역사에 개입한다는 말이다. 기억이 매순간 메시아의 역사적 개입을 가능토록 하는 돌쩌귀와 같다는 사실이다. 이로써 역사는 신학이 될 수 있고 세속사 한가운데서 초월에 대한 언표가 가능해진다. 기억을 통해 고통이 새롭게 해석되고 과거의 경험이 교정, 갱신될 수 있는 탓이다. 이 경우 기억은 바라는 것의 실상인 믿음이자 하느님 靈의 활동일 것이며 고통에 대한 깊은 공감력의 각성일 것이다. 여하튼 세월호 슬픔을 기억하고 그 속에서 메시아적 힘을 발견하는 것이 그 이후以後 시대를 사는 우리의 과제가 되었다. 물리학자가 태양분광에서 자외선을 알아내듯 그렇게 말이다. 그러나 이것은 기존 역사와의 철저한 비동일성 속에서만 발생한다. 우리에게 도래할 메시아적 힘(정의)은 현실 역사에서 여전히 부재하는 가치인 까닭이다.

성서는 우리에게 하느님 靈의 활동 혹은 메시아적 사유를 알리는 책이다. 결코 법과 제도에 안주하는 현상 유지를 원치 않았다. 이 점에서 세월호 참사의 주원인인 자본주의와의 단절(비동일성), 즉 그를 지탱하고 보호하는 법과 정치와의 투쟁이 불가피하다. 이를 위해 신학 역시 자기가 만든 우상을 먼저 부숴야 마땅하다. 세상 속 예외자를 기억하고 그들을 대신하는 고통 없이 하늘에 기도하는 것은 아편주사를 맞는 것과 진배없다는 교종의 말을 가슴에 새길 일이다. 실정법에 기초한 정치로는 자본주의와 맞서기 어렵고 세월호 진실을 밝힐 수 없다. 그것은 오로지 역사의 연속성을 중단시키는 메시아적 사유, 곧 은총의 빛 그리고 바탈의 공감력을 통해서 가능하다. 예수의 하늘나라 비유는 약자를 편들되, 결국 모두를 살리는 하느님 정의에 관한 것이었다. 믿음의 세계에

---

7 발터 베냐민, 최성만 역,『역사의 개념에 대하여 외』, 선집 5권(길, 2008), 353-384. G. 아감벤, 정문영 역,『아우슈비츠의 남은 자들』(새물결, 2012) 참조.

속하며 기억을 통해서 도래하는 하느님 정의는 교환과 보상의 법칙을 지닌 자본주의 체제에 매우 낯설다. 이른 아침이나 황혼녘에 불리어졌어도 일용할 양식을 염려하며 같은 품삯을 주는 것이 성서적 정의인 까닭이다. 되갚을 능력이 없는 사람들을 불러 잔치를 행하라는 것도 하느님 정의에 속한다. 자신이 토색한 것을 4배나 되갚겠다는 고백도 실정법을 넘는 메시아적 사건, 곧 은총의 산물이자 바탈의 힘일 것이다. '순수 증여'라는 개념이 자본주의를 대신할 가치로 부상하는 것도 같은 맥락이다. 이들은 모두 정의란 실현되어야 할 은총(선물)인 것을 역설한다. 따라서 세월호 이후以後 신학 역시 역사 속에서 신적 존재를 실현하는 실천적 작업이어야 마땅하다. 하느님 靈이 비폭력적 강제력을 통해 법 이상의 '마음문화'를 만들고 역사를 새롭게 할 때 그를 일컬어 신학이라 할 것이다. 이 점에서 종교개혁 500년을 앞둔 세월호 이후以後 신학의 과제가 참으로 엄중하다. 이 땅의 정치, 경제 심지어 종교를 삼키고 있는 천민賤民자본주의 에토스와 결별이 바로 미정고未定稿로서의 예수 삶을 완성하는 일이다. 따라서 세월호 특별법의 성사 여부는 우리의 역사를 신학으로 만드는 바로미터가 된다. 죽었던 기독교를 소생시킬 수 있는 길이 바로 여기에 있다.

이제 글을 접어야 할 시점이 되었다. 무엇을 갖고 어떤 뜻으로 지금껏 지면을 메워왔는지 돌아볼 시점이다. 앞서 말했듯 유가족은 미래, 희망을 믿고 의지할 수 없을 만큼 일상이 피폐해 있다. 희망을 노래하는 인순이의 노래를 듣기 싫어 할 정도가 된 것이다. 내세의 기약을 애써 믿고자 하나 그것이 세월호의 해결일 수 없고 재발을 막을 수도 없음을 안다. 세월호는 이들의 미래, 자신들 내세를 홀연히 앗은 사건이었다. 유교적 전통에서 자식은 부모의 미래이자 내세인 까닭이다. 그래서 그들은 자식들이 4월 어느 금요일에 돌아올 것을 지금도 애써 기다리고 있다. 그렇다면 종교 유무를 떠나 이들 유가족에게 세월호는 어떤 뜻이 되어야 하는 것일까? 이를 위해 이 글에서는 하느님 영靈의 역사役事로서 기억과 공감 나아가 정의를 말하였다. 하느님 靈의 보편적 지평 확대의 차원에서 그리 한 것이다. 무엇보다 하느님의 靈, 그의 다른 말인 바탈은 자본주의 체제하의 약자들, 몇 겹의 구조하에서 을乙로 사는 이들의 고통을 기억하고 대신할 수 있는 힘이다. 그들의 아픔에 대한 지속적 공감이 靈의 존재 양식이자 바탈의 실천력인 것이다. 동시에 靈은 새 세상을 위해 체제 밖 사유로서 역사와 관계한다. 생명을 사물화事物化하는 자본주의를 넘도록 추동하는 것이다. 약자들, 역사의 뒤안길로 사라지는 존재들에게는 체제 밖 사유, 하느님 정의만이 구원이다. 성서는 이런 메시아적 사유가 매순간 역사 안에서 작동한다는 것을 알리는 책이다. 세월호 참사로 인한 고통의 역사, 그 구원을 위해 하느님 靈은 지금도 탄식하며 우리에게 기억할 것을 지속적으로 요구할 것이다. 하느님 정의가 세월호 1주기를 맞는 2015년, 세상 법(정치)에 맞서 승리할 것을 기대한다. 하느님 정의가 실현될 때 죽었던 기독교 역시 이 땅에서 다시 살 수 있기 때문이다. 부활주일 이후 찾아올 4.16 1주기가 결코 예사롭지 않기를 바라고 싶다.

*

여기까지 글을 마무리하고 설날 오후 광화문을 찾았다. 단원고 학생들을 위한 합동 차례가 있었고 유가족을 비롯해, 함께한 시민과 음식을 나누었다. 아이들이 좋아하던 과자 한 조각을 씹으며 쉽게 삼키지 못하였다. 그들의 죽음을 대신하여 살아낼 자신이 있는가를 스스로에게 자문

했던 탓이다. 그 과자 한 조각이 마치 성체를 모신 듯 나를 두렵고 떨게 했다. 광화문광장에서 박재동 화백이 그린 수백의 아이들 얼굴을 보았고 그 옆에 달린 화백의 글이 답이 되었다. 자신의 손으로 아이들 얼굴을 그리게 된 것이 한없이 서글프나 지금껏 화가로서의 삶이 아이들의 얼굴을 그리기 위한 것이었다고 했다. 그들 얼굴을 그림으로써 그들을 살려내고 싶었다는 것이다. 그렇다면 우리가 20년, 30년 신학을 공부하고 가르친 것도 이들을 살려낼 목적 때문이었어야만 했다. 그런데 과연 신학, 신학의 언어가 이들을 살려낼 수 있을까? 세월호 이후 신학자로 산다는 것을 정말 깊게 고민해야 할 것 같다.[8] 우리의 언어(대답)가 옛적 바리새인들과 율법학자들의 대답처럼 권위를 잃은 것이 아닌지 깊게 성찰할 일이다. 이 글에 기술한 우리의 신학적 답변이 우리 삶이 됨으로써 세월호 참사를 위해 진정한 권위가 되기를 간구한다.

---

8   이은선·이정배, 『묻는다, 이것이 공동체인가』(동연, 2015), 200-205.

세월호 고난의 사건

: 망각으로 이끄는 죽음의 권세 vs.
우리의 고난과 함께 살아나는 생명의 영

박숭인 ― 협성대학교

금요일엔 돌아오렴

한 고통이 떠나기도 전에 또 다른 고통들이 닥쳐와 부모들의 상처를 후
벼 파기도 했다. 아팠다. 아파서 또 울었다. 시민들의 마음이 어떻게 이렇
게 절대적인 호의에서 절대적인 반감으로 바뀌는지, 그분들은 어리둥절
해했다. 세상이 참으로 교활했다. 언론이, 정치인이, 일부의 사람들이 순
식간에 선장보다 해경보다 더 나쁜 사람들이 되어갔다. 가족들을 조롱하
고, 보상금으로 공격했다.[1]

---

1   416 세월호 참사 시민기록위원회 작가기록단, 『금요일엔 돌아오렴』(창비, 2015), 6.

위의 글은 4.16 세월호 참사 시민기록위원회 작가기록단이 엮은 책『금요일엔 돌아오렴』의 여는 글에서 인용한 글이다. 이 짧은 글만 보아도 세월호 유가족이 겪었을 고통을 미루어 짐작할 수 있다. 그 어떤 사고인들 안타깝지 않으며, 그 어떤 희생자의 유가족인들 애통하지 않은 경우가 있으랴마는, 우리가 목격하면서 간접 경험하는 세월호 사고의 경우 그 안타까움과 애통함의 강도가 더 심하다.

우리가 세월호 사고를 보면서 특별히 더 안타까워하며 애통하는 것은 그것이 아직 피지 못한 꽃다운 젊은이들의 죽음인 까닭이요, 그것이 불법개조와 과적 등 인간의 탐욕이 불러일으킨 사고인 탓이요, 그것이 구조가 가능한 상황에서 한 명도 구조하지 못한 어처구니없는 재난인 이유요, 그것이 절체절명 위기의 시간을 가장 지혜롭고 서로를 배려하는 정신으로 타개하고자 했던 아이들의 노력이 무책임한 어른들의 잘못된 대처로 무산된 뼈아픈 사고이기 때문이다.

그런데 세월호 고통은 그것으로 끝나지 않는다. 이미 일어난 사고 때문에 고통 받는 유가족의 가슴을 더욱 아프게 하는 것은 그 뼈아픈 사건이 이미 지나가버린 과거의 사건인 양 잊혀가는 현실이다. 그것도 그냥 자연스럽게 잊혀가는 것이 아니라, 의도적으로 악의적인 비방과 왜곡을 통해서 잊혀간다. 자연스럽게 잊혀서 겉으로 드러나지는 않는다 할지라도 고통의 기억은 당사자들의 가슴에 씻을 수 없는 상처로 남기 마련이다. 그런데 그것이 억압과 왜곡과 멸시와 비인간적이고 비윤리적인 무책임한 침묵으로 인한 것임에랴.

어떤 사고이든 사고 이후 수습 과정에서 사고 당한 사람들을 위로하고, 사고로 인한 그들의 피해를 최소화하고, 사고를 겪은 사람들의 사고 이후의 삶을 걱정하며 돕고, 사고의 원인을 찾고, 책임져야 할 사람 또는 기구는 합당한 처벌을 받고, 이후 동일한 사고가 발생하지 않도록 하기 위한 대책을 마련하는 등의 일들은 할 것인가 말 것인가 결정해야 할 일이 아니다. 이러한 일들은 유가족 및 그들과 함께하는 사람들이 목청 돋우어서 이루어야 할 일이 아니다. 피해 당사자들의 요구가 있기 전에 이미 국가가 먼저 나섰어야 할 일이다. 그런데 우리의 국가는 피해 당사자들 및 그들과 함께하고자 하는 이들을 거리로 나서게 했고, 그들의 알 권리를 박탈했으며, 그들이 당연한 권리를 주장할 때 귀 기울이지 않았다. 아니 인간의 무한한 탐욕으로 인한 선박의 불법 개조와 과적이 사고의 원초적 원인이었음에도 사고의 원인을 조사하고자 하는 논의에서도 돈의 논리를 내세운다. 잃어버린 생명보다 돈의 가치를 중히 여기는 사고 이전의 사고방식은 사고 이후에도 전혀 변한 바가 없다.

국가가 제 역할을 하지 못하고 있을 때 교회는 무엇을 하고 있었는가? 우리 그리스도인들은 무엇을 하고 있었는가? 물론 팽목항에서, 안산에서, 광화문에서, 봉사로, 단식으로, 기도로, 시위로 함께함으로써 고통을 당한 유가족의 아픔을 함께한 시민들과 그리스도인들도 있었다. 그러나 한국교회 전반은 무엇을 하고 있었는가? 금요일엔 돌아오기를 간절히 기다렸던 유가족의 눈물과 기도는 오늘 한국교회의 중보기도가 되지 못했다.

그리스도교의 중심 주제: 십자가의 고난의 기억과 현재화

그리스도교는 예수 그리스도가 겪은 십자가의 고난을 기억하고 현재화하는 종교이다. 예수 그리스도의 십자가를 믿는다는 것은 그가 겪은 고난을 역사적 사실로 받아들이고, 그 고난을 기억하고, 예수 그리스도의 고난을 내 삶 속에서 현재화하여 재현하는 것으로서만 의미를 지닌다. 그런데 우리 그리스도인들은 과연 예수 그리스도의 십자가를 바르게 기억하고 우리 삶으로 바르게 재현하고 있는가? 사도 바울은 예수 그리스도의 십자가를 "유대 사람에게는 거리낌이고, 이방 사람에게는 어리석음"(고전 1:23)이라고 말한다. 어쩌면 무한경쟁의 시대를 살아가면서 부와 성공을 최상의 목표로 삼는 오늘날 그리스도인들도 예수 그리스도의 십자가를 거리낌과 어리석음으로 받아들이고 있는 것은 아닐까?

그러나 십자가에 달린 예수 그리스도는 과거에도 현재에도 그리고 미래에도 그리스도교 신학의 중심 주제가 되어야 한다. 위르겐 몰트만은 그의 책 『십자가에 달리신 하나님』에서 신학의 중심 주제를 다음과 같이 역설한다. "그 당시 십자가에 달린 그분은 거슬리는 것, 미련한 것으로 간주되었다. 그분을 기독교 신앙과 신학의 중심점으로 삼는 것은 오늘날도 시대적으로 적절하지 못한 것 같다. 그러나 시대적으로 적절하지 못한 그분에 대한 기억만이 오늘날의 상황, 역사의 법칙, 그리고 억압들로부터 인간을 해방시킬 수 있으며 다시금 어두워지지 아니하는 미래를 열어줄 수 있다. 만일 교회가 그리스도의 교회가 되고자 하며, 신학이 그리스도의 신학이 되고자 한다면 십자가에 달린 그리스도에게로 돌아와야 하며, 그리하여 이 세계에 대하여 그리스도의 자유를 보여주어야 할 것이다."[2]

실제로 예수 그리스도의 십자가의 길은 제자들에게도 달갑지 않은 일이었다. 그리하여 예수 그리스도가 십자가의 길을 제자들에게 밝혔을 때, 베드로는 그 일에 반대한다. 예수는 십자가의 길을 가로막는 베드로

---

2 J. 몰트만, 김균진 역, 『십자가에 달리신 하나님』(한국신학연구소, 1988), 7.

에게 사탄이요, 걸림돌이라고 꾸짖는다. "사탄아, 내 뒤로 물러가라. 너는 나에게 걸림돌이다. 너는 하나님의 일을 생각하지 않고, 사람의 일만 생각하는구나!"(마 16:23).

예수 그리스도의 십자가가 오늘날 신앙인들의 삶 속에서 구체적으로 현재화된다고 하는 것은 무엇을 말하는 것인가? 사람들은 흔히 개인이 불가피하게 겪는 고통, 예컨대 자신이나 자신의 가족이 겪는 선천적 질병, 정신적·육체적 장애 등을 자신이 짊어져야 하는 십자가로 이야기한다. 그러한 문제들을 운명적인 것으로 체념하지 않고 그리스도 안에서 위로를 구한다는 측면에서 보면 이러한 태도는 오히려 긍정적인 태도로도 생각된다. 하지만 예수 그리스도의 십자가는 그 이상의, 아니 그와는 질적으로 다른 차원의 것이다. 앞에서 언급한 통속적 의미의 십자가가 내 개인의 삶에 집착하는 데에서 기인하는 반면, 예수 그리스도의 십자가는 그 개인의 삶을 남을 위해 내어주는 데에 그 근원적 동기가 있다. 이러한 예수 그리스도의 십자가의 죽음은 그의 삶과의 관련하에서 이해되어야 한다.

예수 그리스도의 죽음은 그가 우리에게 보여주고 뒤따르게 하고 싶었던 그의 삶의 정점에 서 있다. 그의 삶의 완수로서 십자가, 그 십자가를 통해 우리에게 재조명되는 예수 그리스도의 삶, 그리고 이렇게 재조명되는 그의 삶을 뒤따르는 것으로 비로소 타당성을 검증받는 우리의 그리스도에 대한 믿음, 이것들이야말로 기독교 신학의 주제가 되어야 한다.

본회퍼는 예수 그리스도의 삶을 한 마디로 "남을 위한 현존Für-an-dere-dasein"이라고 규정한다. 이 말보다 예수의 삶을 더 포괄적으로, 그리고 깊이 있게 표현할 수 있는 말이 있을까? 본회퍼는 이 "남을 위한 현존"으로서의 예수 그리스도의 삶 속에서 하나님의 초월을 경험하며,

기독교인이 하나님과 맺어야 하는 관계를 이야기한다. "예수의 '남을 위한 현존'이 초월경험이다! 자기 자신으로부터 자유함, 죽음에 이르기까지 '남을 위한 현존'으로부터 비로소 전능, 전지, 편재가 비롯되어 나온다. 신앙은 바로 이러한 예수의 존재에 동참하는 것이다. […] 우리가 하나님과 맺는 관계는 '남을 위한 현존' 안에서의, 예수의 존재에 동참하는 속에서의 새 생명이다. 초월이란 무한하고 도달할 수 없는 과제가 아니라, 언제나 우리에게 주어져서 도달할 수 있는 이웃이다."[3]

본회퍼의 말을 상기할 때, 우리의 신앙의 대상이요, 우리가 그 뒤를 따라야만 하는 예수 그리스도의 십자가가 무엇을 가리키는가 하는 것은 아주 명백하다. 예수의 삶과 죽음이 그러했듯이, 그것은 "남을 위한 현존"으로 살아가는 일이다. 문제는 "남을 위한 현존"으로 살아가는 일이 오늘날 우리의 현실에서 구체적으로 어떻게 드러나야 하는가 하는 질문이다. 만약 이러한 질문이 도외시된다면, "남을 위한 현존"이라는 말도—예수 그리스도의 십자가와 마찬가지로—그저 원리적이고 형식적인 신학적 말장난에 그치고 말 것이다. 이러한 구체적인 질문에 대한 답을 얻기 위하여 우리는 다시금 예수의 삶과 죽음으로 되돌아가야만 한다.

예수의 삶과 죽음을 관통하는 표현은 "남을 위한 현존"이며, 그 구체적인 내용은 고난의 연대이다. 예수가 그의 공생애를 통하여 보여주었던 가난한 자, 억눌린 자, 소외된 자, 고통당하는 자들에 대한 사랑은 가진 자가 못 가진 자들에게 베푸는 자비와 동정과 같은 성질의 것이 아니다. 그의 삶은 그들의 삶에의 동참이었으며, 그들의 고난에의 연대였다. 그들의 삶과 함께함, 그들의 고통의 현실을 그들 자신보다 더 아파함이

---

3   Dietrich Bonhoeffer, *Widerstand und Ergebung: Briefe und Aufzeichnungen aus der Haft* (Gütersloh: Kaiser, 1994), 205.

예수의 삶을 특징짓는다. 이러한 고난의 연대가 그 절정에 이른 사건이 그의 십자가 죽음이다. 우리는 그가 십자가상에서 부르짖었던 절규를 상기할 필요가 있다. "엘리 엘리 레마 사박다니?"(마 27:46). 예수의 이 절규는 성경에서 우리가 가장 이해하기 어려운 대목 중의 하나이다. 하나님의 아들 예수 그리스도가 우리의 죄를 대속하기 위한 십자가를—그 것도 수동적으로가 아니라 능동적으로—지면서, 그뿐만 아니라 자신의 죽음의 의미를 그 누구보다도 가장 잘 아는 그가 "나의 하나님, 나의 하나님, 어찌하여 나를 버리셨습니까?"라고 부르짖는 장면은 정상적으로 는 도무지 이해되지 않는다. 그리하여 많은 사람들은 이 대목을 흔히 시편 22편에 나오는 다윗의 한탄과 연결해 이해하고자 한다.

이러한 이해에 따르면, "나의 하나님, 나의 하나님, 어찌하여 나를 버리셨습니까?" 하는 예수의 절규는 사실상 하나님을 향한 비난, 힐난의 절규가 아니다. 예수는 십자가의 극심한 고통 중에 그 고통을 잊고 위로를 얻고자 평소 즐겨 암송하던 시편 22편을 암송한 것이다. 왜냐하면 "엘리 엘리 레마 사박다니?"로 시작하는 시편 22편은 절망과 탄식으로 시작하지만, 결국은 그 절망과 탄식을 뛰어넘는 하나님의 은혜에 대한 찬송으로 끝을 맺기 때문이다. 고통 중의 예수는 이러한 시편을 암송함으로써, 스스로의 고통을 견디어내는 힘을 얻고자 했다. 그러나 힘이 없는 가운데 암송하다보니 사람들에게는 그 암송의 앞부분만 들리게 된 것이다. 시편 22편의 구조에서 보이는 것처럼 예수의 십자가상의 절규도 일견 하나님에게 버림받은 예수의 절망과 고통의 탄식처럼 들리지만, 그것은 사실상 하나님께 드리는 찬송의 앞부분일 뿐이다.

그러나 안병무는 예수의 절규에 대한 위의 해석을 단호히 거부한다. 그는 예수의 죽음에서 예수가 민중과 맺는, 그리고 민중이 예수와 맺는 고난의 연대를 본다.

> 그렇다면 "왜 나를 버리셨습니까?"라는 말은 어떤 사람들이 강변하듯이
> 찬송을 부른 것이라고 이해해야 할까? 그러면 그것은 이미 수난이 아니
> 라 연극이 되고 만다. […] 아니! 예수는 '우리'와 똑같은 조건 아래에서
> 수난 당했다. 우리가 당하고 있고 당해야 하는 그런 수난을! 이런 인식은
> 바로 저들로 하여금 그의 수난이 바로 우리의 수난, 그의 죽음이 바로
> 우리의 죽음이라는 인식에 도달하게 했다.[4]

십자가의 죽음이라고 하는 그 극한에 이르기까지 가난한 자, 억눌린
자, 소외된 자들과의 고난의 연대를 보여주었던 예수 그리스도를 믿는
다고 하는 것은 바로 그 고난의 연대에 동참하는 것이다. 이러한 우리의
실존적 결단을 결여한 십자가 신앙은 예수 그리스도와는 관계없는 십자
가를 믿는 것이다. 그것은 십자가 우상숭배에 지나지 않는다. 예수가 구
체적으로 그들의 삶에 동참했던 가난한 자, 억눌린 자, 소외된 자가 아직
존재하는 한, "그들을 위한 현존"은 우리의 몫이다. 우리의 십자가다.

망각으로 이끄는 죽음의 권세 vs.
우리의 고난과 함께 살아나는 생명의 영

예수 그리스도의 고난이든 현재 우리가 보고 경험하는 고난이든 그러한
고난의 현장을 외면하게 하고, 왜곡하고, 위협하고, 심지어는 고난의 희

---

4   안병무, 『갈릴래아의 예수』(한국신학연구소, 1993), 284.

생자들을 위로의 대상으로서 보는 것이 아니라, 억압과 멸시의 대상으로 삼는 세력은 있어왔고, 현재에도 엄연히 존재한다. 그러한 세력은 가능한 방법을 총동원해서 희생자들의 고통과 눈물의 현장을 보존하지 않으려는 술책을 쓰며, 그들이 당한 고통과 눈물의 의미를 축소하며 망각시키고자 노력한다. 그리하여 그들은 억울한 고통과 죽음을 당한 이들의 죽음을 망각으로 내몰아 희생자들에게 제2의 죽음을 선사한다.

예수 그리스도의 십자가의 죽음은 고통의 죽음일 뿐 아니라 치욕의 죽음이었다. 십자가상에서 벌거벗긴 채로 죽음의 순간에 이르기까지 그리고 죽음 이후에도 가장 무기력한 죽음으로 사람들에게 조롱받는 형벌이 십자가형이었다. 예수의 십자가의 죽음에서 가난한 자, 억눌린 자, 소외된 자들의 고난을 함께했던 예수의 사역이 같이 무기력하게 조롱받았다. 그리고 그것으로 끝나는 줄 알았다. 예수를 십자가에 매달은 주역들은 고통과 수치 가운데 그 모든 기억이 망각될 줄 알았다. 그리고 그러한 시도는 성공한 듯 보였다. 예수를 따르던 제자들조차 다 도망가 버린 현장이 십자가의 현장이었다. 예수의 십자가 현장은 망각으로 이끄는 죽음의 권세가 승리한 듯이 보이는 현장이었다.

그러나 두려움에 싸여 예수의 십자가 현장을 떠나 도망친 바로 그 제자들이 스승의 죽음을 기억하기 시작했다. 그들은 스승의 죽음과 함께 그를 죽음으로 내어 몬 스승의 삶의 편린들을 기억해내기 시작했다. 그들의 기억 되살리기는 그들의 삶을 전적으로 바꾸어놓았다. 스승의 죽음을 외면하고 망각했던 그들의 삶이 스승의 삶을 기억하고 재조명하는 삶으로 바뀌었다. 그리고 그들의 삶 자체가 바뀌었다. 그들이 두려워 도망쳤던 스승의 삶을 자신들의 삶으로 재현하기 시작했다. 정치권력도 종교권력도 인종과 문화 간의 차이도 언어의 장벽도 죽음조차도 그들을 막을 수 없었다. 그들은 세계를 바꾸었다. 그들이 스스로 결단하여 선택한 스승의 삶은 그들의 고난을 통해 살아나는 생명의 영을 보여주었다.

세월호 사고의 현장과 안타까운 죽음의 현실, 유가족의 고통의 현실 앞에서 우리는 사실을 왜곡하고 모든 이들의 기억을 망각으로 몰아가는 죽음의 권세를 본다. 말할 수 없는 극한의 고통을 겪고 있는 이웃의 고통을 외면하고 조롱하며 멸시하는 일은 이미 그것 자체로 지옥 같은 죽음의 현실이다. 이웃이 겪는 고통은 고통 그 자체로 전달되어야 한다. 아픔과 눈물은 공유되어야 한다. 그리고 같이 노력해야 한다. 그 고통의 치유를 위하여.

우리 주위의 보잘것없는 한 사람이 주렸을 때에, 목말랐을 때에, 나그네 되었을 때에, 헐벗었을 때에, 병들었을 때에, 감옥에 갇혔을 때에 외면한 것이 바로 주님을 외면한 것이라고 한(마 25: 31-46) 예수 그리스도의 말은 오늘 세월호 현장에서 되살아나야 한다. 그리스도의 몸인 교회가 세월호 사고를 통한 죽음과 유가족의 고통의 현실에 침묵한다면, 그러한 그리스도의 몸은 바로 예수 그리스도를 외면하는 교회가 된다.

예수 그리스도의 십자가를 기억하고 현재화하는 일은 그것을 종교적 인식 대상이나 표상으로 삼는 것이 아니다. 예수 그리스도의 십자가는 우리를 뒤따름으로 인도하는 주님의 부름이다. 예수 그리스도의 십자가는 우리로 하여금 오늘날 고통의 현실에 눈감고 있는 거짓 평안의 일상성에 머무르지 못하도록 우리를 몰아세워 고난의 현장에 뛰어들도록 하는 주님의 명령이다. 그러나 예수 그리스도의 십자가는 바로 그 뒤따름과 고난에의 동참에 부활이 있다고 하는 주님의 약속이다. 그러하기에 예수 그리스도의 십자가는 우리가 객관적으로 관찰하는 신앙의 대상이 아니라, 우리의 실존적 결단이다. 예수 그리스도의 십자가는 명령형으로 이해되어야 한다.

우리가 십자가를 이렇게 이해할 때—우리의 실존적 결단을 수반해야 하는 것으로 이해할 때—그 십자가는 우리 신앙의 진정한 걸림돌이 된다. 십자가가 신앙의 진정한 걸림돌인 것은 그것이 우리의 참 신앙과 거짓 신앙을 구별하는 시금석이기 때문이다. 우리가 그저 그러려니 하고 간직해왔던 우리의 신앙을 그 근원에서부터 다시 묻게 만드는 것이 바로 예수 그리스도의 십자가이다. 십자가가 그리스도교 신앙의 진정한 걸림돌인 것은, 그것이 우리의 실존적 결단을 요구하는 주님의 명령이기 때문이다. 십자가를 지고 예수 그리스도의 뒤를 따르는 실존적 결단이 결여된 우리의 신앙을 거짓된 신앙이라고, 그것은 그리스도 우상숭배에 지나지 않는다고 꾸짖는 것이 바로 예수 그리스도의 십자가다. 십자가가 그리스도교 신앙의 진정한 걸림돌인 것은, 그것이 우리의 일상적인 틀에 박힌 신앙의 삶을 부인하는 것이기 때문이다. 오늘날 고난의 현장과 유리되어 있는 우리의 삶을 죽음이라고, 고난의 연대 속에서의 죽음이 참 삶이라고 하는 역설적 부활의 진리가 바로 예수 그리스도의 십자가다. 그러나 예수 그리스도의 부활이 우리에게 귀중한 은혜인 것처럼, 십자가를 지고 예수 그리스도의 뒤를 따라 오늘날 고난의 현장에 뛰어드는 것도 주님이 우리에게 주신 귀중한 은혜다. 주님이 이미 우리 앞에서 걸어가신 길이기 때문이다.

예수 그리스도의 제자들이 스승의 십자가 죽음으로부터 도망했을 때, 그로 인하여 생명을 얻은 것 같았던 그들을 지배한 것은 망각으로 강요하여 이끄는 죽음의 권세였다. 그러나 그들이 고난과 죽음을 각오하고 도망쳤던 그 고난과 죽음의 현장으로 돌아왔을 때, 그들이 만난 것은 그들의 고난을 통하여 새롭게 살아나는 생명의 영이었다.

예수의 죽음 앞에서 어찌할 바를 몰랐던 제자들처럼 우리도 세월호의 참혹한 현실 앞에서 망연자실하여 어찌할 바를 몰랐다. 그러나 제자들이 예수 그리스도의 십자가를 자신의 십자가로 받아들이고, 주님의 고난을 망각에서 끄집어내어 선포하며, 그 죽음을 자신의 죽음으로 이어감을 통하여 예수 그리스도가 오늘 우리의 주님으로 현실화되었음을 상기할 때, 우리 또한 세월호 고난을 망각으로 이끄는 죽음의 권세에 대항하여 그 죽음을 우리의 고통으로 받아들여 고난의 연대를 이어가야 함을 고백한다. 때로 어찌할 바 모르는 우리의 현실 앞에서 우리와 함께 성령이 말할 수 없는 탄식으로 우리를 위하여 친히 간구하신다(롬 8:26). 성령은 결코 값싼 위로로 우리의 아픔을 치유하지 않는다. 고난의 현장에 함께하여 고난당한 이들과 함께 고난 받으며 말할 수 없는 탄식으로 그들을 위하여 친히 간구하신다.

성령으로
세월호를 기억하다

김혜령 ― 이화여자대학교

세월호 사건을 기억하는 시민사회의 방식
: 공통된 기억을 공유하다

인간은 모든 일을 기억하고 살 수는 없다. 잊어야 할 것은 잊어야 살 수
있다. 니체는 망각이 인간을 과거의 족쇄로부터 해방시켜 새로운 창조
성을 자극한다고 보았다. 이는 기억할 것과 망각할 것을 적당히 구분하
여 그 균형점을 찾는 일이 결과적으로 인간에게 과거의 아픔이나 실수,
혹은 과거의 영광이나 명예의 진부한 족쇄에서 벗어나 새로운 삶으로의
창조적 도약을 가능하게 하는 계기가 될 수 있음을 뜻한다. 그래서 망각
은 기억의 무능력이 아니라 오히려 인간의 인지과정 중에 필수적인 반
전 능력이라고도 말할 수 있을지 모른다.

적당한 망각을 인간 인지능력의 창조적 계기이자 삶의 지혜로 강조하

는 관점은 무한한 자기계발경쟁과 테크닉에 압도된 현대인의 척박한 삶에 초점을 맞추어본다면 일면 타당한 바가 있다. 그러나 다른 관점에서 심각한 논리적 취약성을 드러낸다. 한 개인의 기억이 언제나 타자(들)의 기억과 맞물려 있고, 한 집단의 기억 역시 언제나 다른 집단(들)과의 기억과 맞물려 있다. 공동체적 존재로서의 인간에게 기억이 관계성 안에서 발생한다면, 망각 역시 그러한 관계성 안에서 결정된다는 말이다. 그래서 한 공동체를 뒤흔든 사건에 대한 기억일수록, 그 사건에 대해 공동체가 함께 기억해야 할 것과 잊어도 무방한 것을 나누는 일은 단순히 진실규명 차원에서 이루어지는 것이 아니라, 기억과 망각의 정도에 따라 득과 실이 나뉘는 기억의 주체들 간의 힘겨루기로 전락하는 경우가 허다하다. 이는 한나 아렌트도 강조했듯이 인간의 공동체성이 언제나 권력을 매개로한 정치적 존재성을 전제로 하기 때문이다. 이러한 상황에서 망각의 창조성이나 유용성이라는 말은 권력의 다툼에서 기억의 패권을 쟁취한 자들의 자기 합리화를 뒷받침하는 논리로 전락할 위험에 언제나 노출되어 있다.

이렇게 기억의 패권을 쥔 자들에 의해 기억이 은폐되거나 왜곡되는 작업을 문화학자 엄기호는 "기억의 국가화"라고 표현한다.[1] 일본제국주의의 침략과 친일파 활동, 한국전쟁, 독재정권과 민주주의 항쟁, 자본의 착취와 같이 근현대사 굽이굽이 무고한 시민의 삶을 파괴하는 폭력들에 대한 아픈 기억들이 역사화되는 작업에서 여전히 갈등이 멈추지 않고 있는 것은 바로 우리 사회에 뿌리 깊게 잔존하고 있는 기억의 국가화 탓이라고 할 수 있을 것이다.

---

1 엄기호, "고통, 말할 수 없는 것을 기억하기", 김진호 외, 『사회적 영성 – 세월호 이후에도 '삶'은 가능한가?』(현암사, 2014), 31–44, 39.

이러한 관점에서 이번 세월호 사건이 의미 있는 것은 세월호 사건과 그 희생자들을 애도하는 '기억의 작업'이—아직 충분하지는 않더라도—매우 다양한 삶의 배경을 갖고 있는 다수 시민의 자발적 참여에 의해 펼쳐지는 거의 최초의 작업이라는 사실에 있다. 작년 한 해 전국에 내걸린 무수히 많은 "잊지 않겠습니다"라는 노란 리본이 희생자 구조와 진상규명의 지체 와중에 하나둘씩 자취를 감추어가는 상황 속에서도, 그 첫 약속을 잊지 않으려는 소수의 시민은 세월호를 하나의 또 다른 비극적 대형사고쯤으로 축소하려는 망각의 세력에 저항하며 기억의 작업을 펼쳐내고 있다. 그 예로 한 일간지의 1면에는 한 유명 화백이 그린 단원고 희생자 학생 하나하나의 얼굴 그림과 그 가슴 아픈 이야기가 참사 1년이 다되어가는 요즘에도 꾸준히 연재되고 있고, 소설과 시를 쓰는 직업작가들이나 학자들, 일반인들도 자신들의 글재주를 통해 우리네 가슴에 맺힌 슬픔과 분노의 응어리들을 다양한 방식으로 기록한 책들을 잇달아 펴내기 시작했다. 사진을 직업과 취미로 삼은 이들 중에서도 팽목항에서 광화문까지, 또 안산 고잔동까지, 노란 나비리본이 사람들의 가슴에 살포시 내려앉은 곳이면 어디든 동행하며 고통과 절망, 그리고 연대의 공간들을 이미지로 기록하는 이들이 있다. 또 특별히 글쓰기를 직업으로 삼은 이들 중에서도 시민기록단으로 활동하는 이들은 세월호 유가족의 증언을 겸허히 기록한 『금요일엔 돌아오렴』이라는 소중한 자료집을 책으로 출판했다. 그뿐만 아니라 여러 시민단체와 기록관리 전문단체들은 '세월호를 기억하는 시민네트워크'를 조직하여 고잔동에 '4.16 기억저장소'를 세워 세월호와 관련된 모든 기록물을 모으고 있다. 그중에서도 무엇보다 가슴 아픈 기억의 작업은 매서운 광화문광장의 겨울바람을 견디며 남은 희생자 아이들의 죽음에 대한 기억의 의무가 우리 사회 모두의 것임을 상기시키는 단원고 희생자 유가족의 천막농성일 것이다.

혹자는 고통스러운 상처에서 벗어나기 위해서는 그 상처와 관련된 기억을 당사자가 빨리 잊는 것이 가장 지혜로운 방법이라고 말한다. 그러나 상처를 치유하는 또 다른 방법에는 그 상처와 관련된 고통스러운 기억을 공공의 장에서 증언하여 이를 공동체 모두의 기억으로 만드는 방법이 있다. 처음 기억하는 이로 하여금 또다시 과거의 고통 속에 들어갈 수밖에 없게 만들기에 매우 어렵고 오랜 시간이 필요한 과정일 수 있다. 그러나 그러한 작업이야말로 가장 정의로운 방법으로 고통의 상처 내면까지 치유하는 길이다. 이 방법이야말로 고통을 기억하는 당사자들뿐만 아니라 그 기억의 참여공동체로서의 구성원 모두의 무의식에 은폐된 상처까지 치유하고 공동체의 건강한 미래를 준비하는 가장 확실한 방법이 될 것이다. 이러한 관점에서, 지금 우리 시민사회 곳곳에서 계속되는 기억의 작업은 단순히 세월호 자체에 대한 기억의 작업이 아니다. 그것은 망각의 역사를 통치의 수단으로 삼아왔던 비민주적 권력에 대한 저항이며 시민 스스로 역사의 주체로 서는 시민민주주의의 기초를 만드는 작업인 것이다.

물론 어떤 이들은 '세월호' 키워드 하나면 수천 개의 연관 기사와 SNS 글이 검색되는 오늘의 인터넷 환경에서 우리는 이미 충분히 세월호를 기억하고 말하고 있지 않느냐며 거부감을 표할지 모르겠다. 그러나 사이버 공간에 세월호에 대한 무수히 많은 정보가 저장되어 있다고 해서 그 총합이 곧장 공동체의 기억이 되는 것은 아니다. 각자의 서로 다른 기억이 서로 대립하고 갈등하는 과정을 견디며 결국 하나의 공동체(hi)story로서 역사적 내러티브로 엮일 때, 바로 그것이 공동체적 기억이 될 수 있는 자격을 갖추게 된다. 앞에서 언급한 세월호 사건에 대한 시민사회의 다양한 기억 작업이 의미 있는 이유는—방법 면에 있어서 다양한 형식으로 펼쳐지고 있다고 해도—이 모든 작업이 결국 놀랍도록 하나의 역사적 내러티브로 근접하게 수렴되어, 우리 공동체 공통의 기억으로 공유되기 시작했다는 사실이다.

첫째로, 세월호가 단순한 해상 교통사고가 아니라 국가가 국민의 생명을 보호할 의무를 다하지 않았던 사건이고, 이후 진상규명에 대한 책임을 방기하고 있는 국가적 범죄라는 기억이 공유되고 있다. 둘째로, 세월호가 돈이면 무엇이든 가능한 우리 사회의 탐욕적 시스템에 의해 무고한 학생들과 탑승객들이 희생된 사건이라는 기억의 공유다. 마지막으로 이러한 국가와 탐욕적 시스템이 만들어지고 유지되는 데에 이바지하거나 무관심한 우리 어른들 모두가 이 사건의 가해자라는 기억이 공유되기 시작하고 있다. 물론 이러한 공동체의 기억은 기억함 자체에 만족할 수 없다. 진상규명 이후 사건을 발생시킨 문제들에 대한 개선책들이 만들어질 때 아이들의 죽음이 헛되지 않을 것이라는 단원고 희생자 수현이 아버지의 말처럼,[2] 공동체의 기억이 드러내는 우리 사회의 근본적 문제들을 철저하게 파헤치고 이를 해결할 수 있게 하는 사회변혁의 실천까지 밀고나가야만 할 것이다.

세월호 사건을 기억하는 교회의 특별한 방식 1
: 성령으로 죽음을 기억하다

세월호 사건에 대한 그리스도인들의 기억 작업은 시민사회가 엮어내는

---

2   416 세월호 참사 시민기록위원회 작가기록단, 『금요일엔 돌아오렴』(창비, 2015), 206.

역사적 내러티브와 공동체적 기억을 공유하면서도, 그리스도교만의 특별한 죽음기억 방식과 역사의식을 함께 풀어내는 새로운 기억 작업이어야 한다. 하지만 고백컨대 한국교회의 현실은 부끄럽게도 그러한 작업을 펼치지 못하고 있다. 대다수 한국교회는 세월호 사건이 우리에게 남겨준 과제를 이미 작년 4월 부활절 예수의 부활사건과 함께 말끔히 정리하고, 이후 철저한 무관심의 태도를 보이고 있다. '교회와 세상을 이원론적으로 분리하는 태도'가 한국교회 전반에 자리 잡고 있는 상황에서 세월호 사건이 던져준 과제가 교회의 성스러운 사역의 대상이 아니라 철저하게 세속적 세상에 속한 일로 구분된 것이다.

대부분의 사회-정치공동체가 죽은 이들에 대한 기억의 공유를 통해 살아남은 이들 간의 유대를 형성해가는 애도의 공동체라는 엄기호의 말을 그대로 받아들이자면,[3] 교회는 그러한 애도 공동체 중에 가장 대표적인 존재다. 교회야말로 십자가에 달린 하나님 아들의 죽음 사건을 기억하기 위해 다락방에 함께 모여 기도하던 최초의 그리스도인들에게서 시작하지 않았던가. 이러한 관점에서, 교회 공동체는 죽음에 대한 기억을 공유하는 것을 그 본질적 사명으로 띠고 있다고 해도 과언이 아닐 것이다. 그러나 교회가 이러한 본질적 사명을 수행함에 있어 생명이 깃든 피조물 모두에게 부여된 죽음의 보편성을 망각한 채 오직 십자가 예수의 죽음만을 편협하게 기억하고 애도할 때, 교회는 세상에서 스스로를 분리시키게 된다. 세월호 사건 이후 많은 교회들이 보여준 무관심의 태도는 304명의 세월호 희생자들의 죽음에서 교회가 기억하는 예수 그리스도의 죽음과의 어떠한 연관성도 발견하지 못하게 하는 뿌리 깊은 이원

---

3 엄기호, "고통, 말할 수 없는 것을 기억하기", 김진호 외,『사회적 영성: 세월호 이후에도 '삶'은 가능한가?』(현암사, 2014), 31-44, 42.

론적 세계관에서 비롯된 것이라 할 수 있다. 이러한 문제의식에서, 세월호 사건에 대한 시민사회의 기억의 작업과 유리되지 않으면서도 교회 나름의 특별한 기억의 작업을 통해 희생자에 대한 애도에 참여할 수 있는 새 길을 위해서는, 예수의 죽음과 세월호 희생자들의 죽음이 서로 결코 무관할 수 없다는 사실을 인식할 수 있도록 돕는 새로운 신학적 작업이 필요하다. 나는 '성령'이 이러한 작업에 매우 중요한 키워드가 될 수 있으리라 기대한다.

성령(혹은 靈)은 한국 그리스도인들에게는 방언을 하게 하는 능력으로 흔히 알려져 있지만, 사실 성서에서는 매우 다양한 맥락에 따라 달리 사용되고 있다. 다양성 속의 성령의 의미와 역할 중에서 가장 중요한 사역은 그리스도인들의 정체성과 관련하여 드러난다. 바로 그리스도인들로 하여금 예수의 죽음에 대한 낡고 무지한 기억을 전복시켜 그의 죽음이 본질적으로 내포하고 있는 의미를 새롭게 인식하게 하는 '기억의 혁명'을 일으키는 힘이다. 골고다 언덕으로 공개처형을 구경 나온(혹은 동원된) 많은 이들이 유대인의 왕이라 조롱받는 나사렛 예수의 사형 집행을 생생하게 지켜보았다. 그들 중에 상당수는 십자기 위에 **가만히 머물며** 죽음의 마지막 순간을 저항 없이 맞이하는 무능력한 그를 바라보며 스스로를 하나님의 아들이라고 일컫던 한 거짓 선지자의 몰락을 조롱하며 떠나갔다. 그러나 이러한 태도 뒤에는 지배질서를 유지하기 위해서라면 한 생명쯤이야 쉽게 죽음으로 몰아넣는 제국과 종교권력의 포악함으로 인해 존재 자체를 위협받고 있는 그들의 두려운 마음이 감추어져 있다. 그렇게 떠나간 대부분의 사람에게 십자가 처형은 예수 선교의 완전한 실패를 확인하는 명백한 사건으로 기억되었을 것이다. 바로 그것이 로마 제국에 의해 이루어진 예수 죽음에 대한 기억의 국가화인 것이다.

물론 그 무리 중에 죽어가는 예수를 멀리서 바라보며 숨죽여 애통한 눈물을 흘리는 이들도 있었다. 갈릴리에서부터 따라온 예수의 어머니와 여성 제자들이다. 그러나 그들이라고 해서 당장 눈앞에서 죽어가는 예수의 죽음이 궁극적으로 뜻하는 구속사적 의미를 이미 이해하고 있었던 것은 아니었다. 그가 여러 번 자신이 죽음을 당할 것이라는 사실을 말씀하셨는데도 불구하고, 어떠한 복음서의 저자도 이 말을 제대로 이해한 이가 있었다고 증거하고 있지 않다. 예루살렘의 새 왕으로 등장할 것이라는 희망 하나 짊어지고 먼 길을 따라온 이 가난한 여인들에게도 예수의 처형은 그야말로 황망하고 예기치 않은 죽음이었기에, 그들의 눈물이 단순히 안타까운 죽음에 대한 슬픔에서 나왔다고만은 할 수 없다. 그것은 **왜 그가 지금 여기서 이렇게 죽어가야만 하는가**에 대한 납득할 만한 이유를 어느 누구에게도 물을 수 없는 현실에 대한 분노이며, 동시에 **눈앞에서 죽어가는** 예수를 살려낼 수 없는 자신들의 무력감에 대한 엄청난 좌절에서 오는 눈물이었을 것이다. 이렇듯 예수의 비극적 죽음의 구속사적 의미 대한 몰이해는 무덤 밖에 서서 울던 막달라 마리아(요 20:11)만을 보아도 짐작할 수 있다. 예수를 가장 사랑했던 여성 제자로 불리는 막달라 마리아마저도 십자가 이후의 부활사건에 대해 전혀 예상치 못했으며, 심지어 부활한 예수를 알아보지도 못했다. 예수의 부활 소식을 전해들은 다른 제자들도 그 소식을 쉽게 믿지 못했던 것은 매한가지다. 엠마오 도상에서 예수와 반나절을 함께 걸으며 이야기하던 제자들 역시 예수가 자신의 정체를 드러내기 전까지는 아무도 눈치 챈 이가 없었다. 4복음서에는 예수의 부활과 승천까지 다 지켜보았으면서도, 그가 그렇게 쉽게 다시 살아나실 것이었다면 왜 그렇게 비참한 죽음을 맞이해야만 했는지 그 이유를 제대로 묻고 이해한 제자가 단 한 명도 드러나지 않는다. 그들은 그저 십자가에서 무기력하게 죽은 예수를 목격했고, 예상치 않게 부활한 예수를 놀라움으로 만났으며, 다시 오시겠다는 약속으로 승천하시는 그리스도를 지켜보며 찬송했을 뿐이다. 그 전반적 과정에 대한 구원사적 의미를 적어도 그 결정적인 날이 오기 전까지는 아무도 제대로 이해한 이가 없었던 것이다.

그러나 다행히도, 예수 죽음의 진정한 이유를 이해하지 못했던 제자들의 무지한 기억이 오랫동안 지속된 것은 아니었다. 오순절 한 다락방에 모여 기도하던 제자들에게 예수의 죽음의 본질적 이유가 밝히 드러나는 인식 전환 사건이 발생하게 된 것이다. 바로 성령임재사건이다. 사도행전의 저자는 이 사건을 통해 그들에게 방언이라는 새로운 언어의 능력이 주어졌다고 기록했다. 그러나 이러한 외형적 변화 뒤에 이어지는 베드로의 오순절 설교가 더 중요하다. 왜냐하면 예수의 십자가 죽음 이후 그가 죽어야만 했던 이유에 대한 그리스도교 공동체의 이해가 이 설교를 통해 처음으로 나타나는 것으로 증거되기 때문이다. 잡혀간 예수를 보고 세 번이나 부인하던 비겁한 겁쟁이 베드로가 새사람이 되어 유대인들에게 담대하게 나서서 말한다. 바로 그대들이 예수를 악인들의 손에 넘겨 죽게 한 장본인이라고 외친 것이다(행 2:23). 이는 성령이 베드로와 예수의 제자들로 하여금 그들의 선생의 죽음 사건 뒤에 망각되어 있던 죽음의 직접적 책임자들에게 당신들의 권력에 대한 치졸한 욕망이, 혹은 자신들의 삶의 안위를 빌어먹고자 하는 당신들의 자위적 욕망이 바로 하나님의 사람을 그렇게 죽게 했다고 외치는 것이었다. 왜 그가 죽어야만 했는가! 성령이 바로 그 이유에 대한 이전의 무지한 기억을 예수 죽음에 대한 그리스도 공동체만의 기억으로 새롭게 떠올리게 하는 힘이 된 것이다.

그러나 기억의 번복, 혹은 새로운 기억이라고 해서 그것이 이전에 기억한 사실을 부정하거나 왜곡하는 거짓을 뜻하는 것은 결코 아니다. 인간의 기억은 그 자체로 사건의 진실을 담지 않는다. 기억은 기억하는 이의 해석학적 과정을 거친 인지이며, 기억하는 이의 인지능력 뒤편에는 그의 인지의 습관적 경향성을 만들어낸 강력한 이데올로기, 다른 말로 표현하자면 기억의 국가화(전체주의적 기억)가 은밀하게 작용하고 있다. 그렇기에 기억의 번복이란 기억의 날조가 아니라, 과거의 사건을 바라보고 이해하는 해석학적 관점의 비틀기를 통해 국가와 다수의 패권에 장악된 탐욕의 기억, 좀 더 정확히 말해 기억의 날조로서의 망각에 저항하는 주변부의 기억이다. 그래서 이러한 기억 방식은 기억하는 이들 스스로가 기억의 주체로 서는 인식의 주체적 작업이자 저항 방식이라고 할 수 있다.

그러나 성서는 예수 죽음을 성령을 통해 되새기는 그리스도인들의 새로운 기억이 단순히 예수 죽음의 직접적 책임자들에 대한 고발에만 그치지 않음을 보여준다. 여러 신약학자들의 논의처럼 베드로가 직접 썼건, 아니면 후세의 저자가 그 이름을 빌려 썼건 간에, 베드로전서의 그리스도 고난에 대한 서술을 보면 예수의 죽음이 그를 따르는 그리스도인들의 죄를 "담당하시기" 위해 당한 죽음으로 변형되어 고백되어 있다(벧전 2:24). 그런데 이것은 베드로전서만의 예외적인 기억의 변형이 아니다. 바울은 보다 적극적으로 예수의 죽음을 기억한다. 그는 우리의 죄로 인해 그리스도께서 우리를 위해 스스로 "죽으심"으로 기억하고(롬 5:8), 사도행전에서 베드로가 했던 예수의 죽음의 직접적 책임자들에 대한 고발에서 한 걸음 더 나아가, 예수의 죽음을 그 무고한 죽음을 내버려둔 자신들의 죄라고 고백하는 것이다. 이는 그들이 예수 그리스도 하나님의 아들이 세상의 탐욕적인 권력 질서에 의해 희생된 무고한 희생자라는 고백을 넘어서, 그를 죽음으로 내몬 세상의 탐욕의 구조에 그들 자신도 포함되어 있다는 참여자로서의 변형된 기억인 것이다.

첫 그리스도인들은 성령의 임재와 함께 그를 죽음으로 내몬 세상의 탐욕적인 권력과 세력을 폭로하였으며 동시에 그러한 세상의 악에 참여하고 있던 자신들의 무책임을 '죄'라는 신학적 용어로 고백하며 예수 죽음의 기억을 공유하며 교회됨의 정체성을 만들어나갔다. 이러한 고백적 기억은 예수의 죽음을 한 불순한 정치적·종교적 혁명가의 불행한 종말로 만들어버렸던 기억의 국가화에 대한 저항이자, 그리스도인들을 연대하게 하는 신앙 공동체의 정체성을 만들어낸 애도의 기억이 된 것이다. 예수의 죽음과 세월호 희생자들의 죽음을 같다고 쉽게 말할 수는 없다. 희생자들의 죽음은 그리스도 공동체가 고백하는 예수 그리스도처럼 사람들의 죄를 스스로 감당하기 위해 선택한 구속자로서의 죽음은 아니기 때문이다. 그러나 그 두 죽음이 완전히 다르다고 결코 말할 수도 없다. 그 두 죽음 모두 무고한 죽음이라는 기억, 또한 탐욕적인 권력과 부패한 사회질서가 만들어 낸 죽음이라는 기억, 그리고 그 사회에 참여한 사람 모두가 자신의 삶의 안위를 지키는 방식으로 그 탐욕적 권력과 부패한 사회질서를 키워낸 참여자로서 그 죽음의 범죄에 참여하고 있다는 기억, 그러한 기억이 모두 함께 공유되고 있다. 성령이 바로 두 죽음의 이러한 기억들을 공유시키는 신앙의 인식 능력을 우리에게 준다. 첫 성령이 그리스도인들에게 예수의 죽음을 피의 제국이 만든 망각의 늪에서 건져내어 무고한 희생자이자 대속자로서의 죽음으로 새롭게 기억하게 하셨던 것처럼, 우리 시대의 성령은 세월호의 희생자들의 죽음을 자본과 권력의 제국이 만든 망각의 늪에서 건져내어 그들의 죽음의 무고함과 그에 대한 우리 모두의 죄를 기억하게 만든다. 그렇게 성령은 우리에게 그 두 죽음이 서로 다르지 않음을 기억하게 한다. 나아가 우리에게 그들과 비견되는 또 다른 죽음의 사건들을 발견하게 하는 영의 눈을 뜨게 한다.

세월호 사건을 기억하는 교회의 특별한 방식 2
: 성령으로 부활을 기억하다

성령은 그리스도인들만의 죽음에 대한 기억의 방식을 준다. 무고한 죽음 뒤에 감춰진 인간 사회의 탐욕과 그러한 탐욕을 분유하고 있는 우리 존재의 죄를 고백하는 방식으로 성령은 우리에게 예수의 죽음을, 그리고 그와 유사한 죽음들을 '함께' 기억나게 한다. 그러나 성령은 단순히 개별적인 죽음의 사건들에 대한 기억을 엮는 작업만을 하지는 않는다. 왜냐하면 성령은 죽음(들)에 대한 기억을 그리스도교만의 특별한 역사의식 속에서 풀어내기 때문이다. 그 역사의식 속에서 예수의 죽음에 대한 기억은 부활이라는 새로운 기억과 만나게 되고, 새로운 생명이 거듭나는 새 시대, 하나님 나라에 대한 약속을 기억하게 한다.

　하지만 세월호 희생자들의 죽음에서 예수의 죽음의 흔적을 찾아보자고 말할 때, 제일 큰 걸림돌은 예수 그리스도가 십자가 처형으로 모든 사역을 끝낸 것이 아니라 다시 부활했다는 최초 그리스도인들의 기억에서 발생한다.『금요일엔 돌아오렴』에서 희생자 길채원 학생의 어머니는 세월호 이후 한 미사의 묵상 글 중에 "죽음에 대한 깊은 성찰이 지금 여기서 더욱 생생하게 살아가는 길을 보여줄 것"이라는 구절을 보고, 자신이 살아 있음에 감사하겠다는 의지를 갖다가도, 결국 아무런 죄 없이 소중한 생명을 잃고 수장당한 자신의 아이를 생각하면 그러한 말이 오히려 깊은 상처가 되기에, 함부로 말하지 않았으면 좋겠다고 말한다.[4] 비참하고 억울한 죽음, 돌이킬 수 없는 죽음으로 고통 받는 이 앞에서, 생명과 삶, 나아가 부활을 희망적으로 말한다는 것이 얼마나 조심스럽고 어려운 일인지 단적으로 보여주는 가슴 아픈 고백이라고 할 수 있다. 이 책을 통해 유가족의 육성을 담아냈던 한 시민작가의 말처럼, 생존자와 희생자 유가족은 삶을 삶답게 사는 것이 아니라, 다만 "자꾸만 돌아오는 시간을 미래로 밀어가고" 또한 억지로 "이러지도 저러지도 못하는" "시간을 만들어"가며 남은 시간들을 채워가고 있는 것일지 모르겠다.[5] 물론 작가는 아픔을 삼키며 밀려가듯 살아가는 그들의 시간을 새로운 가능성의 시간으로 바꿔야 할 책임이 우리 모두에게 있음을 주장하면서 글 말미에서 시민사회의 연대를 호소한다.

그리스도인들이 성령으로 예수의 죽음을 기억하는 것은 곧 그의 부활도 함께 기억하는 '이중의 기억' 혹은 '역설의 기억'을 뜻하는 것임은 분명하다. 앞에서 언급했던 성령 강림 이후 최초의 베드로 설교를 보아도 예수 죽음의 책임자에 대한 고발로 그치는 것이 아니라, 그 죽음의 고통을 끊고 풀려난 부활한 예수에 대한 증거가 연이어 선포된다. 베드로는 성령 강림의 사건과 함께 그가 목격한 예수의 부활을 그를 죽인 세력에 대한 승리로서 새롭게 기억하며 이것을 용기 있게 설교함으로써, 듣는 이 수천 명이 회개하고 세례를 받는 기적을 이루었다고 사도행전은 증거한다. 바울도 그리스도의 죽음을 단순히 우리의 죄의 탓으로 돌리는 기억에만 머무는 것이 아니라, 우리가 그와 함께 죽으면 다시 더 이상

4　『금요일엔 돌아오렴』, 232.
5　같은 책, 344.

죄 아래 있지 않고 그와 함께 영원한 생명을 누릴 것이라고 증거했다(롬 7:8-23). 그래서 실제로 그리스도교 공동체에서 예수의 죽음보다 부활이 더 크게 기억되어 증거되고 있다고 말해야 하는 것이 맞을 것이다.

예수의 죽음과 부활을 나사렛 예수 한 사람에게서 시작하여 완결된 개별적 사건으로 기억한다면, 적어도 부활은 세월호 희생자들과 유가족에게 속이 텅 빈, 빈말에 불과하다. 이는 아이들은 결코 이 세상으로 부활하여 돌아오지 않을 것이며, 그렇기에 유가족의 삶 역시 다시 이전과 같은 생기 있는 삶으로 돌아가지 못할 것이 분명하기 때문이다. 그래서 성령으로 예수 죽음과 함께 세월호 희생자들을 기억하는 일은 가능할지 몰라도, 성령으로 예수의 부활과 함께 세월호 희생자들을 기억하는 일만은 결코 쉬워 보이지 않는다. 프랑스 철학자 폴 리쾨르의 말처럼 진정한 애도는 다시는 되돌릴 수 없다는 상실에 대한 인정 없이는 불가능하다. 세월호의 희생자들이 다시는 돌아올 수 없다는 이 분명한 사실은 유가족에게 저 천국을 향한 어떠한 강력한 부활신앙으로도 극복할 수 없는 커다란 상실을 안겨준다는 사실을 우리는 분명히 인정해야 한다. 누구로도, 무엇으로도 대체될 수 없는 이 상실의 깊이를 결코 쉽게 말해서는 안 된다.

그러나 우리 그리스도인들도 그리스도의 부활이 십자가에 달린 나사렛 예수 개인 목숨의 부활만을 뜻하는 개별적이고 예외적인 사건이 아니라는 사실만은 반드시 기억해야 한다. 성령으로 우리는 그의 죽음과 부활이 우리 모두를 영원한 죽음에 이를 수밖에 없는 죄에서 해방시켜 새로운 생명을 주신 사건으로 기억한다. 그의 부활이 의미 있는 것은, 나사렛 예수 한 사람이 다시 죽었다 살아나 하나님의 권능을 나타내었기 때문이 아니다. 그것은 그의 죽음과 부활로 인해 모든 이에게도 이전

과는 전혀 다른 새로운 생명, 새로운 삶의 가능성이 주어졌다는 그리스
도 신앙의 핵심 때문이다. 예수의 죽음과 부활 사건에 대한 최초 그리스
도인들의 기억이 성령의 역사와 함께 그들로 하여금 예수 죽음 사건의
구조적이고 패권적인 악은 물론 방관자이자 가담자로서의 그들 모두의
죄를 고백하게 하였을 뿐만 아니라, 교회 공동체 안에서 사랑과 섬김의
새 삶으로 다시 태어나게 했음을 우리는 기억해야 한다. 그리스도 공동
체의 이러한 기억을 통해 우리도 세월호 희생자들의 죽음에 대한 연대
적인 죄를 고백하고, 그러한 비참한 죽음이 우리 사회의 구조적 악뿐만
아니라 우리의 무관심과 탐욕으로 더 이상 발생하지 않도록 하는 새로
운 저항과 개혁의 삶을 살아가야만 할 것이다. 그렇게 할 때만이 세월호
희생자들의 죽음을 우리 사회를 새 시대로 여는 밀알로 다시 싹트게 할
수 있을 것이다.

　　스위스 신학자 에듀아르드 슈바이처Eduard Schweizer의 말은 성령으
로 세월호 희생자들의 죽음과 그 이후에 오는 새 생명의 가능성에 대해
기억하고자 하는 이러한 신학적 작업에 마지막 결론처럼 다가온다. "성
령은 망상을 가지지 말라고 말하고 권고한다. 완전히 성령으로 충만한
공동체도 아직까지 하늘에 살고 있는 것이 아니라 시련을 당하고 신음
하며 썩어져가는 세계 속에 살고 있다. 모든 것의 완성은 하나님께서 시
련과 고통과 죽음을 지양시킬 때 이루어진다. (중략) 여기에서 성령은
개인과 사회와 정치의 영역에 있어서 해방시키고 변화시키고 치유하는
능력으로 나타날 수밖에 없다."[6] 성령으로 희생자들의 죽음을 기억하고,
더 나아가 그와 같은 무고한 이들의 죽음을 기억하려 애쓰면서 거기서

6　E. 슈바이처, 『성령』(대한기독교서회, 1982), 186.

우리 모두를 위한 새 생명과 새 삶, 새 시대를 만들어가고자 노력하는 일은 적어도 그리스도인들이 신앙하는 하나님 나라의 종말론적 임재 전까지는 시련이고 고통이며 신음의 연속일지 모른다. 그러나 그럼에도 불구하고, 우리 그리스도인들은 성령의 도우심을 통해 그러한 비참하고 애통한 죽음의 사건을 계속해서 만들어내고 방치하며 심지어 망각하여 또다시 반복되게 만드는 우리 자신과, 우리 사회와, 우리 세계를 그러한 죄에서 해방시키고 변화시키며 끊임없이 치유하는 개혁의 사역을 펼쳐야 할 영광스러운 의무가 있다. 세월호 참사는 독일교회의 아우슈비츠와 같이 한국교회에게 새 역사로 나아가게 하거나, 반대로 주저앉게 만드는 결정적 사건이 될 것이다. 그 선택은 교회 직분과 상관없이 스스로를 그리스도인으로 고백하는 우리 하나하나에게 달렸다.

돌리지 않은 얼굴로,
쉬지 않는 눈동자로

신익상 ― 성공회대학교

구원의 시간 앞에서

메시아적 시간은 …

시간이 변용을 경험하고 '남겨진 것'으로서 취해지는 것….

(조르조 아감벤, 『남겨진 시간』 중에서)

단원고등학교 아이들은 금요일이면 돌아오기로 되어 있었다. 그러나 봄꽃이 만개할 무렵 져버린 아이들의 생명은 금요일보다 이른 시간, 2014년 4월 16일 수요일 아침에 멈추어 섰다. 누군가의 아이들, 그러나 이제 그들을 기억하는 모든 이의 아이들. 그들이 돌아와야 할 금요일은 수없이 반복되어서는, 새로울 것 없는 일상생활의 한 모퉁이를 차지한 채, 새로운 해를 맞이한다. 그들에겐 돌아오지 않는 금요일이 대한민국에겐 지겹도록 반복되고 있다. 그들에겐 멈추었고, 우리에겐 반복된다. 아이들에게 멈춘 미래는 아이들이 만들어갈 모든 것이 도려내진 미래다. 그만큼 우리의 미래 또한 결여된 미래가 되었다. 우리에게 금요일은 매주 돌아오지만, 돌아와야 할 바로 그 금요일은 돌아오지 않는다. 우리는, 이 세계는 적어도 304개의 가능한 금요일을 잃어버렸다.

얼마 전 지갑을 잃어버려서 외출하려다 말고 급하게 찾았던 적이 있다. 당장 은행에 가서 현금을 찾아와야 하는 상황에서 직불카드가 들어 있는 지갑이 어디에 있는지 도무지 생각이 나지 않았기 때문이다. 지갑을 찾기 위해 가장 먼저 착수한 일은 지갑을 마지막으로 두었던 곳이 어디인지 기억해내려고 애쓰는 것이었다. 차에 기름을 넣으려고 주유소에서 지갑을 꺼냈던 기억이 난다. 차에다 두었을까? 차를 뒤져본다. 아무리 뒤져도 없다. 다시 집으로 돌아온다. 자주 지갑을 넣고 다녔던 가방, 그날 입었던 양복주머니 등을 뒤져본다. 없다. 혹시 책상에 쌓아둔 책들 사이에 숨어 있나? 집 안에서 주로 움직이던 동선, 주로 가까이 두던 물건들을 떠올리며 여기저기를 살펴본다—없다. 혹시나, 아하, 결국에는 찾았다! 늘 매고 다니던 가방 깊숙한 곳에 숨어 있었던 것을 처음 살필 때는 못 보았다가 다른 곳을 다 뒤져도 못 찾겠기에 되돌아와 다시 유심히 살피니 있었던 것이다.

잃어버린 것을 되찾기 위해 무엇보다 필요한 것은 기억이다. 기억은 현재의 문제를 풀려면 어디에서부터 시작해야 할지를 알려주기 때문이다. 지갑에 대한 과거의 기억이 자동차에서, 가방에서 문제풀이를 시작할 수 있도록 돕는다. 또한 기억은 모든 시도가 실패한 후에라도 돌아갈 수 있는 새로운 출발점이 되어준다. 그러나 기억의 역할은 여기에서 멈추지 않는다. 기억은 훨씬 더 극적으로 과거를 미래와 이어준다. 과거를 현재의 문제 속으로 끌어들임(직불카드가 필요하다는 현재의 문제로 인해 과거 속의 지갑은 기억의 형태로 현재에 등장한다)과 동시에 현재의 문제를 과거에 대입함(지갑이 절실히 필요하다는 지금의 상황이 과거의 지갑과 중첩되는 방식으로 기억은 형성된다. 즉 기억 속에 떠올리는 지갑은 지금 내가 필요한 직불카드가 들어 있는 바로 그 지갑이다)으로써 기억은 과거와 미래가 현재의 문제 속에서 서로 만날 수 있도록 하는 것이다(지갑을 어디에 두었는지를 기억해내려는 행위는 가까운 미래에 은행에서 돈을 찾을 수 있을 것이라는 기대 속에서 수행된다). 이렇듯 기억은 과거와 미래를 맞닿게 한다. 즉, 기억은 시간을 수축시킨다. 그렇게 함으로써 기억은 구원의 시간(잃어버린 지갑을 찾아낸 뒤 은행으로 가서 돈을 찾기 직전까지의 시간)을 만들어내는 것이다.

304개의 잃어버린 금요일 앞에서 "금요일엔 돌아오렴!" 하고 당부하는 유가족의 기대 속에는 기억을 통해서 과거와 미래의 간격을 수축시키려는 바람이 담겨 있다. 그들의 기대와 바람은 자신들이나 망자들만을 위한 것이 아니라 세월호 이후를 살도록 남겨진 자들 모두를 위한 것이라는 점에서 구원하는 능력을 담고 있다. 하지만 이들의 기대 앞에서 대한민국은 망각의 정치학에 휩쓸려가고 있다. 그와 동시에 우리는 금요일을 '제대로' 잃어버렸다. 어디에서부터 시작해야 할까? 유가족은 한목소리로 진상규명이라고 말한다. 진상규명은 금요일이 반복되어도 돌아오지 않는 아이들이 우리에게 남긴 숙제다. 이 숙제를 풀고 나면 다시는 세월호 참사와 같은 일이 일어나지 않도록 개선책을 만들어야 한다. 진상규명(현재의 문제)과 개선책(미래) 사이, 그 사이를 잇는 것은 바로 기억이다. 오래오래 살아서 당신의 아들을 기억해줘야 한다고 말하는 단원고 2학년 4반 김건우 학생 어머니의 결의 속에서, 세상으로부터 잊히는 것이 무섭다는 2학년 6반 신호성 학생 어머니의 고독 속에서, 우리는 다시 기억이 작동해야 한다는 사실을 상기하게 된다.

그런데 대한민국은 무언가 순서를 잘못 놓았다. 참사가 나자 정부는 가장 먼저 개선책을 제시하고는 국가안전을 담당하는 부서의 간판만 고쳐 걸었다. 그리고는 한참이 지나서야 진상규명을 하겠다고 한다. 진상규명을 바탕으로 한 개선책이 아니기에 제대로 된 개선책일 수 없고, 개선책을 수립하는 과정에서 기억의 흔적들을 지웠기에 제대로 된 진상규명일 리도 없다. 그나마 특별법 제정은 진상규명을 이루기 위한 첫걸음을 내딛은 것뿐인데 대한민국은 기억을 시작하는 것이 아니라 기억을 종결지으려 한다. 그 사이 뒤죽박죽된 순서 속에서 기억이 희미해진 자리를 대다수 언론들은 엉뚱한 이야기들로 채워왔다. 이제 기억은 소문 속에서 은밀한 비밀처럼 세간에 떠돈다. 그러니 이제 온 집안을 다 뒤져도 지갑이 나오지 않자 다시 기억 속의 가방으로 되돌아왔던 것처럼, 우리는 아무리 소수라도 세월호 참사의 아린 기억 앞으로 돌아와 다시 서야 한다.

기억은 진상규명이라는 당면한 숙제를 해결하기 위한 것으로 구성되어야 한다. 기억은 현재의 문제 상황을 기준으로 과거를 불러오는 것이기에, 우리에게 주어진 숙제가 진상규명인 한 세월호 참사와 관련된 모든 과정에 대한 기억은 진상규명을 위한 것이어야 한다. 한편, 진상을 규명하려는 이유가 세월호 참사의 원인을 다각도로 살피고 이를 바탕으로 개선책을 세우는 것에 있다면, 기억은 진상규명(현재의 문제)을 사이에 놓고 세월호 참사(과거)와 국가안전 개선책(미래)을 관계시킴으로써 과거와 미래를 한꺼번에 지금 여기로 가져다놓는 역할을 한다고 할 수 있다. 과거를 눈앞에 펼쳐놓고 미래를 설계하는 일은 모든 창조적 작업의 기본이다. 하지만, 세월호는 전부 '왜'라는 물음에서 시작해서 '왜'라는 물음으로 끝난다는 유가족의 말과 같이, 우리는 진실에 굶주려 있다. 우리는 이를 악물고 잊지 말아야 하며, 기억해야 한다.

결국 기억하는 시간은 메시아적 시간, 즉 구원을 만들어가는 시간이다. 대한민국 사회가 기억을 통해 진상규명을 성취하는 순간, 우리는 비로소 안전한 대한민국을 대망하며 미래를 설계할 수 있다. 304명의 금요일을 새롭게 되살려 기다릴 수 있다. 그리하여, 개선되지 않는다면 잠재적인 피해자가 될 수도 있을 남겨진 자들에게 새로운 시간, 구원의 시간을 허락할 수 있다. 기억을 통해서라야 대한민국은 구원의 시간 앞에 설 수 있는 것이다.

얼굴과 얼굴을 맞대고

지금은 우리가 거울 속에서 영상을 보듯이 희미하게 보지마는,
그 때에는 우리가 얼굴과 얼굴을 마주 볼 것입니다.
지금은 내가 부분밖에 알지 못하지마는,
그 때에는 하나님께서 나를 아신 것과 같이,
내가 온전히 알게 될 것입니다.
(고전 13:12/표준새번역)

바울은 구원의 시간에 얼굴과 얼굴을 마주보게 될 것이라고 말한다. 그때에는 모든 것을 명백하게 볼 수 있고 모든 사실을 전부 다 알게 된다는 것이다. 반면 지금은 청동거울을 통해 보듯 선명하지 않은 모습만을 겨우 보고 있다. 다시 말해, 지금은 진실을 외면하거나 제대로 바라보지

못하고 있다는 사실 자체만으로도 구원의 시간이 아니다. 진실을 온전히 직시하는 날, 우리는 구원의 시간에 있게 된다. 그리고 진실을 온전히 직시하기 위해, 구원의 시간 앞에 서기 위해, 우리는 기억과 마주해야 한다.

그러나 먼저 얼굴과 얼굴을 맞대고 바라보기도 전에 이미 우리를 온통 감싸고 있는 무력감과 공포에 대해서 이야기해야 한다. 앞으로 어떻게 살아가야 할지 막막해서 죽어버리고 싶기만 한 아버지의 마음에 대해서, 동생을 먼저 보내고, 형을 먼저 보내고, 친구를 먼저 보내고 남겨진 아이들의 고통에 사무친 울음에 대해서, 국가 지도층이 짓밟고 넘어간 유가족의 피눈물에 대해서, 왜곡된 정보로 얼룩진 언론보도에 분노하며 주저앉은 유가족의 절망 섞인 고립감에 대해서, 아무도 책임을 지지 않는 세상 속에서 무능력하고 초라한 자신을 새삼 느끼며 흐느끼는 아버지의 흔들리는 어깨에 대해서, 일상이 무너져 내리고 시간은 멈추어 선 부부의 허망한 가슴에 대해서 이야기해야 한다. 이런 상황에서 어떻게 진실에 직면할 수 있는 용기를 낼 수 있겠는가?

바울에게서 답을 찾는다면, 그것은 사랑이다. 그런데 바울은 사랑을 모든 계명의 요약일 뿐만 아니라 율법을 완성하는 것이기도 하다고 말하고 있다(롬 13:9-10). 만일 이 말을 받아들인다면, 사랑은 기억과 동일한 기능을 한다고 할 수 있다. 모든 계명의 요약인 한 사랑은 과거의 말미에 있는 것이며, 율법의 완성인 한 새로운 미래의 시작에 있는 것이다. 따라서 사랑은 기억과 마찬가지로 과거와 미래를 한데 묶음으로써 과거와 미래의 간격을 수축시킨다. 그렇다면 사랑도 구원의 시간 앞에 서서 구원을 만들 수 있다. 모든 계명을 요약하고 총괄함으로써 그 완성을 현재로 앞당기는 것이 사랑이라면 그런 사랑은 우리를 구원할 수 있을 것 같다. 하지만 이렇게 말하더라도, 여전히 명쾌하지 않은 까닭은 무엇인가? 결정적인 한 방, '어떻게'가 부재하다.

아시아의 신학자인 알로이시우스 피에리스Aloysius Pieris는 예수의 사랑이 "자발적인 가난voluntary poverty"을 그 방법으로 한다고 말한 바 있다.[1] 그는 이 말을 통해서 물질적인 풍요와 부를 거부하고 하느님의 뜻을 깊이 따르는 삶을 표현하고자 했다. 다시 말해, 이기적인 욕망을 극복하기 위해 자기 자신과 투쟁하면서 가난한 사람들과 함께 연대하는 단순한 삶이 예수가 평생을 따르고자 했던 사랑의 삶이었다는 것이다. 스스로의 탐욕과 싸우면서 가난하고 억압받는 이들과 더불어 사는 삶은 진실에 직면할 용기를 허락하고 구원의 시간을 살아갈 힘을 제공한다는 것이다.

놀랍게도 세월호 유가족은 이 사실을 실증하고 있다. 그들은 자신들의 아이들을 서로 기억하며 함께하기 시작했고, 함께 진상규명이라는 숙제를 풀어가기 시작했다. 유가족 중 한 어머니는 이렇게 말한다. "…이 일을 겪고 나서 남의 일을 돌아보게 된 것 같아요." 어떤 이는 이렇게 평하기도 한다. "하나둘 떠난 자리를 대신 채운 사람은 결국 자신들이었다. 서러운 세상에서 그들은 다시 하나가 됐다."[2] 동시에 대한민국 시민 중 어떤 사람들은 유가족과 함께하며 얘기를 들어주기도 하고 함께 부둥켜안고 울며 위로해주기도 함으로써 유가족에게 진실에 맞설 힘을 제공한다. 유가족과 일부 시민은 서로의 얼굴을 마주함으로써, 서로의 인

---

1 Aloysius Pieris, *An Asian Theology of Liberation* (New York: Orbis Books, 1988), 20 참조.
2 416 세월호 참사 시민기록위원회 작가기록단, 『금요일엔 돌아오렴』(창비, 2015), 231, 60.

생을 외면하지 않고 직시함으로써, 사랑을 시작했다. 서로의 무력감과 공포를 함께 대면함으로써 직면한 상황을 분명하게 바라보며 구원의 시간을 만들어가고 있는 것이다.

그렇다면 두 가지 사실이 분명해진다. 첫째, 돌리지 않은 얼굴로 얼굴과 얼굴을 마주하는 일은 단지 지금의 한순간을 명백하게 보는 일이 아니라 과거로부터 지금까지 이어지는 전 시간을 이해해가는 과정이라는 점이다. 진실을 알려고 하면 전 과정을 숙고해야 한다. 이를 위해서 우리는 자신의 이기적 욕망과 싸워나가면서 무력감과 공포에 떨고 있는 이웃과 연대해야 한다. '함께함'은 그 자체만으로도 힘든 시간을 직시하며 헤치고 나갈 수 있는 용기를 갖게 하며, 그렇게 함으로써 예수가 갔던 사랑의 길을 따를 수 있게 한다. 여기에 기억은 필수적이다. 구원의 시간은 기억을 통해 연대하는 사랑의 시간이다.

둘째, 구원의 시간은 이 세상의 끝에 놓여 있는 것이 아니라 이 세상의 시간과 종말 '사이'에 놓여 있다는 점이다. 하지만 이 '사이'는 단지 종말에 이르기까지 연장되는 이 세상의 시간과 동일하지 않다. 오히려 이전까지 진행되던 시간이 어떤 계기로 새로워져서 이전과는 질적으로 다른 시간이 됨으로써 시간과 영원 사이에 '남겨진 시간'이다. 예를 들어, 모세가 호렙 산에서 하나님을 만나던 순간(출 3:1-22)을 떠올려보자. 모세는 늘 양 떼를 치며 오르곤 하던 호렙 산에서 불에 타지 않는 나무를 발견한다. 이 나무는 이집트의 억압과 고통을 견디고 있는 히브리인들을 상징적으로 드러낸 것이다. 그런데 일찍이 모세는 히브리인들을 괴롭히던 이집트인을 살해함으로써 히브리인들을 대변하려고 했다가 히브리인들의 외면으로 인해 처참하게 배신당했고(적어도 모세는 그렇게 느꼈을 것이다), 그 후 광야로 도망쳐 40여 년의 세월을 은둔하며 히브리인들의 고통스러운 삶을 외면함으로써 소심한 복수를 하고 있었다. 그랬던 모세가 불에 타지 않는 나무를 통해 다시 히브리인들의 고통에 얼굴과 얼굴을 맞대듯이, 얼굴을 돌리지 않고 직면한 순간 호렙 산은 거룩한 공간으로 변한다. 하느님은 바로 불에 타지 않는 나무 한가운데, 히브리인들의 고통스런 현장 한가운데에 함께하고 있었고, 그 현장에 함께 참여하는 이는 곧 거룩한 현장에 놓이게 되는 것이다―"네가 선 곳은 거룩한 땅이니 네 발에서 신을 벗으라"(출 3:5). 거룩한 현장과의 대면을 통해 모세가 살아가는 시간 또한 새로운 국면을 맞이한다. 회피의 시간에서 구원의 시간으로 전환된 것이다. 이 세상의 시간은 변한 것이 없다. 다만, 모세에겐 이 동일한 시간이 구원의 시간이 된 것이며, 이 시간은 히브리인들이 이집트를 벗어나서 가나안에 이르기까지 계속된다. 이 세상의 시간을 살면서도 이 세상의 그럭저럭한 흐름에서 떨어져 나와 구원의 완성에 이르기까지 고난당하는 사람들의 거룩한 고난에 함께하는 이 시간은 말 그대로 '남겨진 시간'이다. 이 세상의 시간에 걸쳐 있으면서도 이 세상의 시간과는 질적으로 다른 시간 경험이기에 구원과정으로서의 출애굽 시간은 이 세상의 시간이 아니다. 하지만 그렇다고 이 세상의 시간을 벗어나 있는 것도 아니므로 이 세상의 시간이 아닌 것, 즉 영원한 것도 아니라는 점에서 시간과 영원에 걸쳐 '남겨진 시간'이라고 할 수 있다.

세월호 참사를 전후하여 유가족은 급격하게 절단된 시간 속에서 삶의 새로운 차원으로 진입해왔다. 금요일에 돌아올 아이들에 대한 기다림과 아이들이 돌아오지 않는 숱한 금요일들 '사이'에서 그들의 시간은 대한민국의 새로운 미래를 위해 예비된 '남겨진 시간'이다. 그들은 자신들의 끔찍한 과거에 '돌리지 않은 얼굴로' 직면하는 용기를 보여줌으로써 구원의 시간을 기억과 사랑으로 견인하고 있다. 이 구원의 시간은 진실이 온전히 밝혀지는 시간, 애도의 가치가 빛나는 시간, 대한민국의 미래를 시험하는 시간이다.

쉬지 않는 눈동자로

> 그들의 마음이 주를 향하여 부르짖기를,
> 딸 시온의 성벽아, 너는 밤낮으로 눈물을 강처럼 흘릴지어다.
> 스스로 쉬지 말고
> 네 눈동자를 쉬게 하지 말지어다.
> (애 2:18/개역개정)

구원의 시간은 이 세상의 시간 속에서 이 세상의 시간을 살지 않는 시간의 변용으로서 남겨진 시간이지만, 그렇다고 완결된 종말인 것은 아니다. 이미 종말이 완결됐다면 말 그대로 시간의 끝이기에 구원의 시간을 시간이라고 부를 수 없겠기 때문이다. 오히려 구원의 시간은 미정의 시간이지, 때가 되면 무조건 구원을 생산해내는 자동기계장치가 아니다. 유가족이 만들어내는 남겨진 시간 속에서 대한민국의 미래는 장밋빛 완성을 앞두고 있는 것이 아니라, 오히려 시험대에 올려졌다. 유가족을 포함한 온 대한민국이 구원의 시간 속에서 선택을 감행해야 한다.

유가족은 세월호 이후에 형성된 구원의 시간 속에서 이미 선택의 기준을 제시한 바 있다―다른 무엇도 아닌 '공감'. 공감을 일컫는 영어 표현으로 대표적인 것은 sympathy와 empathy의 둘이다. 신경과학은 이 둘의 관계를 정서emotion와 느낌feeling의 차원에서 다루며 연속된 감정과정의 두 국면으로 본다. 여기서 정서가 감정의 객관적 표현에 해당한다면 느낌은 감정의 주관적 내면화에 해당한다고 할 수 있다. 예컨대 짝사랑하는 사람을 느닷없이 만났을 때 심장이 두근거리거나 식은땀이 나는 등의 신체적 변화가 감정의 객관적 표현인 정서에 해당한다면, 그러한 신체적 표현과 함께 나타나는 긴장감이나 행복감 등의 개인별 다양한 수준은 주관적으로 내면화된 느낌이라고 할 수 있다. 이러한 관계는 sympathy와 empathy로 설명되는 공감 과정에도 그대로 적용될 수 있다. sympathy는 공감의 객관적 측면으로서 타인의 행동이나 상황에 대한 신경학적 모방과 관련된다. empathy는 이러한 모방의 주관적 내면화에 해당하며, 보통 '감정이입'으로 번역된다. 이러한 공감 과정이 가능한 것은 뇌의 신경세포 중에 거울신경세포mirror neuron라고 하는 것이 있기 때문인데, 이 세포는 타인이 특정한 행동을 하거나 의도, 감정 등을 드러낼 때 이를 관찰하는 것만으로도 그러한 행동·의도·감정에 해당하는 신경세포들이 활성화되도록 한다. 예를 들어, TV 드라마에서 가족을 잃은 고통으로 오열하는 장면을 보는 것만으로도 우리는 동일한 뇌 부위가 활성화되면서 그 아픔을 마치 자신의 것처럼 느낄 수 있다.

그러나 공감할 수 있다는 신경학적 사실이 공감의 방향까지 지시하는 것은 아니다. 공감의 신경학적 잠재력이 발휘되는 방향이 중요하다. 이 방향을 찾기 위해서는 다른 길을 참조할 필요가 있다. 여기서 우리는 compassion이라는 단어로 관심을 돌려보자. 이 단어는 sympathy와 어원에 있어서는 동일하지만, 핵심어인 pathos의 두 가지 뜻인 느낌feeling과 고통suffering 중 어떤 것을 취하느냐에 따라 그 의미가 전혀 달라진다. sympathy는 느낌을 선택한다면, compassion은 고통을 선택한다. 그래서 sympathy는 '함께 느낀다'는 의미로 멈춘다면, compassion은 '고통에 함께한다'는 의미로 한 걸음 더 나간다.

성서는 언제나 단호하게 compassion의 길, 고난을 겪는 존재와 함께하는 길을 선택한다. 당장 복음서를 펼쳐서 예수의 저 유명한 팔복 설교를 읽어보라. 거기에서 예수는 말한다. 슬퍼하는 사람들에게 위로의 복이 있을 것이라고(마 5:4). 이 슬픔은 사랑하는 이의 죽음 때문일 수도 있고, 지은 죄로 인해 느끼는 고통 때문일 수도 있다. 어떤 경우든 여기서 신음하며 슬퍼하는 사람은 고난 중에 있음에 틀림없다. 그런데 이 사람에게 임한다는 복, 우리가 방금 '위로'라고 번역해서 읽은 단어는 파라칼레오*parakaleo*라는 헬라어로서 '옆자리에 함께한다call to one's side'는 뜻이다. 고난 중에 있는 이를 자신의 옆자리에 끌어다놓고 함께하겠다는 말 속에서 compassion의 선언을 확인하게 된다.

바울 또한 예외가 아니다. 그가 쓴 숱한 편지들은 한결 같이 고난 중에 있는 이들에 대한 관심과 애정으로 가득하다. 예를 들어, 그가 쓴 편지 중 가장 철학적이고 고리타분할 것 같은 로마서의 한 대목을 살펴보자. 로마서 12장에서 그는 "우는 사람들과 함께 우십시오"(15절)라고 권고하고 있다. 여기에서 그가 무엇보다 염두에 두고 있는 사람들은 비천하고 낮은 처지에 있는 사람들, 가난에 처한 사람들이라는 사실을 간과해서는 안 된다(16절). 모든 울음을 정당화할 수는 없다. 오직 힘이 없어서 고난 중에 스스로의 몸조차 가눌 수 없는 사람들과 함께 울라는 것이다. 바울 역시도, compassion이야말로 전 계명의 요약이자 율법의 완성인 사랑이 이 세상의 시간을 뚫고 헤쳐 나가야 할 방향이라고 말하고 있다.

공감의 진정한 가치는 "함께"에 지향을 마련하고 실천하는 일, 접속의 방향을 일러주는 일, 참된 고난의 삶이 누구에게 있는지 분명하게 하고 그래서 결정적인 순간에 박근혜의 눈물이 아니라 유가족의 눈물을 선택하는 실천을 만들어가는 일, 그리하여 새로운 일상의 부활을 꿈꾸고 자라나게 하는 일 속에서 빛난다. 이것은 복음의 핵심, 예수의 십자가와 부활이 가르쳐준 삶, 고난 받는 이들과의 연대[십자가]와 고난 받는 이들의 연대[부활]를 추구함에 다름 아니다.[3]

지금 대한민국은 구원의 시간 속에서 기억을 통한 사랑을 발휘할 기회를 맞이하였다. "그렇게 외치는데 눈길 한번 안 주더라고. 그러면서 웃으면서 지나가더라고. 그게 사람인지요"[4] 하고 하소연하는 소리에 귀 기울일 기회를 얻었다. 쉬지 않는 눈동자로 우는 사람들과 함께 울 수 있는 기회 앞에 대한민국이 서 있다. 슬픔 속에서도 한 걸음씩 내딛으며 구원의 시간을 견인하고 있는 유가족에게는 "슬픔을 멈추지 않을 권리가 있다."[5] 그리고 우리에게는 고통스런 기억을 돌리지 않은 얼굴로 직시하고서 그 슬픔에 쉼 없는 눈동자로 함께할 용기의 시간, 구원을 위해 남겨진 시간이 시작되었다.

---

3 신익상, "고난의 신학: 공감에서 공감으로," 고난받는 이들과 함께하는 모임 창립 25주년 기념 심포지엄 및 평화교회연구소 창립선포식, 2014년 10월 30일, 37.
4 『금요일엔 돌아오렴』, 157.
5 같은 책, 211.

수장당한 세월호의 유령들이
아직 이곳에 있다

이상철 — 한신대학교

프롤로그: 바람만이 아는 대답

미국 포크계의 거장이자 노래하는 음유시인으로 불리는 밥 딜런은 전쟁과 평화, 그리고 자유에 대한 노랫말에서 타의 추종을 불허한다. 매혹적이고 날카로운 첫 키스의 추억을 떠올리게 하는 밥 딜런의 목소리와 그 목소리를 타고 흐르는 음률과 가사는 인권과 반전의 문제로 홍역을 앓고 있었던 1960-70년대 미국 젊은이들의 영혼을 위로하면서 자유와 평화에 대한 갈증을 촉촉이 적시는 역할을 하였다. 밥 딜런을 세상에 알린 대표적인 노래가 〈Blowing in the Wind〉다. 우리나라에서는 〈바람만이 아는 대답〉이라는 곡으로 번안되었고, 필자가 중·고등부 시절 꽤나 진보적인 교회로 소문난 나의 모교회에서 많이 불렀던 노래다.

당시 소년이었던 나는 밥 딜런에 대한 이러한 배경을 몰랐음에도 불구하고, "얼마나 먼 길을 헤매야 소년들은 어른이 되나, 얼마나 먼 바다 건너야 갈매기는 쉴 수 있나, 오, 내 친구여, 묻지를 마라, 바람만이 아는 대답을"이라는 노래 가사를 흥얼거리면서 알 수 없는 감상에 빠졌었다. 그로부터 얼마만큼의 시간이 흘렀을까? 며칠 전 집에서 FM 팝 방송을 듣고 있었는데 밥 딜런의 〈Blowing in the Wind〉가 흘러나왔고 순간 그 노래의 3절 가사가 귀에 들어와 꽂혔다.

How many times must a man look up, Before he can see the sky?
얼마나 많이 고개 들어 올려다봐야만 사람들은 하늘을 볼 수 있을까?
How many ears must one man have Before he can hear people cry?
얼마나 많은 귀가 있어야만 사람들은 울부짖는 소리를 들을 수 있을까?
How many deaths will it take till he knows That too many people have died?
얼마나 많은 사람들이 죽어나가야만 수많은 사람들의 죽음의 희생을 깨닫게 될까?
The answer, my friend, is blowin' in the wind, The answer is blowin' in the wind.
오, 내 친구여, 묻지를 마라. 바람만이 아는 대답을

그동안 까맣게 잊고 지내고 있었던 밥 딜런의 노래 가사가 1년 전에 진도 앞바다에서 수장당한 죽음들을 다시 일깨우고 그 울부짖음을 다시 재생시킨다. 하지만 그것은 일 년 전 비극에 대한 단순한 복기로 그쳐서는 안 될 것이다. 밥 딜런도 자신의 노래에서 결론적으로 말하고자 했던 것이 절망과 비극으로 인한 염세주의적 태도가 아니라, 그것들을 뚫고 오는 희망에 대한, 생명에 대한 바람Wind이었다. 이 글은 그 바람에 대한 이야기이다. 그 바람이 부는 방식에 관하여, 그 바람으로부터 기대되는 꿈과 희망에 관하여, 더 나아가 그 바람이 일으킬 사건과 파장에 관한 에세이다.

"바람은 불고 싶은 대로 분다"

'어떻게 하면 바람을 잡을 수 있을까?' 황당하게 들릴 수도 있겠지만, 이 질문은 나름 크리스천인 우리에게 생각할 거리를 제공한다. 왜냐하면, 예수께서 성령을 바람으로 비유했기 때문이다. 요한복음 3장에 보면, 밤 늦게 찾아와 영생의 비밀을 묻는 니고데모에게 예수는 이렇게 말한다: "바람은 불고 싶은 대로 분다. 너는 그 소리는 듣지만, 어디에서 와서 어디로 가는지는 모른다Where it comes from or where it goes. 성령으로 태어난 사람은 다 이와 같다." 우리가 예수의 말에서 알 수 있는 것은 바람은 어딘가에서 부터 불어와서 어딘가로 다시 불어나간다는 것이다.

본문에서는 바람의 범주가 공간적 범위where로 처리되고 있으나, 뉘앙스상으로는 시간적 범위까지를 포괄한다. 'comes from'의 뜻은 '어디어디에서부터 기인하다'로 유래하는 지점에서는 이미 사건이 벌어지고 난 다음이다. 이미 그곳에서 벌어진 그 사건이 지금 여기로 comes from한다는 점에서 시제상으로는 현재완료의 느낌이 있다. 현재완료가 무엇인가? 과거에 이미 발생했던 사건이 현재까지 영향을 미치고 있는 것을 표시할 때 쓰는 기법 아닌가? 그런 의미에서 comes from은 현재 시제로 표시되어 있으나, 그것의 심리적 무게는 과거에 놓여 있다. 반면,

where it goes에서 goes는 현재시제이나 근접한 미래까지 포함한다.

종합하면, 바람은 과거의 어느 시점에서 불어와 다시 미래의 어느 시점을 향하여 불어가는 것이고, 또 역으로 바람은 미래의 어느 곳으로부터 유래하여 현재에 영향을 미치는 그것이다. 바람은 그렇게 인간의 시제를 넘고 타고 흐른다. 그래서 밥 딜런은 '바람만이 아는 대답'이라고, 예수도 '바람은 불고 싶은 대로 분다'는 선문답 같은 답을 하셨나보다. 필자는 왠지 "바람은 불고 싶은 대로 분다. 그것이 어디에서 와서 어디로 가는지 모른다"라는 말이 하늘로 올라가지 못해 구천을 떠도는 유령들의 넋두리처럼 들린다. 바람과 유령, 그리고 세월호… 뭔가 묘한 역학이 가능할 것과도 같은 대목이다.

유령론Hantology

현실 사회주의가 무너진 지 얼마 지나지 않아 데리다는 『마르크스의 유령들Specters of Marx』(1993)을 출판했다.[1] 1990년 사회주의 멸망 이후 자본에 의한 전 지구적 재편이 막 왕성하게 시작되던 무렵이었다. 데리다

---

1 자크 데리다, 진태원 옮김, 『마르크스의 유령들』(이제이북스, 2007). 『마르크스의 유령들』 출판은 현실 사회주의 패망 이후 움츠러들었던 좌파논객들을 하나로 모아 다시 한번 좌파의 미래와 대안을 모색하게 만드는 계기가 되었다. 이들의 논의들을 편집해 출판한 책이 Ghostly Demarcation: A Symposium on Jacques Derrida's Specters of Marx (Versro, 1999)이다. 이 책에는 안토니오 네그리의 The Specter's Smile, 프레드릭 제임슨의 Marx's Purloined Letter, 테리 이글튼의 Marxism without Marxism, 아이자드 아마드의 Reconciling Derrida: 'Specters of Marx' and Deconstructive Politics 등 내로라하는 논객들의 문제적 데리다 읽기 아홉 편이 실려 있다. 이에 질세라 데리다도 꼼꼼히 그들의 지적과 비판에 맞서 대응을 하는데, 데리다의 반박은 Marx & Sons라는 제목으로 이 책 후반부에 실렸다. 한국에서는 2009년 도서출판 길에서 Ghostly Demarcation에 실려 있는 3편의 논문과 데리다의 Marx & Sons를 묶어 『마르크스주의와 해체-불가능한 만남』이라는 제목으로 출판되었다.

는 그의 유령에 대한 모티브를 마르크스와 엥겔스의 〈공산당선언〉에 있는 한 구절, "유령이 유럽을 배회하고 있다. 공산주의라는 유령이"에서 빌려왔다. 자본주의가 본 궤도에 진입하고 있을 무렵, 자본주의에 대한 대항마로 공산주의를 도모했던 자들에 의해 가상 시나리오가 작성되었는데, 그것은 공산주의가 그 운명을 다하고 사라진 뒤에 유령이 되어 전 유럽을 떠돌아다닌다는 상상이었다. 그들의 치기어린 생각은 얄궂게 현실에서 이루어지게 되는데, 실제로 공산주의는 한 세기가 지나지 않아 역사의 저편으로 사라져갔다. 그 후로 얼마 지나지 않은, 세계를 평정한 자본주의에 대한 송가가 흘러넘치던 그 무렵, 생뚱맞게 데리다가 『마르크스의 유령들』을 들고 나오면서 전 지구적으로 승리한 자본의 제단에 재를 뿌린 것이다.

유령에 대한 논의는 심령과학 혹은 판타지 소설에나 등장하는 것이지 철학적 논의의 장에서는 한 번도 정중히 다루어진 적이 없는 소재다. 왜냐하면 철학이란 분명한 언어와 분명한 개념을 지향하는 학문인 관계로 유령과 같은 불확실하고 초현실적인 개념은 취급불가의 대상이기 때문이었다. 그런데 한편으로는 다음과 같은 의문도 존재한다. 자고로 서양철학의 오랜 전통인 형이상학은 고대 그리스 철학 이래로 "있음 자체"에 대한 논의였다. 그런데, 무엇인가의 '있음'에 대한 연원을 거슬러 올라가다 보면, 가장 대표적인 케이스가 아리스토텔레스의 '제1원인', '부동의 동자'가 되겠지만, 그 궁극에서는 의미로 완벽히 설명할 수 없고 재현 불가능한 것의 있음과 직면하게 된다. 그것을 논하는 것이 결론적으로 형이상학의 핵심문제이다. '언어로 완벽히 구현해낼 수 없는 것이 존재함'을 인정하는 것이 형이상학이 되는 셈이다. 언어로 완벽히 설명해낼 수 없는 것이 무엇일까? 그것은 감산의 결과물, 즉 '있음' 빼기 '말하기'

후에 남겨진 무엇이다. 그것은 의미론의 입장에서는 공백, 틈, 균열이고, 그것이 데리다가 말하는 유령이다. 이 대목에서 존재론과 유령론은 어색한 조우를 하는 셈이다. 그렇다면, 데리다는 왜 유령을 호출하는 것일까?

데리다가 『마르크스의 유령』에서 호명하는 마르크스는 실제 인물로서의 마르크스도 아니고, 실패한 현실 사회주의에서 실험되었던 마르크스주의도 아닌, 유령으로서의 마르크스이다. 유령은 바람을 타고 '아직-아니not-yet'라는 미래의 영역과 '이미-항상always-already'이라는 과거의 영역을 가로지르며 과거의 기억과 미래의 전망을 현재로 불러내고 호출한다. 데리다는 자본주의가 부상할 무렵 쓴 마르크스의 유령론에서 모티브를 얻어, 신자유주의가 탄력을 받기 시작하는 시점에서 마르크스의 유령을 호명한다. 실체는 없지만 그렇다고 없다고 말할 수 없는 그 무엇, 내 안에 있지만 없이 존재하는 그 섬뜩함이 세계의 부르주아들을 잠 못 들게 한다.

그리하여 신자유주의에 탐닉하는 자들과 혹은 거기에 붙어 기생하는 자들을 불면으로 인도한다. 이것이 데리다가 말하는 유령론의 목표다. 이런 유령론을 가지고 세월호를 바라보면 어떤 그림이 그려질까? 이제야 비로소 본론으로 넘어간다.

세월호를 통해 바라본 한국 사회의 '죽음 현상학'

지금은 2015년 2월, 세월호가 가라앉은 지 일 년이 다 되어가고, 여전히 세월호는 진도 앞바다에 묻혀 있다. 대통령이 TV에 등장해 눈물을 흘렸던 일, 구원파를 끌어들여 사건 초기에 문제의 핵심을 호도했던 일, 유민

아빠 김영오 씨를 비롯한 세월호 유가족의 진실을 밝히기 위한 눈물겨운 사투들, 센세이션을 일으켰던 교황의 방문, 신학생들이 광화문 세종대왕상 위에서 혹은 청계광장에서 구호를 외치고 삭발을 하며 단식에 돌입했다는 이야기, 세월호 특별법이 통과되었다는 뉴스 등 이상은 지난 1년 동안 스쳐 지나간 세월호를 둘러싼 기억의 파편들이다.

2014년 고난주간에 들려온 이 소식은, 그리고 현재 계속 진행 중인 이 사건은 우리를 슬픔과 절망에 떨게 했고, 우리의 입에서 부활을 말하지 못하게 하였다. 자다가 울화가 치밀어 잠자리에서 일어나 더 이상 잠을 이루지 못해 불면을 호소하는 사람이 많았고, 교통경찰관들에 의하면 세월호 사건 발생 후 한두 달 동안 운전자들이 흐르는 눈물을 주체하지 못해 갓길에 차를 잠시 정차하여 그렇게 많이들 울었다고 한다. 사고 위험이 있으니 차 빼라고 경고하러 갔다가 아무 말 못 하고 많이 돌아왔다고….

세월호가 물에 빠진 그 다음 주간에 발행된 한 시사주간지의 표지가 지금까지 뇌리에 선명히 남아 있다. 어둠이 깔린 밤바다에 세월호가 빠져 있는 배경 위로 "이것이 국가인가?"라는 문구가 새겨져 있었던 겉표지였다.[2] 하지만 그 무렵 세월호 때문에 들끓었던 민심과 여론의 향배는 구원파에 대한 마녀사냥으로 이미 상당 부분 희석되기 시작했고, 점점 시간이 흐르면서 정치논리와 색깔논쟁으로 성격이 조작되어가면서 이제는 진영논리만이 남았다. 현재 세월호는 부담스럽고 거북한, 빨리 지우고 싶은 사건일 뿐이다.

이러한 관행은 그리 낯설지 않은, 너무나도 익숙한 그동안 한국 사회

---

2 〈한겨레 21〉, 제1008호(2014. 4. 28).

에서 벌여졌던 참사의 현상학이다. 한국 현대사를 회고해보라. 무슨 사건, 사고, 사태 들이 발생했을 때 그것에 대처하는 정부의 태도와 언론의 자세, 대중의 반응은 늘 그런 식이었다. 우선 발생한 사건과 사고를 덮거나 은폐하거나 흐리게 하여 문제의 진실에 이르는 과정을 차단한다. 그러고 나서 여러 가지 복잡한 서사들을 덧붙이는 이른바 '물타기 수법'을 통해 배를 산으로 가게끔 한 뒤에 적절한 시점에서 그 문제와 결별하는 것이다. 가깝게는 세월호, 천안함, 용산에서부터, 멀게는 80년 광주, 유신시대에 발생했으나 묻혀버린 수많았던 의문의 죽음들, 그보다 훨씬 더 거슬러 올라가면 한국전쟁, 제주 4.3 사건에 이르기까지 늘 그런 식이었다. 얼마나 많은 죽음이 묻히고 잊혀왔는지 우리는 아무도 정확히 모른다. 밥 딜런의 노래 가사처럼 얼마나 더 많은 사람들이 죽어야 이 죽음이 알려질까? 죽음이 정당한 대우를 받고 있지 않은 나라, 애도에 관한 최소한의 예의조차 묵살되고 있는 나라에서 우리가 살아왔고, 지금 살고 있다. 이런 식으로 죽음이 소비되었던 까닭에 대한민국 사회에서 유령을 말한다는 것은 어쩌면 지극히 자연스러운 죽음의 현상학일지도 모르겠다.

지금, 세월호의 유령이 전 대한민국을 배회하고 있다

지난해(2014년) 말에 안산에 있는 세월호 합동 분향소에 갔었다. 늦은 오후 적막한 시간이었고 사람들은 거의 없었다. 문을 열고 들어갔는데 정면에 설치된 분향단을 중심으로 수백 개의 영정사진이 나를 맞아주었다. 안내요원이 건네주는 국화꽃을 들고 분향단을 향해 걷다가 나는 얼마 가지 못하고 그만 바닥에 주저앉고 말았다. 무엇인가 알 수 없는 힘이 나를 짓눌렀고 나의 발목을 잡았기 때문이다.

만유인력의 법칙이 우주를 지배한다고 하는데, 사실 그것은 우리 삶을 지배하는 원리이겠지만 내가 빌딩에서 거꾸로 떨어지기 전까지는 뼈속 깊숙이까지는 느끼지 못할 힘이다. 안산 합동 분향소에 들어갔을 때 내게 밀려왔던 힘은 분명 단순한 심리적 동요가 아니었다. 그것은 우주를 관통하는 힘이었고, 순간 나는 너무나 어처구니없게도 만유인력의 법칙이 생각났다. 만유인력萬有引力의 법칙이란 '우주에 존재하는 모든 것'(萬有) 사이에서 작동하는 '당기는 힘'(引力)이다. 결국, 이것은 대상들 상호간에 작용하는 법칙 아닌가? 그렇다면, 산 영혼과 죽은 영혼 사이에도 관계하는 법칙이 있을진대, 그것 역시 만유인력이 지닌 상수의 지배하에 있는 것 아닐까?

나는 안산 세월호 분향소에서 이론으로서의 만유인력이 아니라 실제로 내 마음을 움직이는 만유인력의 법칙을 경험했다. 그것은 분명한 에너지이고 힘이었다. 비록 $F=ma$, $E=mc^2$으로 설명할 수는 없겠으나 저 공식으로 포섭이 안 되는 힘과 에너지가 안산 세월호 합동 분향소 안을 가득 메우고 있었고, 그 에너지의 밀도와 강도로 봤을 때 대한민국을 덮고도 남을 만했다.

앞서 우리는 의미로 환산되지 않는, 말로는 재현 불가능한 실재 속 틈과 균열을 데리다가 유령이라 불렀던 것을 기억한다. 데리다의 유령론이 물신物神을 섬기는 신자유주의 시대 속에서 마르크스의 유령을 호출하면서 고착화되어가는 자본의 법칙에 딴지를 걸었던 것처럼, 세월호의 유령도 아직 아무것도 진실이 밝혀진 것이 없음에도 불구하고 세월호 문제를 덮고 털어버리려고 하는 사람들에게 그런 역할을 할 것이다.

세월호의 진실을 덮으려고 하는 견고한 권력에 균열을 내고 틈을 조성하여 이 상황이 결코 정상적이지 않은 상황이라는 것, 이 상태가 비정 상정인 국면이라는 것을 드러내는 것이 세월호 유령론 안에 깃든 함의 다. 그리하여 체제로 하여금 뭔가 알 수 없는 불안과 긴장이 어딘가에 존재함을 자각하게 하고, '뭔가 상서롭지 못한 기운이 이 사회를 휘감고 있다'라는 공포를 느끼게 하면서, 마침내 '이 사회에서 무엇인가가 터질 것이다!'라는 주술에 빠지게 하는 것, 그것이 바로 "지금, 세월호의 유령 이 전 대한민국을 배회하고 있다"라는 주문 안에 깃들어 있는 효과다.

이 봄, 다시 바람이 분다

다시 봄이 돌아왔다. 하지만, 대한민국 역사에 기록된 봄날의 기억들을 거슬러 올라가다보면, 역사적으로 가슴 시린 사건들이 많이 발생했음을 쉽게 발견할 수 있다. 6.25 전쟁, 4.19 의거, 5.16 쿠데타, 80년 광주, 87년 6월… 훨씬 이전에 3.1운동, 그보다 전에 동학 전봉준이 형장의 이슬로 사라진 것도 4월이었다. 작년에 발생한 세월호 사건도 역시 4월 이다. 따뜻한 봄바람을 기대해야 할 시기에 역사의 고비에서 한국 사회 를 강타했던 봄바람은 이처럼 죽음의 바람, 슬픔과 좌절의 바람이었다. 밥 딜런은 그것을 "바람만이 아는 대답"이라며 선승처럼 노래하지만, 우 리는 그것이 변혁의 바람, 희망의 바람, 부활의 바람이기를 소원한다.

하지만, 그 바람은 중심이 꽉 찬 기표로 존재하지 않는다. 텅 비어 있 는 기표다. 바람의 실재가 우리의 손에 잡히지 않는다는 말이다. 그래서 예수는 바람을 "불고 싶은 대로 부는 바람"이라고 성격 규정을 한 뒤에, "어디에서 와서 어디로 가는지 모른다"고 부연설명을 하는 것이다. 그럼 에도 불구하고 분명한 사실은 그 바람은 예수에게 생명의 바람이었다는 것이다. 왜냐하면 예수는 그 전에 니고데모의 질문인 영생, 즉 영원한 생명에 대한 답을 하면서 바람에 대한 이야기를 했기 때문이다. 비록, 생명의 바람이 어디에서 와서 어디로 가는지는 모르지만 우리를 살리는 생명의 바람을 예수는 분명히 전제하고 있었다.

그러나 예수가 말하는 생명의 바람은 기존의 문법과 서사구조에서 벗어나 있다. 기존의 문법과 서사구조라 함은 종전의 구원관을 상징한다고 할 수 있을 것이다. 니고데모로 상징되는 전통적인 구원관은 무엇인가? 우리가 흔히 구원이라고 할 때 그것은 현실 세계와는 전혀 다른 질적 · 물리적 삶과 세상의 도래를 의미한다. 이런 내용의 논의들이 담겨 있던 장르를 보통 메시아론이라 부른다. 성서는 현실의 고난을 해결해 줄 영웅의 등장을 갈망해왔다. 그(녀)가 바로 메시아다. 메시아는 누구이고, 메시아는 언제, 어디서, 어떻게, 어떤 능력을 갖고 등장할지? 그리고 메시아의 등장으로 인해 후천개벽된 세상은 지금의 세상과 어떻게 다른지? 이러한 의문들이 메시아론의 요체였다.

하지만, 예수는 이런 궁금증을 갖고 달려온 니고데모에게 "그 바람은 어디서 와서 어디로 가는지 모른다"는 알 수 없는 말을 한 것이다. 예수의 발언이 문제가 되었던 이유는 시간관 때문이 아닐까 싶다. 예수가 위의 발언에서 보인 시간에 대한 관념은 전통적인 메시아주의, 혹은 구원관에서 보였던 그것과는 다르다. 본래 구원이 도래하는 시간, 즉 메시아가 등장하는 파국의 시간은 우리와 상관없는 미래로부터 불쑥 도래하는 것이어야 맞다.

그런데 예수에게 바람이란 과거의 어느 한 시점과 기억으로부터 불어오는 바람이고, 또 그것은 어딘가를 향해 불어가는 바람이다. 바람이 불어오는 곳과 바람이 불어가는 곳은 '어디Where'라는 의문사로 처리되어 있다. 그런데, 여기에 쓰인 의문사 where은 공간을 나타내는 의문사이나 뉘앙스상으로, 앞서 설명한 것처럼, 시간적 의미까지를 포함하는 말이다. 센스 있는 사람들은 의문사로 처리된 그 공간과 시간이 메시아의 때이고 메시아의 공간이라는 사실을 알 것이다. 예수는 그 공간을 빈 공간으로 남겨둔 채 바람이 들고 날 수 있도록 하였다. 그 공간은 꽉 찬 기표가 아니라 텅 빈 기표인 셈이다.

데리다가 말하는 유령론은 텅 빈 기표의 중심에서 스멀스멀 올라오는 과거와 현재와 미래의 에너지가 만나 일으키는 변혁에 대한 기대라 할 수 있을 것이다. 이 봄 그 사이 사이로 유령들이 집단적으로 부활하여 우리에게 지난 날 있었던 추억을 들려줄 것이고 앞으로 일어날 일들에 대한 비밀을 전해줄 것이다. 예수는 이것을 '바람이 분다!'라는 시적인 표현으로 진술하였다. 생명의 바람이, 부활의 바람이, 그리고 위로와 회복의 바람이 이 봄에 불어올 것이라고 말이다.

에필로그: 세월호, 유령이 되어 우리 곁에 머물다

'세계는, 실재the Real는 우리에게 어떻게 드러나는가?' 이 질문에 대해 슬라보예 지젝은 이렇게 말한다. 세계가 우리에게 드러나는 방식은, 보이지 않는 세계의 초월성을 이성의 날카로운 시선으로 투사한 후에 얻어지는 확실성에 기인하지 않는다고. 지젝에게 초월이란 저 멀리 있어 불러도 불러도 대답 없는 초월이 아니라, 초월성 자체가 이미 세계에 들어와 있어 세계에 틈을 내고, 그 틈으로 인해 혁명의 가능성을 감지하게 만드는 그 무엇이다. 세계 속에 개입하지 않는 초월성은 우리에게 아무런 의미가 없다. 그런 의미에서 예수 그리스도의 성육신 사건은 세계 안으로 개입한 신의 실재를 아주 잘 드러낸 물증이었고, 그 사건은 2천년 동안 유전되면서 지속적으로 변혁을 예감하고 준비하는 주술과도 같은 역할을 해왔다. 얼마 전에 출간된 지젝과 밀뱅크의 대화록인『예수는 괴물이다』에서 지젝은 이렇게 번역되는 유령으로서의 예수를 그리고 있다.[3]

세월호 사건은 대한민국 사회에서 실재the Real가 드러나는 방식을 여과 없이 보여준 사건이었다. 내 안에 있지만, 나를 능가하는 어떤 것, 내가 제어할 수 없는 어떤 것, 내 안에 있는 틈과 얼룩과 빈 공간! 그것이 지젝이 말하는 실재이고, 데리다적으로는 유령이다. 데리다는 햄릿의 대사를 인용하면서, 그 유령으로 인해 현재의 질서와 시간이 '탈구될 것out of the joint'이라고 예언한다.[4] 그것처럼 2014년 고난주간에 진도 앞바다에서 발생한 세월호의 비극은 숨겨져 있었던, 하지만, 아무도 말하지 못했던 대한민국의 실재가 커튼을 찢고 불쑥 융기한 사건이었고, 이 비극은 우리에게 앞으로 미래를 향한 다양한 서사와 극적인 상상을 반복케 하는 기제가 될 것이며, 메시아적 현실을 견인할 유령으로 작동할 것이다.

메시아적 현실이란 현실에 뿌리박지 않은 미래로부터 도래하는 환상이 아니라, 이 땅에서 투쟁하던(-는, -할) 사람들의 집단적 기억들 속에서 재생되고 이어진다. 그 시차를 매개하는 것이 유령이고, 그 유령에 의해 매개되는 수많은 사람의 파편들이 모이고 자리를 잡고 쌓여서 마침내 사건이 만들어질 것이다. 세월호의 유령들은 우리에게 그런 의미로 다가온다. 그렇게 우리에게 다가와 속삭이면서 우리의 과거를 회상

---

3   슬라보예 지젝 · 존 밀뱅크, 배성민 · 박치현 옮김,『예수는 괴물이다』(마티, 2013).
4   자크 데리다,『마르크스의 유령들』, 17.

케 하고 우리의 미래를 전망케 하며, 우리 곁에 머물면서 우리의 혁명을 도울 것이다. 그러니, 세월호의 유령들이여, 부디 그날까지 우리 곁에 머물라!

세월호와
성만찬

소
이
찬
석
ㅡ
협
성
대
학
교

시작하는 말

시간이 흐르고, 안전한 사회가 이루어진다고 하여도 한국인들은 세월호
참사를 늘 회상하고 현재화해야 한다. 기독교에서 회상과 현재화의 대
표적인 예전은 성만찬이다. 유대교의 유월절과 밀접한 연관성을 지니고
있는 성만찬을 통하여 기독교인들은 떡과 포도주를 먹고 마시면서 예수
의 고난을 기억하고, 예수의 고난에 참여하며, 종말론적으로 완성되는
하나님 나라의 식탁을 미리 맛본다. 성만찬은 과거 지향성, 미래 지향성,
공동체 지향성의 측면을 지니고 있다. 성만찬은 이천 년 전 골고다 십자
가의 죽음이라는 과거를 지향하고, 앞으로 완성될 하나님의 나라라는
미래를 지향하며, 참다운 코이노니아의 공동체를 지향하는 측면을 지니

고 있다. 세월호 참사를 겪으면서 한국인들은 "잊지 않겠습니다!" "진실은 침몰하지 않는다!" "가만히 있지 않겠습니다!"라고 뜨겁게 고백하고, 외치고 있다. 한국의 기독교(인)는 이 뜨거운 외침들을 성만찬과 관련시키면서 안전한 사회를 위하여 세월호 참사를 기억하고 현재화하는 길들을 모색해볼 필요가 있다.

과거 지향성: "잊지 않겠습니다!"

성만찬에서 우리는 떡과 포도주를 먹고 마시면서 예수의 삶과 죽음을 회상한다. 과거 이천 년 전의 예수 그리스도가 죄인들, 세리들과 나누었던 밥상공동체와 교제를 기억하고, 소외받았던 사람들ochlos을 섬기셨던 예수의 섬김의 삶을 기억하며, 하나님의 뜻에 철저하게 순종하셨던 예수의 희생적인 죽음을 기억한다. 성만찬은 이러한 과거의 사건을 단순히 기억하는 것을 넘어서서 떡과 포도주를 먹고 마시며 예수의 삶을 현재화하면서 예수의 삶에 동참한다. 이와 같이 예수의 삶과 죽음을 기억하고 현재화하는 성만찬의 측면은 '회상anamnesis로서의 성만찬'으로 일컬어진다. 그러나 성만찬에서 '회상anamnesis'의 진정한 의미는 단순히 과거에 대한 '기억'이나 '기념'의 차원을 넘어선다. 왜냐하면 예수 그리스도는 단순히 과거의 존재가 아니고, 지금도 우리와 함께하시고 있고 현재에도 구원의 역사를 이끌어 가시고 계시기 때문에 성만찬은 이 땅에 현존하셨다가 이제는 존재하지 않는 그리스도를 단순히 '기억하고re-calling' '기념하는remembering' 것으로 좁혀지지 않는다. 그리스도는 과거에 우리를 위해 행하셨던 역사를 현재에도 우리를 위해 다시 자신을 주시기 위해 현존하신다. 과거의 사건은 이제 현재적인 사건이 되고, 우리는 시간의 간격을 넘어서고, 시간의 신비에 참여한다.

세월호와 성만찬을 연관 지으면서 굵은 밑줄을 긋고 싶은 부분은 성만찬에서의 회상은 단지 그리스도의 수난과 죽으심, 부활과 재림만을 기억하는 것이 아니고, 창조부터 예수님의 재림까지 그리스도의 사역의 전 영역을 회상한다는 점이다. 서방교회와 다르게 동방교회에서는 성만찬을 창조로부터 시작하여 그리스도의 구원의 역사를 전체적으로 회상하는 것으로 보존하고 있다. 성만찬에서 회상의 지평은 예수의 고난과 부활로 좁혀지지 않고, 창조에서 새 창조에 이르는 드넓은 지평이라 할 수 있다. 성만찬에서 회상은 창조의 역사와 구원의 역사를 기억하면서 창조로부터 새 창조인 종말에 이르는 하나님의 전 역사에 대한 기억이다.

세월호 참사 이후에 한국 사회에 가장 많이 들리는 문장 중의 하나는 "잊지 않겠습니다!"이다. 세월호 유가족 유경근은 다음과 호소하였다. "어떤 말로도 위로가 될 수 없습니다. 다만 이렇게 이야기해주십시오. '한 달 뒤에도 잊지 않겠습니다. 1년 뒤에도, 10년 뒤에도, 평생 잊지 않겠습니다.' 그것이 저희에게는 가장 큰 힘이 됩니다. 저희가 가장 두려워하는 것은 잊히는 것입니다. 우리 아이들이 잊히고 우리가 잊히는 것입니다." 유대인들이 유월절 의식을 통하여 무교병과 쓴 나물을 먹으면서 이집트에서 겪었던 조상들의 고통을 회상하고 현재화하듯이, 기독교인들이 성만찬을 통하여 떡과 포도주를 먹으면서 예수의 아픔과 고난을 회상하고 현재화하듯이, 눈먼 자들의 국가인 대한민국에서 살아가고 있는 우리는 세월호 참사를 통하여 죽임을 당한 생명들과 현재에도 몸부림치고 있는 유가족의 아픔과 고난을 회상하고 현재화해야만 한다.

세월호 참사를 겪으면서 유가족과 온 국민의 비난은 청해진, 대한민국 정부, 대한민국 해경이라는 구조를 향하였다. 로마의 정치적 구조와 유대교의 종교적 구조가 예수를 죽음으로 몰고 갔다. 세월호 참사를 낳은 구조들과 예수를 죽인 구조들의 공통분모는 '맘몬'이다. 복음의 핵심 메시지 중의 하나는 압바와 맘몬 사이의 대립이고 예수의 사명은 맘몬을 배격하면서 압바와 친밀해지는 것이다. 예수의 죽음이 함축하고 있는 의미를 성만찬을 통하여 회상하고 현재화하듯이, 한국 교회와 사회는 세월호 참사를 '맘몬의 세력들에 의한 생명들의 죽음'으로 회상하면서 현재화해나가야 한다. 더 나아가서 성만찬의 과거지향적 측면인 회상은 단순히 예수의 죽음만을 회상하는 것이 아니라 창조에서부터 새 창조에 이르는 하나님의 구원의 전 역사를 회상하고 참여하는 것이다. 그러므로 세월호 참사에 대한 회상은 단순히 4.16 참사에만 갇혀서는 안 되고, 고귀한 생명들의 죽음을 가져온 맘몬의 구조를 회상하고, 이 구조 안에서 꿈틀거리고 있는 맘몬의 세력에 저항해야 한다.

많은 사람들이 세월호 참사의 근원적인 구조를 신자유주의에서 찾는다. 신자유주의의 뿌리는 '맘몬'으로, 국가 경제를 위협하면서 국가를 '기업국가'로 전환시키고 있고, 신자유주의는 자국민조차도 식민지로 삼는 21세기형 제국주의 모습으로 전 세계를 맘몬으로 물들이고 있다. 죽임을 당한 예수를 살린 것은 성부 하나님의 단독적인 사건이 아니고 삼위일체 하나님이 예수를 부활시켰다. 삼위일체는 개체가 아니라 구조이므로 예수의 부활의 주인공은 구조다. 삼위일체라는 구조가 예수를 살려냈다. 예수를 죽인 것도 구조이고, 예수를 살린 것도 구조이다. 세월호 참사를 통하여 드러난 눈먼 자들의 국가라는 늪을 헤쳐 나오기 위하여 한국 사회는 세월호 참사를 구조적으로 회상하고 현재화해야만 한다. 기독교인들이 성만찬이라는 의식/구조를 통하여 이천 년 전 골고다에서 일어났던 예수의 십자가 사건에 중심을 두고 '아남네시스'를 통하여 그 고난을 회상하고, 그 죽음에 숨겨져 있는 하나님의 구원의 역사를 읽어가듯이, 한국의 기독교는 다양한 예배와 예전이라는 구조를 통하여 "잊지 않겠습니다!"를 고백하고 외치면서 세월호 참사를 진정으로 회상해야만 한다.

미래 지향성: "진실은 침몰하지 않는다!"

예수는 제자들과 떡과 포도주로 마지막 만찬을 나눈 뒤에 다음과 같이 말하였다. "너희에게 이르노니 내가 포도나무에서 난 것을 이제부터 내 아버지의 나라에서 새것으로 너희와 함께 마시는 날까지 마시지 아니하리라"(마 26:29). 여기에서 예수는 미래에 완성될 하나님의 나라에서 우리와 함께 나누게 될 식탁의 교제를 약속하신다. 신약성서에 따르면, 성만찬은 이천 년 전 과거의 사건에 뿌리를 두었으므로 과거 지향적인 측면을 지니고 있지만, 이 과거의 사건을 미래와 연관시키고 있다는 점에서 미래 지향성을 내포하고 있다. 실제적으로 신약시대의 그리스도인들은 부활하신 주님의 임재를 새롭게 경험하면서 "아멘 주 예수여 오시옵소서!"(계 22:20)라고 기도하면서 성만찬에 동참하였다. 성만찬은 과거 지향성을 지니고 있을 뿐만 아니라 종말에 이루어질 하나님의 나라라는 미래적인 측면을 담고 있다.

성만찬을 통하여 우리는 예수의 희생적인 죽음을 기억하고, 그 실연實演을 통하여 상징적으로 그 사건에 참여한다. 그러나 우리는 이 사건의 미래적인 의미를 끌어안으면서 성만찬에 참여한다. 성만찬의 미래 지향성은 '선취'라는 측면에서 더 깊은 의미를 드러낸다. 성만찬은 단순히 과거의 사건을 회상하는 것이 아니라 종말론적인 사건으로서 아직 주어지지는 않았으나 장래에 허락하실 것을 미리 선취해 맛보게 한다. 성만찬은 단순히 예수 그리스도의 고난을 회상하거나 기억하는 차원에서 머무르는 것이 아니라 하나님의 약속이 성취될 것이라는 신앙을 전제로 하면서 종말론적으로 이루어질 하나님의 나라를 미리 맛보는 의식이다.

2학년 4반 박수현 학생의 아버지 박종대 씨는 이렇게 증언한다. "그날(4월 16일)에는 구조 수색을 아예 안 했죠. 〈뉴스타파〉에서 나중에 보도했잖아요. 전혀 탐색이 없었다고, 거기에 나오는 내용이 정확히 맞는 거예요. 제가 실제로 경험한 바로는 그래요."[1] 2학년 6반 신호성 학생의 어머니 정부자 씨도 이렇게 증언한다. "그날, 4월 16일 그날, 진짜 최소한의 노력만 보여줬어도 우리가 이렇게까지 안 해요. 그런데 한 명도 안 구했잖아요. 그때 그 사람들 행동은 급한 게 하나도 없었어요, 의문투성이에요."[2] "진실은 침몰하지 않는다!"는 믿음으로 맘몬의 세력에 굴복/결탁하지 않고 오직 '진실규명'을 위하여 몸부림치는 세월호 유가족의 모습에서 신자유주의의 뿌리인 맘몬의 극복의 선취적인 측면을 읽을 수 있다. 사회학자 지주형에 따르면, 1993년의 서해 훼리호 참사와 2014년의 세월호 참사는 원인과 사망자 규모가 비슷하다. 그러나 세월호 선장은 승객들을 버려두고 구조하러 온 해경 경비정에 제일 먼저 올라타 탈출하였지만, 서해 훼리호 선장은 끝까지 책무를 다하고 주검으로 발견되었다. 더 나아가서 서해 훼리호 유가족은 구조 및 수색작업에 대해 상당한 불만을 가졌음에도 불구하고 참사의 불가항력적인 측면을 인정하고 시위와 농성과 같은 정치적 행동은 제한적으로만 이뤄졌고, 유가족의 요구는 대개의 다른 재난사고들처럼 일찍부터 국가의 경제적 보상

---

1 416 세월호 참사 시민기록위원회 작가기록단, 『금요일엔 돌아오렴』(창비, 2015), 203.
2 같은 책, 130.

에 초점을 맞추고 있었다. 그러나 세월호 유가족의 분노는 진정되기는 커녕 갈수록 커져 갔고, 그들의 요구는 경제적 보상보다는 진상규명과 특별법 제정과 같은 정치적인 요구에 초점을 맞추었다.[3]

　예수를 죽음으로 몰고 간 세력은 맘몬이고, 세월호 참사를 가져온 세력도 맘몬의 세력이다. 그러나 세월호 유가족은 물질적 보상을 끝까지 거부하면서 맘몬의 달콤한 유혹을 뿌리치며 진실규명과 특별법 제정을 위하여 맘몬의 세력에게 저항하는 행동을 보여주고 있다. 맘몬의 지배로 국가도 기업국가로의 전환이 강요되고 있는 신자유주의 시대 속에서 맘몬에 저항하면서 진실과 정의를 추구하는 세월호 유가족의 처절한 몸부림 안에는 한국 사회와 공동체들이 걸어가야 하는 미래 지향적 모습과 몸짓을 보여주고 있다. 예수 그리스도의 십자가 사건이 맘몬을 위한, 맘몬에 의한 사건이라면, 세월호 참사도 맘몬을 위한, 맘몬의 세력에 의한 사건이다. 나사렛 예수가 맘몬의 세력이 주는 쓰디쓴 잔을 피하지 않고 정면으로 돌파하면서 하나님의 정의를 세우셨던 것과 유사하게 세월호 유가족은 맘몬의 세력과 결탁하지 않고 진실규명을 위하여 몸부림치고 있다. 종말에 완성되는 주님과의 식탁의 교제를 성만찬을 통하여 선취적으로 맛보듯이, 한국 사회는 신자유주의의 맘몬의 유혹을 돌파한 삶의 모습을 세월호 유가족의 저항을 통하여 선취적으로 맛볼 수 있다.

공동체 지향성: "가만히 있지 않겠습니다!"

성만찬을 통하여 주님이 하나님의 백성과 함께하신다는 것은 궁극적으

3　지주형, "세월호 참사의 정치사회학: 신자유주의의 환상과 현실," 「경제와 사회」 104 (2014. 12), 26-28.

로 종말론적 공동체의 관점에서 나온 것이기 때문에 성만찬이 품고 있는 미래 지향적 특징은 공동체 개념과 연결되어야 한다. 세례가 우리를 새로운 공동체로 환영하며 그리스도와 이웃과 우리의 결속을 확실하게 하는 하나님의 사랑의 선물을 표시한다면, 성만찬은 그 새로운 공동체에 힘을 주며, 세상 속에서 봉사하도록 공동체에 동기를 부여하는 하나님의 계속된 삶과 사랑의 나눔을 표시한다. 성만찬의 미래 지향성이 '선취'의 개념과 연결된다면, 성만찬의 공동체 지향성은 '친교' 혹은 '교제', '하나 됨'과 연결된다. 예수 그리스도가 우리에게 약속한 미래는 특별한 미래로서 '교제fellowship'라는 특징을 지닌다. 다락방에서 예수는 제자들에게 언젠가는 그들과 함께 '다시' 잔을 마시게 될 것이라고 약속하시면서 하나님 나라에서 더 큰 친교를 나누게 될 때를 제자들이 바라보게 하셨다. 이러한 예수의 약속은 우리를 위한 약속으로서 우리도 주님과 함께 위대한 친교에 참여하게 될 것이라고 약속하신다.

초대교회의 성만찬에서는 회중이 성만찬 주체로서 적극적/능동적으로 참여하였으나, 중세로 들어서면서 성만찬의 주체는 회중으로부터 차츰 계급화된 성직자로 옮겨가면서 회중의 역할이 축소되었다. 그 이유는 첫 번째로, 초대교회는 감사와 찬양의 경건에 관심하였지만, 중세교회는 회개의 경건에 관심하면서 인간의 죄를 강조하였기 때문에 회중의 역할은 수동적으로 바뀌었다. 두 번째로, 중세는 성례전의 주체를 회중에서 계급화된 성직자의 직무로 옮겨놓음으로 사제와 성례전이 거룩하게 구별되었다. 세 번째로, 1215년 제4차 라테란 공의회에서 확립된 화체설로 인하여 그리스도의 보혈을 땅에 흘릴 수도 있다는 두려움 때문에 회중은 그런 위험을 안고 잔을 받을 필요가 없다고 생각하였다. 그러나 제2차 바티칸 공의회는 시대적인 요구와 필요성을 수용하여 예전을 개혁하고 발전시켰다. 제2차 바티칸 공의회의 결정으로 성찬상이 동쪽 벽으로부터 분리되었다. 회중에게 등을 지고 동쪽을 바라보던 사제는 이제 회중을 향해 서서 성찬을 집전하였다. 중세적인 개념에서 하나님은 동쪽에 계시고 성찬상이 거룩한 하나님의 은혜가 세상으로 들어오게 되는 문^門의 개념이었다면, 이제 회중과 사제가 마주보도록 개혁되었고, 교회적인 공동체의 모임 속에 이미 주님이 함께하시는 것을 의미하였다. 제2차 바티칸 공의회는 트렌트 종교회의가 금지하였던 포도주 받는 것을 회복하여 성만찬을 이제 바라봄의 예식이 아니라 참여의 예식으로 바꾸었다.[4]

가톨릭이 제2차 바티칸 공의회를 통하여 성만찬이 지니고 있는 공동체성을 회복되었다면, 프로테스탄트는 종교개혁자들에게로 거슬러 올라간다. 종교개혁이 재발견한 가장 소중한 것 가운데 하나는 친교로서의 성만찬이 가지는 중요성을 새롭게 발견했다는 점이다. 성만찬은 개인들에게 그저 흩어져 있는 회중이 아니라 그리스도의 몸의 일원이 되어 하나 됨을 경축할 것을 요청하고 있다. 이것은 세 가지 차원에서 하나 됨으로 그리스도와 하나 됨, 성도들과 하나 됨 그리고 온 세상을 섬기는 일에서 하나 됨을 경험해야 한다. 성만찬에서 연합은 단순히 인간의 유쾌함convivality을 표현하는 차원이 아니라, 떡을 뗌을 통해서 주어지는 선물로서 그리스도의 몸 안에서 함께 나누는 것을 의미한다. 이것은 음식이 함께 참석한 사람들을 하나로 묶어준다는 의미를 지닌 것으로 여기는 유대교의 이해에 바탕을 둔다. 바울은 잔에 대해 감사드림을 '그리스도의 피에 참여함'으로, 떡을 떼는 것을 '그리스도의 몸에 참여함'으로

---

4   전창희, "예배에서의 '회중의 참여'에 대한 인식변화," 「신학과 실천」 제32호(2012/9), 171-198.

부르고 있다. 성만찬에서 떡을 떼고 잔을 나누는 행동은 그리스도의 보혈과 몸에 참여하는 것을 의미하고 있다. 우리는 성만찬을 통해 저 먼 미래의 소망으로서의 주님과의 친교만을 대망하는 것이 아니라, 현재 속에서 미래의 공동체를 선취적으로 체험한다. 성령을 통한 종말론적 교제에 대한 예수의 약속은 현재적 현실이 된다. 우리 주님께서 우리 가운데 오셔서 우리와 함께 친교를 나누신다. 그러므로 이런 의미에서 성찬은 현재의 공동체의 체험이다.

바울은 떡이 하나인 것은 우리의 교제의 하나 됨을 상징하는 것이라고 말하였다(고전 10:17). 성만찬은 그리스도와의 현재적인 공동체의 상징일 뿐만 아니라 그리스도와의 교제와 더불어 성도들 서로에 대한 현재적 공동체의 상징으로 한 몸에 속한 모든 신자의 하나 됨을 표현하기 위한 것이기도 하다. 주의 만찬의 의미는 예수의 전 사역을 통하여 죄인들과 가난한 자들과 예수가 식탁의 교제를 함께했다는 것과 분리할 수 없다(막 2:15; 눅 15:1-2). 모든 사람이 이 식탁에 초대되지만 가장 특별하게는 가난한 사람들과 병든 사람들과 버림받은 사람들인 것이다. 그러므로 주의 만찬은 다른 사람과 삶을 나눔으로 하나님의 삶에 인간이 참여하는 성례전이다. 성령의 지속적인 활동을 통해서 그리스도는 임재해 계신다. 성령을 통한 그리스도의 임재는 우리의 성찬 의식을 십자가에 못 박히신 우리 구주에 대한 단순한 엄숙한 기념식에서, 우리 가운데 임재해 계시는 부활하시고 다시 오실 주님에 대한 즐거운 송축으로 변화시킨다. 그러므로 성만찬은 그리스도 및 성도 서로 간의 친교다. 성만찬을 통하여 우리는 우리의 믿음을 재천명하고, 우리의 소망에 관한 비전을 되새기며, 성령을 통해 현재적으로 우리와 함께 친교를 나누시는 미래의 주님에 대한 우리의 사랑을 새롭게 선포한다.

예배학자들은 성만찬이 근본적으로 행동이었음을 일깨워주고 있다. 마가복음 14장 22절을 보면, "예수께서 떡을 가지사, 축복하시고, 떼어 제자들에게 주셨다." 여기에서 취하는 것, 감사하는 것(축복하는 것), 떼는 것, 그리고 주는 것이라는 4가지 행동을 담고 있다. 그러므로 성만찬에서 '회상'은 무엇을 '생각한다는 것'을 넘어서 무엇을 '행한다'는 의미를 담고 있다. 더 나아가서 성만찬이 지니고 있는 공동체적 지향성은 윤리적인 측면을 담아낸다. 실제로 바울은 그리스도를 통해서 주어진 연합은 우상과의 연합을 금한다고 지적한다. "주의 상과 귀신의 상에 겸하여 참예치 못하리라"(고전 10:21). 그리스도께서는 공동체 안에서 우리를 당신에게 포함시켜주실 뿐만 아니라 우상을 섬기는 것을 강력하게 금하신다. 성만찬 공동체는 악에 타협하는 것을 금하고 있다.

세월호 참사를 겪으면서 한국 사람들은 이런 생각을 한다. "더 이상은 공동체가 우리의 생명과 안전을 보장하지 않는다는 걸 알게 됐다. 이제 각자 살아남는 수밖에 없다는 메시지다."[5] 그래서 "가만히 있지 않겠습니다!"라고 단호하게 절규하고 있다. 그러나 세월호 참사 앞에서 한국교회는 공동체를 치유하는 메시지보다는 분열시키는 쓰디쓴 소리들을 토해내었다. 세월호 참사 당시 한기총(한국기독교총연합회) 부회장 조광작 목사는 이렇게 말했다. "가난한 집 아이들이 수학여행을 경주 불국사로 가면 될 일이지, 왜 제주도로 배를 타고 가다가 이런 사단이 빚어졌는지 모르겠다." 사랑의 교회 오정현 목사는 정몽준 서울시장 후보의 아들이 희생자와 실종자 가족들을 "미개하다"고 비난한 것이 틀린 말은 아니라고 거들었다. 명성교회 김삼환 목사는 하나님이 침몰하려는 나라를

---

5 김애란·김행숙·김연수·박민규·진은영 외, 『눈먼 자들의 국가』(문학동네, 2014), 110.

구하기 위해 아이들을 희생시키며 세월호를 침몰시켰다고 설교했다. 그러나 2학년 5반 이창현 학생의 어머니 최순화 씨는 이렇게 말한다. "이게 하나님의 뜻이다. 그렇게 말하는 사람도 있는데 난 절대로 그렇게 생각하지 않아요. 그래도 나는 기독교인이니까 우리 아들이 먼저 천국으로 간 상황에서 하나님하고 내가 풀어야 할 숙제가 있는 거지요."[6] "지금 우리에게 필요한 것은 '가만히 있으라'는 명령에 저항할 수 있는 이론적 기반이다. 우리는, 가만히 있지 않는 국민에게 힘이 되고, 그들에게 이론적 토대를 제시하여 그 힘을 증폭시킬 수 있으며, 진정한 애도를 도모할 수 있는 이론, 멈춘 시간을 뒤흔들어 미래를 향해 흘러가도록 만들 수 있는 이론이 필요하다."[7]

성만찬을 통하여 하나의 떡을 떼면서 하나 됨을 고백하고 참다운 공동체의 회복을 위하여 결단하듯이, 한국교회는 세월호 참사를 통하여 분열의 씨앗을 던져주기보다는 성만찬의 떡과 같은 하나 됨의 상징들을 한국 사회에 선물하면서 대한민국호라는 공동체의 올바른 방향타를 잡아주어야 한다. 성만찬에서 공동체 지향성은 일차적으로 '참여'를 통하여 구현된다. 하나의 떡을 떼는 것은 그리스도와의 교제에 참여하는 것이며, 성도들과의 교제에 참여하는 것이다. 중세 가톨릭의 성만찬에서는 이러한 참여의 요소가 상실되었으므로 제2차 바티칸 공의회는 성찬상을 동쪽으로부터 분리시켰으며, 사제가 회중에 등을 돌리지 않고 회중을 바라보도록 바꾸면서 회중의 참여를 회복시켰다. 진정한 교제를 위하여 수반되어야만 하는 것은 참여다.

한국교회는 성만찬의 역사에서 회중의 참여가 적극적-소극적-적극

---

6 416 세월호 참사 시민기록위원회 작가기록단, 『금요일엔 돌아오렴』(창비, 2015), 140.
7 김애란 · 김행숙 · 김연수 · 박민규 · 진은영 외, 『눈먼 자들의 국가』, 180.

적으로 변화한 흔적들에 집중하면서 참여의 깊은 의미를 새겨 보아야만
한다. 세월호 참사를 통하여 상처받고 신음하고 있는 생명들을 향하여
한국교회가 베풀 수 있는 치유의 몸짓과 메시지는 성만찬 공동체에서와
같이 공감하는 참여를 전제로 한다. 대한민국이라는 공동체의 참다운
회복을 위하여 한국의 기독교인들은 세월호 참사가 낳은 희생과 아픔과
고난에 공감하면서 "가만히 있지 않겠습니다!"라고 외치면서 적극적으
로 참여해야만 한다.

나오는 말

성만찬이 '회상' 중심으로 '과거 지향성'을 지니고 있고, '선취'를 중심으
로 '미래 지향성'을 보유하고 있고, '참여'를 중심으로 '공동체 지향성'을
품고 있듯이, 한국의 기독교는 세월호 참사를 과거 지향성, 미래 지향성,
공동체 지향성을 중심으로 회상, 선취, 참여로 읽어갈 수 있다. 한국 기
독교인들은 성만찬에 참여하여 하나의 떡을 떼면서 그리스도의 고난을
회상하고, 종말론적으로 완성될 식탁의 교제를 맛보며, 그리스도와 성
도들과 교제를 나누듯이, 세월호 참사에 공감하는 심정으로 참여하면서
희생당한 생명들과 유가족의 고난과 아픔을 회상하고, 신자유주의가 유
혹하는 맘몬으로부터 해방되는 삶을 맛보아야만 한다.

　한국교회는 성만찬을 자주 행하지 않지만, 시간과 상황을 고려하지
않고 일정한 형식의 성만찬을 행한다. 부활절의 성만찬과 성탄절의 성
만찬이 큰 형식과 구조에서는 동일해야 하겠지만, 성찬기도나 말씀에서
는 교회력에 적합하게 이루어져야 한다. 마찬가지로 3.1절에 이루어지
는 성만찬과 8.15 광복절에 이루어지는 성만찬은 동일하면서 차이성을

보유할 때 더 깊은 신앙적 의미를 가져올 수 있다. 세월호 참사를 통하여 한국 사회와 교회가 달라져야 하듯이, 세월호 이후 한국교회는 성만찬의 변화도 시도해야만 한다.

동행

―

함께 아파하는 교회

희생자의 암묵기억,
그리스도의 트라우마에 동참하는 교회

권
수
영
_
연
세
대
학
교

재난의 중심에 선 교회

2015년 1월 8일 고잔1동 통장 54명과 지역지도자 20여 명이 이 동네에
가장 오래된 명성교회(김홍선 담임목사)에 모였다. 명성교회는 안산시
단원구 고잔1동 단원고등학교 바로 옆에 위치한 교회다. 서울에 있는 대
형교회 명성교회와는 무관한 감리교회다. 겉보기에는 자그마한 교회지
만, 지역사회를 위해서는 덩치 큰 활동을 하는 교회로 유명하다. 교회
옆 부설 엘림하우스에는 단원고등학교 청소년을 위한 공부방, 마을도서
관, 게스트하우스 등의 직영시설을 운영하지고 있을 뿐 아니라, 안산시
로부터 노인복지관, 종합사회복지관, 어린이집, 마을지역아동센터 등 6
개나 되는 위탁기관을 운영하고 있다.

매년 이 교회 주최로 11년째 지속되는 신년하례식 행사에는 연초에

만 지역주민들에게 삐죽 얼굴을 보이기 원하는 소위 '지체 높은 사람들'
은 초대되지 않는다. 대신 지역 지도자들이 모여 덕담을 나누고, 마을을
위한 좋은 이야기와 식사를 함께하는 따뜻한 전통을 이어가고 있다. 재
난의 중심으로 세계의 주목을 받게 된 특별한 2014년을 보낸 고잔1동
마을 지도자들에게 이날 모임은 특별했다. 아픔에서 치유로 전환하기
위해 '정감 넘치는 마을, 고잔1동'의 오랜 저력을 새롭게 보여야 할 중요
한 해가 바로 2015년이기 때문이다.

단원고등학교 바로 옆에 있는 물리적인 위치 때문일까? 담임목사 김
홍선 목사는 2014년 4월 16일 세월호 참사가 생긴 직후 매일 저녁 8시
에 촛불예배를 열면서 마을의 아픔에 동참하는 일에 앞장섰다. 교회 창
립 60주년을 기념하는 축제의 해였지만, 더 이상 축하행사는 할 수 없었
다. 이 교회에 출석하던 6명의 아이가 세월호에 탑승했다가 차가운 시신
으로 돌아왔다. 이 교회 관리집사의 딸인 여학생 양온유 양은 갑판까지
나왔다가 다시 친구들을 구하겠다고 배로 돌아간 뒤 구조되지 못한 안
타까운 사연이 언론에 보도되기도 했다. 교회의 모든 예배는 삽시간에
눈물바다가 되곤 했다. 김 목사는 추모하고 기도하고, 치유하고 위로하
는 것이라면 어떤 모임도 할 수 있도록 교회를 개방했다. 명성교회는 오
랫동안 안산시와 지역사회에서 좋은 마을 만들기 프로젝트를 앞장서서
실천해온 공동체였기에 마을 전체를 강타한 아픔의 울림은 배가되었다.
단원고 교문에서 몇 발자국만 내려오면 닿게 되는 엘림하우스는 단원고
의 학생들은 물론, 지역주민과 함께 하는 협동조합 굿 빌리지, 카페 등
협력운영시설이 있는 명실공히 마을사람 모두의 쉼터이자 사랑방 역할
을 하던 곳이다. 교회의 유가족뿐 아니라, 마을 모든 주민의 충격과 아픔
을 그는 어느 누구보다도 민감하게 느낄 수 있었다. 김 목사는 교회를 개

방하는 일 말고도 교회가 할 수 있는 일을 찾았다.

김 목사는 현장을 찾은 한 신문기자에게 이렇게 전했다. "시간이 지날수록 일반 가정의 이웃들이 지치기 시작했습니다. 그들은 이제 고통과 슬픔의 그물에서 벗어나고 싶어 했습니다. '결국 보상을 받고 나면 마을을 떠날 것 아니냐'면서 마음의 문을 닫으려 하는 이들도 생겼죠. 힘들어하는 이웃들의 모습은 유가족에게 더 큰 고통이었죠." 결국 김 목사는 명성교회가 안산시로부터 위탁받아 운영하고 있는 선부종합사회복지관과 필자가 기관장으로 있는 연세대학교 상담-코칭지원센터와 함께 마을을 위한 힐링센터 0416 '쉼과힘'을 설립하기로 2014년 6월 업무협약을 맺고 마을회복 프로젝트에 마음을 모았다. 세월호 사건 이후 끝도 없는 심연 가운데 빠져드는 마을의 한복판에서 업무협약을 맺은 관계자들이 엘림하우스 4층 옥상에 올랐다. 방송 뉴스 시간에 간혹 보았던 단원고 교정이 눈앞에 펼쳐졌다. 눈물과 함께 격한 감정이 가슴을 가득 메웠다. 명성교회 김홍선 목사는 이 공간을 세월호의 아픔을 기억하고 회복을 다짐하는 테라스로 만들겠다는 포부를 소개했다. 그날 참여한 모두는 세월호 참사를 길이 기억할 최적의 장소에 서 있음을 동감하고, 힘을 보태기로 했다. 김 목사를 비롯한 힐링센터 0416 관계자들의 6개월간의 기도와 준비 끝에 2015년 지역 지도자 하례식에 힐링테라스 '온유의 뜰' 오픈식을 갖게 된 것이다.

'온유의 뜰' - 기억의 공간 만들기

힐링테라스의 이름은 '온유의 뜰'. 세월호 참사에 희생된 단원고 2학년 고 양온유 양 가족의 정성이 씨앗이 되어, 명성교회 김홍선 목사와 성도들과 윤해섭 씨, 연세대학교 권수영 교수와 석박사과정 학생들이 기금을 모았다. 명성교회에서 집회를 인도하고 난 후 한 고등학생에게 감동적인 감사편지를 받았던 포천일동교회 정학진 목사가 나중에 그 고등학생이 온유 양이었던 것을 발견하고 눈물의 성금을 보내기도 했다. 김명례 도예 작가와 (주)헤븐인(人) 인테리어 이진수 대표의 재능기부로 마침내 2015년 1월 추운 겨울날, 온유와 단원고 친구들을 기념하는 정원이 만들어졌다.

'온유의 뜰' 힐링테라스를 디자인한 도예작가 김명례 씨는 "4월 16일 그날을 기억하며 416개의 꽃을 제작하였다. 꽃잎이 지고 바닥에 떨어져 땅의 양분이 되고 또 새싹이 피어나고 이 모든 과정의 아름다움에서 먼저 간 아이들을 생각하였다"고 눈물의 제작과정을 전했다. 416 송이 도자기 꽃을 가만히 보고 있으면, 하나같이 그리 화려하지만은 않다. 김명례 작가는 416 송이 꽃들의 형태가 제각기 다르고 어찌 보면 시들어가고 아파하는 형상과 같아 보이는 이유를 설명했다. "일그러지고 찢어진 꽃잎 416송이가 모여 우리에게 지속적으로 무언의 메시지를 전해줄 것이며, 이 꽃들의 향연을 보면 우리들 가슴에 그들의 소리를 들을 수 있으리라 기원하는 마음으로 작품을 디자인했습니다."

기억의 공간은 어쩌면 우리 기성세대의 깊은 사유와 반성의 공간이 될 수도 있을 것 같다. '온유의 뜰'이 개장한 날 테라스를 방문한 이들은 '온유의 뜰' 입구에 416송이의 꽃잎과 나무에 있는 29마리의 파랑새를 바라보면서 아직도 어둠 속에 살고 있는 우리에게 희망을 보여주고 인생에 진정 중요한 것이 무엇인지 성찰하게 한다고 입을 모았다. 마을 지도자들은 아픔 속에서도 그것을 찾아가는 길에서 사랑으로 하나 되는 우리들의 모습을 볼 수 있다고 힘을 내기도 했다. 힐링테라스 정중앙에

위치한 제단 위에 도자기 국화꽃은 're-bloom'이라고 이름 지어졌다. 이 도자기 꽃 앞에서 이곳을 찾는 누구나 다시 피어날 아이들을 기억하고 상상할 수 있는 치유의 공간이 되도록 의도된 것이다.

　나는 2014년 4월 16일 이후 꽤 오랫동안 단원고 정문 입구와 담벼락에 즐비했던 국화꽃과 노란 리본을 기억해냈다. 마을 친구들과 선후배들, 그리고 생면부지의 낯선 사람들이 와서 그들의 희생을 기억해주었다. 힐링센터 설립을 위해 자주 고잔동을 방문하던 어느 날 바로 그 공간에서 나는 '미안해, 잊지 않을게!'라고 쓰인 노란 쪽지가 눈물에 젖은 듯 빗물에 물들어 있는 것을 발견하고 한참을 바라보곤 했다. 얼마나 기억해야 하는가? 무엇을 기억해야 하는가? 여러 달 동안 기억의 공간, 사죄의 공간, 다짐의 공간이 되었던 단원고 담벼락은 말끔히 정리될 수밖에 없었다. 원래 목적대로 학생들을 가르치는 교육의 장소로, 사람들이 지나다니는 일상의 장소로 복귀되어야 하는 시간이 찼기 때문이다.

나는 단원고 학생상담실에서 주관하는 학부모행사에서 강의를 하기도 하고, 단원고 내 마음건강센터를 운영하는 안산시 온마음센터(구, 트라우마센터)와 협력하는 일을 하면서 단원고를 자주 드나들었다. 깨끗해진 단원고 담벼락에 또다시 한동안 서 있곤 했다. 무슨 연유에서인지 거룩한 장소, 기억의 장소가 마을에서 실종된 느낌이 들어 온몸에 허탈감이 전해졌다. 그때마다 기억의 공간으로 힐링센터 0416의 힐링테라스가 속히 만들어지기를 고대하면서 나름대로 애를 써왔는지도 모르겠다. 이제 '온유의 뜰'에 핀 지지 않는 도자기 꽃은 비가 와도 물들지 않는 꽃이라 안심할 수 있을까? 과연 기억이란 무엇일까? 도자기 꽃이어서 더욱 안전하게 기억하는 것도 아니고, 단원고가 내려다보이는 곳이어서 보다 정확한 기억을 하는 것도 아닐 텐데, 진정 제대로 기억하는 방법은 무엇일까? 그리고 회복과 부활을 위한 기억은 어떻게 하는 것일까? 신학적으로, 그리고 실천적으로 묻고 싶은 질문이다.

'암묵기억' – 감정을 품은 신체감각 기억

2004년에 개봉된 〈첫 키스만 50번째〉라는 제목의 코미디 영화에서 여자 주인공은 1년 전 교통사고 이후 사고 당일로 기억이 멈춰버린 단기기억상실증 환자로 등장한다. 남자주인공과 만나 데이트를 즐기고 첫키스를 하지만, 다음날이면 그가 누구인지조차 기억하지 못하는 해프닝을 그리고 있다. 픽션으로 만들어낸 이야기지만, 이런 증상을 가진 환자는 존재한다. 이러한 단기 기억상실증 환자들은 정말 모든 것을 거짓말처럼 기억하지 못하는 것일까?

20세기 초반, 프랑스의 의사 에두아르 클라파레트Edouard Claparede

는 바로 이러한 여성 단기 기억상실증 환자를 치료하고 있었다. 그의 환자들은 심한 경우 불과 몇 분 전에 일어난 일도 기억하지 못했다. 당연히 며칠이 지난 뒤 만나는 환자는 늘 처음 만나는 것이나 다름없었다. 클라파레트는 임상적인 호기심을 가지고 실험을 실시했다. 늘 환자를 만나면 악수를 하곤 했던 클라파레트는 손에 압정을 숨기고 악수를 시도했다. 압정에 찔려 깜짝 놀라게 된 환자는 즉시 손을 뺐고, 의사는 실수라고 사과했다. 이후 그 환자는 다음 진료시간에 의사가 악수하려고 손을 내밀자 무의식적으로 악수를 피했다. 이유를 물어도 환자는 왜 그런지는 그 이유를 말하지 못했다는 것이다. 왜일까?

기억에 대한 과학적 연구에 익숙한 이들은 이러한 현상을 쉽게 이해하곤 한다. 클라파레트 환자의 기억은 정상일까, 비정상일까? 그의 기억은 두 가지 측면을 가지고 있다. 기억에 대한 과학적 연구는 외상피해자가 외상 후 기억을 어떻게 불러내는지에 대한 논의와 함께 적극적으로 발전해왔다. 1980년대 후반부터 1990년대 초반에 이르러 외현기억ex-plicit memory과 암묵기억implicit memory에 대한 구별이 등장했다.

외현기억은 사실과 개념으로 이루어진 기억이다. 시간의 흐름에 따라 사건을 진술하는 말이나 문자로 이루어진 기억으로 서술기억declarative memory이라고도 한다. 데이트를 한 사실과 그날에 있었던 일을 기억하지 못하고 있는 클라파레트의 환자는 외현기억이 비정상인 상태라고 볼 수 있다. 세월호에 탑승했던 생존자를 상담이나 심리치료를 할 때 심리적인 외상을 경험한 4월 16일에 대한 기억을 묻고, 내담자가 그 기억에 대하여 회상하고 서술할 수 있다면, 이는 외현기억이라고 할 수 있다. 이와는 대조적으로 암묵기억은 언어적으로 회상하여 그 사건과 사실을 진술하는 방식과는 사뭇 다르다.

암묵기억은 무의식적인 과정으로 언어와는 무관하게 신체감각에 관련된 기억이다. 운전연습을 처음 할 때, 운전교습강사는 초보자에게 먼저 외현기억을 가지도록 유도한다. 예컨대, 급정거를 하지 않기 위해서 브레이크를 꼭 세 번을 나누어 밟으라고 지시하고, 이를 기억한 운전자는 외현기억에 의거하여 브레이크 밟기를 실시한다. 하지만 실제로 운전을 능숙하게 하는 과정에서 브레이크를 밟는 일은 생각할 필요가 없는 자동적인 동작수행으로 발전한다. 이때 사용되는 기억이 암묵기억이다. 어느 시점이 되면 시작과 끝맺음에 대한 의식적인 노력 없이(예컨대, 브레이크를 세 번 나누어 밟는 의식적 노력) 자연스럽게 암묵기억이 진행되기에 절차기억 혹은 비서술적 기억이라고도 한다. 누구나 익숙해지면 자동차 운전을 하는 데 신체와 감각에 내재된 암묵기억이 작동된다. 그때가 되면 당연히 초기에 운전교습학원에서 들었던 설명을 외현기억으로 기억하여 운전할 필요가 없어진다. 이렇게 암묵기억은 신체의 무의식적인 기억과 깊은 연관이 있다.

또한 암묵기억은 신체에 위협을 주는 공포를 경험한 후에 신체에 남아 있는 기억이다. 클라파레트의 환자들이 단기 기억상실증 중에도 여전히 기억하고 있는 것은 암묵기억이다. 신체가 기억하는 압정에 찔린 경험, 즉 트라우마 경험은 그 사건의 전말을 서술적으로 기억해내는 외현기억으로는 회생되지 않지만, 암묵기억으로는 남아 있다는 설명이 가능해진다. 세월호 참사에 대한 보도를 접하는 동안 심장박동이 불규칙해지고 감각이 둔해지는 경험을 한다는 이들이 많았다. 그중 오래전에 수해를 입고 가족을 잃은 희생자들도 있었다. 그들은 밤잠을 설치기도 하고, 다시 정신과 전문의를 찾아 신경안정제를 처방받기도 했다. 세월호 참사가 보여준 여러 장면과 아픔의 이야기들은 이미 과거의 상처를 잊은 줄로만 알았던 이 땅의 많은 트라우마 피해자들의 암묵기억을 자극하기에 충분했다. 암묵기억의 회상과정은 언어를 매개로 한 기억과는 별개로 자동적인 신체반응과 연관되어 있다. 세월호 생존자들에게 이제 사고는 끝났고, 4월 16일은 지난 과거 일이라고 기억하지 말라고 해도, 설사 외현기억은 지울 수 있지만 암묵기억은 집요하게 그들을 괴롭힐 수 있다. '자라 보고 놀란 가슴 솥뚜껑 보고 놀란다'는 속담과 꼭 같은 이치다. 당연히 수심 1미터 남짓 되는 안전한 수영장이라고 해도, 발조차 담글 수 없는 것은 외현기억이 아닌, 신체 안에 깊이 각인된 공포에 대한 암묵기억 때문이다.

암묵기억을 위한 기독교적 대처

인간의 암묵기억은 생존과 관련되어 있다. 신체의 위협을 가하는 어떠한 공격이나 죽음을 연상케 하는 공포체험은 신체에 깊이 각인되기 때문이다. 아무런 내용도 기억할 수 없는 클라파레트의 환자가 기억해낸 트라우마에 대한 암묵기억은 무의식중에 환자 자신의 생존을 위해 기능하도록 준비된 기억이다. 암묵기억은 생존을 위한 인간의 최후의 보호장치라고도 볼 수 있다. 인간에게 가장 큰 공포경험인 죽음에 대처하는 자원으로 종교가 자리 잡아 왔다. 실은 종교를 가진 인간은 죽음뿐 아니라 여러 가지 심리적인 위기에 종교적인 대처를 하기 마련이다.

종교적 대처에 대한 연구로 저명한 종교심리학자 케네스 파가먼트 Kenneth Pargament와 커티스 브란트Curtis Brant는 개인이 종교를 가지고 심리적인 문제에 대처하는 방식을 네 가지로 분류한다. 하나님과 파트너로 함께 일한다는 '협력적 대처collaborative', 교회나 성직자로부터 도움을 청구하는 '종교적 지원religious support', 자신의 기도를 듣지 않는 하나님께 분노하는 '분노형anger at God', 그리고 내 죄로 인하여 하나님이 나를 벌하셨다는 '처벌적인 종교 평가punitive religious appraisal' 등으로 나눈다.[1] 트라우마를 가진 이들을 섬기는 목회현장에서 성도들이 경험하는 종교적 대처는 어떤 방식일까?

일차적으로 종교기관인 교회나 목회자에게 도움을 구하여 종교 공동체가 자신의 비극적인 경험을 극복하는 중요한 자원이 될 수도 있을 것이고, 그동안 자신이 충실히 종교적인 의무를 다하면서 교회 공동체에서 생활해온 종교인이라 할지라도 세월호 참사와 같은 비극적인 자신의 트라우마를 신앙적으로 충분히 극복하지 못하고 교회 출석을 중단하였을 수도 있다. 단순하게 분류할 수 있을 것 같은 4가지 종교적 대처 유형은 서로 복잡하게 얽혀 있을 수 있다.

이창동 감독의 영화 〈밀양〉의 여주인공 신애가 경험한 트라우마와 종교적 대처 양식이 이러한 유형의 체계적 관계를 잘 드러낸다. 남편을 사고로 잃고 남편의 고향에서 하나밖에 없는 아들마저 범죄의 희생자로 살해된 트라우마를 가진 신애가 찾아간 교회 공동체는 그의 심리적 위기에 중요한 대처 자원이 되어주었다. '종교적 지원'으로 시작된 종교적 대처는 머지않아 영화의 말미에 가면 하나님을 대항하여 분노하는 '분노형'으로 돌변한다. 트라우마를 다루는 공동체의 대처방식이 한 개인의 종교적 대처와 깊이 관련되어 있다. 영화의 여주인공 신애가 경험한 교회 공동체는 신애가 겪은 트라우마를 실존적으로 재경험하도록 충분히

---

1   Kenneth I. Pargament & Curtis R. Brant, "Religion and Coping," in Harold G. Koenig, ed., *Handbook of Religion and Mental Health* (San Diego, CA: Academic Press, 1998), 112-128.

협력적인 역할을 하지 못한 것처럼 보인다.

　죽음, 그것도 비극적인 죽음이나 원통한 죽음의 경우 종교를 통한 대처방식은 트라우마 기억을 어떻게 다룰 수 있을지에 강조점을 두고 깊이 성찰해야만 한다. 〈밀양〉의 여주인공 신애의 트라우마 기억은 암묵적으로 기능한다. 교회 공동체와 함께 노상에서 찬양을 부르면서 안전감을 경험했던 신애가 왜 영화의 끝에 가서는 부흥집회에서 예배를 훼방하고 하늘의 신을 향해 전투의식을 고취하게 된 것일까? 그의 분노와 과도한 각성상태는 단순히 신에 대한 반항에 지나지 않는 것인가?

　신애의 트라우마 기억은 외현기억으로만 존재하지 않는다. 그의 암묵기억은 그에게 절실하게 안전한 공간을 요청하고 있었다. 그가 만난 종교 공동체는 초기에는 그에게 울타리 역할을 하면서 외부환경으로부터 자신을 안전하게 지켜주는 역할을 했으리라 생각한다. 그가 종교 공동체에서 맨 먼저 들은 이야기는 자신의 죄를 위해 돌아가신 예수 그리스도의 십자가 사건일 것이다. 그리스도의 은혜가 강조되면 될수록 내가 갚아야 할 죄의 빚도 늘어났다. 뿐만 아니라 용서하지 못한 원수에 대한 용서의 빚까지 생겨나면서 신애는 이제 교회나 교회제직의 도움을 받는 ‘종교적 지원’의 대처방식을 넘어 하나님과 친히 동행하는 ‘협력적 대처’를 달성하기 위해서라도 하루라도 빨리 자신의 아들을 죽인 살인범을 용서하는 일을 감행해야 했다. 그러나 그가 살인범에게 들은 하나님에 대한 간증은 자신의 내면에 있는 안전감 있는 하나님을 송두리째 앗아가버렸다. 마치 하나님이 자신을 저버리고 살인범을 선택한 느낌이었다. 공포 가운데 처절하게 혼자였던 그에게 잊고 있던 자신의 암묵기억이 떠올랐다. 이후 신애가 속한 교회 공동체는 신애의 공포경험에서 비롯된 암묵기억을 이해하지 못했다. 신애에게 아무리 우리를 구원해주신 그리스도를 기억하라고 해도 그건 무리한 주문이었다. 희생자의 암묵기억을 이해하지 못하면, 희생자는 결코 그리스도와 하나 될 수 없다. 그리스도를 기억하는 일이 그저 외현기억만으로는 불충분하기 때문이다.

예수 그리스도를 기억한다는 것은 예수가 경험한 십자가의 암묵기억과 만나는 일이다. 예수 그리스도의 탄생과 설교를 기억하고 신학적인 해석을 기억하는 외현기억만으로는 예수의 삶과 고통과 하나 될 수 없다. 성경공부나 설교에서 배운 예수에 대한 외현기억만으로 용서를 시도했던 신애는 결국 트라우마를 재경험하면서 암묵기억의 희생자가 되고 말았다. 교회는 목회적인 실천 속에 그리스도의 기억을 재현하기 위한 공동체이다. 그러므로 기독교 예배의 핵심 주제는 '기억하기remembering'이다. 신학적으로 '기억하기'란 사고와 인지 기능이 아니다. 아무에게도 말할 수 없는 상처와 아픔의 희생자들은 자신의 트라우마 기억을 몸과 영혼 깊숙이 숨긴다. 기독교 공동체의 '기억하기'란 상향식으로 몸에서 출발하여야 한다. 공동체는 무엇보다 불안과 위협에 휩싸인 피해자들의 신체와 감정이 평안함을 경험하는 공간이어야 한다. 특히 예수에 대한 기억은 트라우마와 깊은 연관이 있다.

그리스도의 트라우마에 동참하는 공동체

여성 실천신학자 플로라 케쉬게간Flora Keshgegian은 예수의 십자가 죽음은 예수 자신에게나 제자들에게 외상에 근거한 고통의 기억이었다고 제안한다.[2] 터키의 아르메니아인 인종학살과 그로 인한 생존자 아르메

---

2 Flora A. Keshgegian, *Redeeming Memories: A Theology of Healing and Transformation* (Nashville, TN: Abingdon Press, 2000), 166.

니아인 3세인 케쉬게간은 십자가 사건 자체가 인간에게 힘을 부여하거나 변화를 이끌 수 있는 것이 아니라, 십자가를 트라우마 기억으로 인식할 때에만 인간에게 변혁과 힘을 부여하는 사건으로 재인식된다는 점을 강조한다. 예수를 단지 죽음을 이긴 초영웅적 존재로 인식하는 것은 값싼 위안만을 제공하고, 결국 고통당하는 피해자에게는 다시금 억압과 수동적 순종을 강화시킬 뿐이라고 지적하면서 부활에 대한 새로운 정의를 제시한다.

부활은 죽음의 골짜기를 통과한 영웅 예수에 대한 것도 아니고, 악으로 타락한 인간을 구원하기 위해 우주적인 전쟁을 하는 전능한 신에 대한 것도 아니다. 오히려 부활은 "계속되고 끝내 이기는 생명의 힘power of life to persist and to prevail"에 대한 것이라는 주장이다. 때때로 죽음이 더욱 강력해 보일 때일지라도 생명을 긍정하는 것이다. 강조해야 하는 것은 개인의 생존이 아니라 생명 그 자체의 지속성이며, 이는 공동체 안에 그리고 공동체를 통하여 존재한다고 주장한다.

한국의 많은 교회 공동체는 신체에 대한 영적인 해석으로 부활을 미화하고, 신체적 고통을 희생시킨다. 트라우마의 고통을 참고 이긴 자가 얻는 보상으로 부활이 제시되기도 한다. 전통적인 신학에서는 영적 전쟁을 위해 인간 예수를 희생시킨 우주적인 하나님께서 십자가라는 고통을 거쳐 부활 승리한다는 등식을 영혼 구원의 신학적인 외현기억으로 제공해왔다. 결국 트라우마의 암묵기억이 회상되는 이들에게 교회 공동체는 여전히 불안과 위협이 가중되는 장소로 변모될 수 있다. 트라우마의 상처와 아픔의 기억을 지닌 이들에게 교회 공동체는 치유와 회복성의 신학을 실천하는 장이자, 예수가 경험한 트라우마에 대한 암묵기억을 함께 회상하는 공간이 되어야 한다. 부활은 트라우마를 도외시하거나 망각하는 도구가 아니라, 죽음의 고통 가운데서 생명을 기억하는 것이다. 케쉬게간은 한마디로 부활은 "생존을 위한 투쟁the struggle for survival"이요, 부활의 증인이 되는 것은 "저항과 회복성을 기억하는 것to remember resistance and resilience"임을 강조하고 있다.

부활신앙이란 십자가 사건의 암묵기억을 공동체적으로 회복하는 일이다. 기독교인에게 반드시 필요한 십자가 기억은 기독론의 외현기억을 재현하는 것뿐 아니라, 예수가 겪은 트라우마의 암묵기억을 신체적으로, 정서적으로, 그리고 관계적으로 재현하는 일이다. 세월호 참사로 인해 모두가 겪는 집단적 트라우마는 신학적으로 어떻게 다루고 실천해야할까?

세월호 참사 이후 마을이 자랑하던 안산시 단원구의 가족 공동체 정신은 약간의 위기를 맞았다. 유가족은 이웃의 시선에 부담을 느끼기 시작했고, 보상에 대한 민감한 관심은 유가족에게 엄청난 상처를 주기도 했다. 세월호 특별법 협상이 길어지고 유가족의 장외투쟁이 지속되면서, 국민마저도 차가운 시선으로 유가족의 진의를 의심하는 일까지 발생했다. 무엇보다 먼저 명성교회의 힐링센터는 마을의 공동체 정신을 회복하고, 마을의 누구나 세월호를 지속적으로 기억하고 다시금 예전의 따뜻한 마을로 돌아가기 위한 '리멤버Re-member 0416 서포터즈' 운동을 전개하기로 했다. 세월호 관련 유가족이나 생존 학생들에게 트라우마 치료전문가뿐만 아니라, 마을 이웃의 따뜻한 시선이 무엇보다 필요하기 때문이다. 트라우마를 경험한 이들에게 가장 중요한 것은 안전감이고, 때로는 전문가들조차도 불안해하고 믿지 못하는 이들에게 이웃은 가장 안전한 치유자가 될 수 있다.

힐링센터는 2015년 4월 16일까지 416명의 서포터즈를 모집할 계획이다. 각계각층에서 세월호 참사를 기억하고 다양한 방법으로 안산의 유가족과 관련된 이들, 그리고 안산 단원구 주민 전체와 연결하여 안전한 공동체 만드는 일에 함께 참여하도록 계획 중이다. 서포터즈가 행하는 주요 역할은 아래와 같다.

- Re-member 0416 운동을 전 국가적, 전 세계적으로 확산하는 데 기여하는 역할
- 피해가족과 주민들의 자립활동인 서포터즈 활동을 사회 각 분야에 알리는 역할
- 피해가족과 주민들의 삶의 노력과 전략 그리고 강점을 전파하여 긍정적인 파급효과와 안전한 공동체 지원의 존재를 확산하는 역할
- 피해가족에서 고잔1동, 선부3동, 와동 주민으로서 일상생활에 복귀하여 건강하고 당당하게 살아가고 있는 모습을 발굴하고, 진정한 회복의 힘을 국민에게 전달하는 역할
- 계속 안전한 환경 안에서 회복과 치유가 진행될 수 있도록 지원해주는 역할 등이다.

재난의 중심에 서 있는 트라우마의 아이콘 안산이 어떻게 치유의 아이콘 안산이 될 수 있을까? 끊임없이 기억해야 한다. 무엇을 기억해야 할 것인지가 중요하다. 단순히 사건의 발생과 과정 및 결과 등을 기억하는 외현기억의 기록은 역사가들의 몫이다. 트라우마 기억을 함께 공유하면서 그들을 다시 우리로 품어내는 일이 리멤버re-member, 기억하는 일의 핵심이다. 그래서 외현기억과 암묵기억은 존재론적으로 다른 차원의 기능이다. 세월호 참사에 대한 외현기억은 머리로 하는 일이지만, 암

묵기억은 온 마음으로, 발로, 가슴으로 공동체가, 온 마을이 함께하는 일일 수밖에 없다. 신학적으로 십자가 사건을 기억하는 일은 개인과 집단이 가진 트라우마의 암묵기억을 공유하는 일이다. 십자가는 트라우마의 원형이요, 암묵기억과 트라우마 기억을 치유할 수 있는 가장 안전한 치유자원이다.

대한민국 정치인들이나 언론에서도 세월호를 잊지 말고 기억하자고 아우성이다. 그러나 무엇을 어떻게 기억하느냐는 제각기 다르다. 단원고 옆 힐링센터 0416 '쉼과힘'이 세월호 참사를 기억하려는 운동은 세월호 사건의 외현기억만을 의미하지 않는다. 교회가 진정한 쉼과 힘을 주는 공동체가 되려면 무엇보다 암묵기억에 민감해야 한다. 암묵기억으로 공격적이 되거나 도피하여 숨게 되는 유가족이나 피해자들이 없도록 해야 한다. 서로서로를 이웃사촌으로 기억해왔던 안산의 작은 마을이 세월호 이후 서로를 불편해 하는 마을이 되고 만다면, 많은 세월호 참사 피해자들은 점점 더 온몸과 영혼이 마비되는 불안을 경험할지도 모른다. 신학적으로 기억하는 것은 흩어진 이들을 다시금 안전하게 연결하고 십자가의 품 안으로 품어내는 것을 의미한다. 신체와 마음 깊은 곳에 무의식적으로 숨겨진 암묵기억을 찾아내고 함께 공유하는 일이 세월호에 대한 개개인의 기억은 물론 집단의 기억을 목회적으로 재구성하는 첫걸음이 될 것이다. 평화운동가이자 사진작가인 이시우 씨의 '몸의 중심은 아픈 곳'이란 언급처럼, 재난의 중심, 세상의 아픔의 중심에 서는 교회는 세상의 중심에 서 있다. 그게 아무리 작은 교회라도 상관없이.

당신과 함께하기 위해
내가 변하겠습니다

오현선 ― 호남신학대학교

글을 시작하며: 생각이 너무 많았던 나

세월호 참사 발생 후 신학자들이 『곁에 머물다』라는 책을 가족들에게 전하고, 나아가 이 일에 대한 신학화 작업이 필요하다는 것에 공감한 사람들이 모였다. 세월호 사건과 관련하여 기독교인들이 생각해야 할 것들을 글로 모아 성도들과 소통하고 교육하고자 하는 것이 목적이었다. 글을 시작하며 많이 힘들었고 생각도 많았다. 『금요일엔 돌아오렴』이라는 가족들의 육성 인터뷰를 모아 정리한 책도 있는데 그 증언들보다 더 도움이 되는 글들이 가능할까, 신학자라는 이유로 그럴듯하게 쓰려면 이런저런 자료수집도 해야 하지 않을까, 그러저런 생각으로 글을 쉽게 시작할 수 없었다. 그런데 지난 2월 14일 유가족의 도보순례가 마무리되던 날 팽목항에서 실종자 가족들의 눈물을 다시 보며 정신이 들었다. 은화 엄마, 다윤이 엄마 등 실종자 가족들의 고통을 보며 그분들의 마음을 만분의 일이라도 대언하는 그런 글이면 된다는 생각을 되잡을 수 있었다.

세월호 가족들의 도보 순례단 맨 앞에 선 은화 엄마와 아빠, 휠체어를 미는 다윤이 아빠, 금세라도 쓰러질 듯 휠체어에 기대어 앉은 다윤이 엄마를 보면서 우리 모두는, 대한민국은 4월 16일에서 한 걸음도 빠져나오지 못한 채로 거기에 멈추어 있는 것이 분명하다고 느꼈다. 대열에서 빠져나온 두 엄마 아빠는 팽목의 3번 방으로 와 오열하기 시작했다. 은화 엄마는 "오늘 맹골수도 현장에 갔었어요. 부표 두 개 덩그러니 그렇게 떠있었어요. 그걸 보니 다리에 힘이 빠지고 주저앉았어요. 거기서 바로 50미터 그 아래 내 딸이 있는데 건지지 못하고 그냥 왔어요. 그 찬 바다에 305일째 거기에 있어요. 진흙이랑 뻘이랑… 어떡해요…." 오열과 탈진을 거듭해서 목소리조차 나오기 어려운 지친 몸을 이끌고 팽목항을 찾아온 3,000여 명의 국민 앞에 은화 엄마와 아빠들은 다시 섰다.

"처음에 4월 16일에 사고 났을 때 전원구조라는 말을 듣고 내려왔었죠. 저도 우리 딸 살아 있는 줄 알았구요. 우리 딸 옷 갈아입히려 내려왔습니다. 근데 그 아이가요, 305일이 되도록 못 돌아오고 있습니다. 유가족 엄마들 할 수 있는 게 이것밖에 없어서 걸었습니다. 국민들이요, 안타까운 마음으로 같이 울었습니다. 근데 아직도 아홉 명을 못 데려오고 있습니다. 우리가 얘기하는 진실규명이라는 거요. 배가 올라와야 할 수 있어요. 책임자 처벌도 배를 보고서야 할 수 있지요. 우리가 우선적으로 할 수 있고 해야 하는 거는 배 속에 있는 아홉 명을 데리고 오는 것이라고 생각해요. 단원고 학생 생존자가 이 자리에 스물일곱 명 와 있는 것으로 알고 있습니다. 그 아이들이요, 우리 은화랑 같이 배를 탔었구요, 그 안에

같이 있었구요, 지금도 많이 힘들어 할 겁니다. 아이들을 데려와야지 생존자들도 살 수가 있구요. (실종자) 아홉 명을 데려와야지 안전한 나라를 만들 수 있다고 생각합니다. 대통령님이 약속했죠, 마지막 한 명까지 찾겠다고. 국민을 상대로 대한민국 국민한테…. 그러면 이제는 국민이 움직여주셔야 된다고 저는 생각합니다. 부모들은 아파서 아무것도 할 수 없습니다. 저 오늘 현장 가서 울다만 왔습니다. 저 현장 가서 엉엉 울다만 왔어요. 아무것도 할 수가 없었어요. 제가 무리한 거 부탁하는 거 아니라 생각해요. 수학여행 보내서… 타고 가서는 305일 동안 물 속에 있는 우리 은화를 (흐느낌…) 우리 은화가… 분향소에 영정사진도 못 놓고 있습니다. 열여덟 살 그 꽃다운 나이에… 사고 후 내려와서 상황 종료 될 때까지 여기(팽목항) 있었습니다. 내가 은화를 데려오지 않으면 지금도 혼자 있는 아들에게 할 말이 없습니다. 우리 은화 오빠… 인생도 아직 시작을 안 한 그 아이에게 '그래도 세상은 살 만한 나라다, 대통령이 약속을 지키는 나라다' 말해주고 싶은 게 엄마의 작은 소망입니다. 실종자를 찾기 위해 선체를 들어 올리는 거 도와주시기 바랍니다. 제가 사고가 그날, 16일 날 줄 몰랐듯이 누구에게나 닥칠 수 있는 일이라고 생각합니다. 애들 데려오고 그게 출발점이라고 생각합니다. 길다고 말씀하지 마세요. 18년을 기른 우리 딸 보지도 못하고 있어요. 제가 얼마를 살지 모릅니다. 근데 죽을 때까지 그리워할 거라는 거…. 우리 딸 보고 싶어요. 살아 있는 아이들이 친구들 다 데려와서 인생을 출발하게 해주시구요. 국민들이 조금만 도와주셔서 선체 인양해주세요. 정말 부탁드립니다." — 은화 엄마

"저희 좀 도와주세요. 저희 가족 살 수 있도록 도와주세요. 하루하루 눈물로 보내고 있습니다. 어떻게 살라구… 좀 도와주세요. 저 실종자 가족

다시 돌아갈 수 있도록 꼭 인양될 수 있도록 부탁드립니다." ― 은화 아빠

"현장에 다녀왔습니다. 정말 기가 막혀가지구… 이런 나라가… 부모가 자식 거기에 놓고 다시 돌아오는 거 할 짓이 아니에요…. 자식 먹여 살리느라 일한 거밖에 없어요…. 근데 말이죠. 도보하면서 여러분을 보는 순간 힘이 솟더라고요, 힘이…. 여러분 도와주세요. 감사합니다." ― 다윤 아빠

세월호 참사가 일어난 지 1년이 다 되었지만 한국교회가 여전히 교회의 사역에만, 교회에만 갇혀 있는 것은 아닌지 성찰하기를 바란다. 세월호 사건을 경험하면서 자신이 얼마나 교회 일에만 바쁘게 살아왔는지, 이렇게 세상의 많은 일이 서로 연결되어 있는 것임을 뒤늦게 알게 된 한 엄마의 성찰을 교회의 자성적 지침으로 삼아야 한다.

'동행'을 위한 매뉴얼: 교회가 세월호 참사와 같이 생의 위기에 처한 사람들에게 안전한 곳이 되려면…

세월호 희생자 가족 가운데도 기독교인들이 다수 있다. 특히 참사 당일이었던 지난 4월 16일은 부활주일을 앞둔 수요일이었다. 충격에 빠진 성도들은 그 상황에 대하여 강단의 설교를 통해 답을 얻고자 했으나 강단을 통해 전해진 목회자의 충격적 말들은 기사화되어 비난을 받기도 하였다. "하나님이 공연히 이렇게 (세월호를) 침몰시킨 게 아니다. 꽃다운 애들을 침몰시키면서 국민들에게 기회를 주는 것" "가난한 집 아이들이 수학여행을 경주 불국사로 가면 될 일이지, 왜 제주도로 배를 타고

가다 이런 사단이 빚어졌는지 모르겠다" "왜 이리 시끄러운지 이해를 못하겠다" "대통령이 눈물을 흘릴 때 함께 눈물을 흘리지 않는 사람은 모두 다 백정" 등. 이 외에도 세월호 참사에 대해 그 어떤 언급도 하지 않은 교회도 많았을 것이다. 세월호를 통하여 살아남은 우리를 연단시키고 더 큰 교훈을 주기 위한 하나님의 계획이라는 생각, 아이들의 죽음을 통하여 살아남은 우리를 성숙하게 하신다는 유의 해석이 가족에게 2차 폭력이 되는 것을 인식이나 한 것일까. 어떤 이유에서건 자식이 눈앞에서 산채로 수장당하는 과정을 겪은, 어떤 말로도 그 고통의 강도를 표현하기조차 어려운 부모들이나, 다양한 이유로 삶의 위기에 직면한 사람들에게, 위와 같은 선포를 하는 교회는 돌아갈 수 있는 곳이 아니었다. 목사들은 말한 내용에 대해 서둘러 해명했지만, 해명을 해야 할 만큼 문제 발언이 될 것을 의식하지 못했다는 것 자체가 더 큰 문제이기도 하다. 왜냐면 성서는 약자와 생의 위기에 처한 사람들을 어떻게 돌보아야 하는 것인가를 그 어디에서도 애매하게나 이중적 의미를 담아 표현하지 않고 있기 때문이다.

예를 하나 들자면, 누가복음 1장을 펼치면 생의 위기를 맞은 마리아를 발견할 수 있다. 천사의 수태고지를 듣고 자신이 감당해야 할 사명임을 깨닫기까지 마리아가 감당해야 하는 사회적 분위기와 그녀에게 닥쳐올 생의 위기를 우리는 쉽게 짐작해볼 수 있다. 그런 마리아가 찾아간 곳은 세례 요한의 모친인 엘리사벳의 집이었다. 한국교회는 마리아가 처한 상황을 정죄하거나 자신이 생각하는 대로 삶의 방식과 방향을 제안하지 않고 마리아를 격려하고 공감하며 삼 개월간 자신의 곁을 내어주었던 엘리사벳으로부터 세월호 희생자와 그 가족에게 다가가는 법을 배울 수 있을 것이다.

교회는 마태복음 25장 40절의 "지극히 작은 자 하나에게 한 것이 곧 내(그리스도)게 한 것이다"라는 말씀처럼 사회적 약자, 작은 자, 생의 위기를 맞은 사람들에게도 안전한 곳이어야 하지 않을까. 다음은 그런 '안전한 동행'을 할 수 있는 교회가 되기 위한 매뉴얼이다.

첫째, 연대와 기억을 요청하다.

세월호 사건 이후 수천수만 가지의 일과 말이 무수히 생겨났지만 처절한 부모의 목소리처럼 분명한 것은 없다. 그것은 실종자가 아직 남아 있고 억울한 죽음의 의혹을 푸는 열쇠가 배에 있으므로 훼손 없이 배를 인양하는 일이 모든 일의 첫 단계라는 인식이다. 사람이 수백 명 죽었는데 진상파악을 요청하는 일조차 정부와 일부 시민에게 거부당하고 있다. 희생자 가족들과 그리스도인 엄마들이 전국을 돌아다니며 간담회, 도보순례 등 목숨을 걸고 행동하는 이유는 진상조사가 물거품이 될까봐, 아이들의 죽음이 헛된 것이 될까 봐서이다. 이러한 그들의 간절함을 외면한다면 죽기까지 결코 물러설 수 없다는 부모들 앞에 기독교인들은 결국 타자로서밖에 존재할 수 없을 것이며, 교회는 희생자 가족 성도들이 돌아올 수 없는 곳이 되고 말 것이다. 가족들은 기억해달라고, 선체인 양에 힘을 실어달라고, 이 참사의 증인이 되어달라고 호소하고 있다. '증인witness'은 '함께함withness'임을 기억하여 그들의 '곁'으로 가서 함께하려 할 때야 비로소 동행이 가능해질 것이다. 참사가 일어나고 사회적·정치적 이슈들이 가중되며 갑론을박 말이 많은 상황이 되었지만 천하보다 귀한 생명들이 이유를 모른 채 죽었고, 그 가족이 아파하고 있다는 것에 교회는 주목해야 한다. 그들을 돕는 일이 교회와 성도의 일이다. 이 사실을 기억하고, 함께 이 일에 연대하는 동안 한국교회는 하나님의 뜻을 더 분명하게 말할 수 있게 되고 교회의 할 일도 할 수 있게 될 것이다.

둘째, '공감' 학습이 필요하다.

산상수훈의 가르침 가운데 진정한 화해를 이루기 위해 서로에게 어떻게 대접해야 할지, 어떠한 마음으로 살아가야 할지에 대해 보여주는 말씀이 있다. 기독교는 생명과 평화, 정의적 관점의 인격적 친절함을 가르친다. 먼 길의 동행을 서슴지 않을 것을 예수는 구체적으로 가르친다. 지금 한국교회는 세월호 희생자와 그 가족들에게 공감의 태도를 표현하고 다가가야 한다. 하지만 공감은 저절로 되는 것이 아니라 배우고 연습해야 하는 것이어서 각 교회 공동체는 성도들이 공감교육을 받을 기회를 제공해야 할 것이다. 의도와 상관없이 학습되지 않은 주관적 공감의 표현은 자칫 상처를 악화시킬 수 있기 때문이다. 세월호 사건을 두고 자신이 개인적으로 판단한 내용을 신앙적 표현으로, 신학적 견해로 전하며 위로하려 하기보다는 희생자 관점에서 함께하는 마음을 확인하고 그 진정성이 전달되는 표현방식을 배워야 한다.

한국교회와 성도 우리 스스로가 침묵했으면서 하나님이 침묵하신 것으로 하나님께 탄원하였다. 우리 스스로가 아무것도 하지 않으면서 전지전능 하나님을 원망하였다. 세상의 생명을 구하려 하나님은 이미 그 독생자 아들까지 내어주셨는데 우리는 또 그의 아들을 내어놓으라 떼를 쓰며 우리의 책임을 하나님께 전가하고 있는 것은 아닌지 반성해볼 일이다.

셋째, 상대의 감정을 내 마음대로 추측하지 않는다.

세월호 사건을 겪은 가족들이 겪는 고통을 우리는 상상할 수 없다. 가족이 갖는 다양한 감정에 다가가 그들이 느끼는 대로 '같이' 느끼는 것이 공감인데, 흔히 우리는 내가 가진 감정이 그들을 '위한' 감정이라고 생각하는 경우가 많다. 후자는 공감이 아니라 동정이다. 아이를 잃은 부모들의 감정은 죽음을 경험하는 고통 가운데 느끼는 감정들이라, 감히 상상해볼 수도 없다. 숨도 잘 쉬어지지 않는 울음을 울다가도 일상을 살아가야 하는 현실에 기막혀 하며, 하루에도 수천수만의 감정이 이들을 휘감아 지나간다. 살아가고 있으니 먹어야 하고 자야 하고 그 가운데 가끔은 웃기도 하고 행복감을 느낄 때도 있을 것인데, 사람들은 자신의 눈으로 본 가족들의 단편적인 모습을 자신이 생각하는 대로 판단하여 동정하고 비난하며 비판하는 경우도 있다. 가장 무책임한 모습이라 할 수 있다. 아무리 심리, 사회, 종교나 상담분야의 전문가라 하더라도 세심한 태도로 다가가야 할 것이다.

가족과 동행 중에, 또 부모들의 인터뷰를 모아 만든 『금요일엔 돌아오렴』을 통해 느낄 수 있는 가족들의 감정에는 '억울하고 화가 난다'라는 감정이 중심에 있다. 원치 않았던 상실은 분노를 가져오고, 슬픈 것도 억울해서 슬프고 화가 나서 슬프다. 슬픈 감정은 고통스러운 느낌으로 상처로부터 오는 감정이며 함께 따라오는 감정은 분노, 좌절, 절망, 죄의식, 불안 등이다. 그 외에도 죽은 가족과 자녀들에 대한 미안함과 죄의식, 해주지 못했던 기억에서 오는 후회와 한의 정서, 홀로 남게 된 외로움, 다른 자녀에 대한 걱정, 그리고 세월호의 억울함이 묻히고 잊힐까봐 느끼는 불안함과 두려움, 또 공감하지 못하는 시민들과 이웃들로부터의 낯설고 억압적인 시선도 불편하거니와, 그 시선을 의식하며 살피게 되는 자신의 모습에서 오는 수치심도 있다. 또한 "괜찮아요? 힘내세요, 아이들은 반드시 천국에 갔을 거예요" 등 틀에 박힌 안부나 위로에 오히려 서운하고 짜증마저 일어난다는 솔직한 마음도 발견한다. 유사한 경험은 비체계적인 상담소 상담경험에서도 느꼈다고 한다. 같은 얘기를 계속 묻고, 했던 말을 다른 사람에게 또 하고 또 해야 하는, 그래서 결국 포기하게 되어 차라리 분향소에 나가 가족과 함께 있으면 순간적이지만 마음이 편해진다고 말하는 가족도 있다. 즉, 어떠한 판단 없이, 아무 말 없이 그저 찾아와 잠시라도 따스한 눈빛을 건네며, 지지하고 함께하겠다는 마음, 이해해주고 받아주고, 그냥 말을 들어주는 사람을 만날 때 가장 위로받고 안정감을 얻는다는 것이다. 세월호와 같은 참사를 겪으며 많은 부정적 감정을 경험하게 되는데 "슬픔과 애도는 회복을 향해 흐르는 강과도 같은 것"이라는 말처럼 그러한 감정들이 강요되지도, 억압되지도 않은 채로 자연스럽고 안전하게 표현될 수 있는 관계적 공간 환경이 허용되어야 한다. 또 그것을 인지해야 하는 것 역시 중요하다.

넷째, 희생자와 가족들에게 신앙적, 윤리적 잣대를 세우지 않는다.

세월호 희생자와 그 가족들에게는 그들을 바라보는 시민이나 국민, 교회의 성도들이 납득할 방식으로 행동하며 살아야 할 의무나 책임이 없다. 사건은 사회적·공적 관계에서 발생한 것이지만 희생자들은 무고한 개인들이며 가장 위로받고 보호받아야 할 존재들이다. 그들을 향해, "이제는", "그래도", "믿는 사람이"라는 말을 붙이며 함부로 표현해서는 안 된다. 예를 들어 "그래도 그래서는 안 되지…", "이제는 그럴 때가 아니지…", "믿는 사람이 그래도 그렇게 표현하면 안 되지…", "그래도 믿음을 지켜야지…" 하며 자신의 신앙적·윤리적 기준을 세워놓고 그에 부합하는 태도와 행동을 제안, 강요하며 가르치려 하기보다는 판단하지 않고 곁을 내어주며 동행해야 한다.

다섯째, 치유상담은 같은 마음을 가지고 기다리는 일에서 시작한다.

가족들의 치유는 우선 상담센터에서 시작되는 것이 아님을 기억해야 한다. 억울한 죽음에 대한 진상규명과 책임자 처벌, 그리고 세월호 사건과 같은 일이 다시는 일어나지 않도록 안전한 사회를 만드는 일이 분명하게 진행될 때, 그때야 비로소 가족들이 치유이든 상담이든 온전하게 시작할 수 있음을 이해하고 기억해야 할 것이다. 아직 아홉 명의 실종자가 남아 있기에 희생자들의 합동장례식도 못 치르고 있는 상황에서 트라우마를 겪은 사람들의 치유가 중요하지만, 가족이 우선적으로 원하는 것에 대한 공감과 연대 없는 상담은 무의미하다. 문제해결과 상담을 단계적 과제로 생각하라는 것이 아니라 상담센터, 치유센터 등 심리적 지원을 하려는 전문가와 교회 등은 희생자 관점의 상담자와 상담이 필요함을 인식해야 한다. 그래야 희생자, 생존자, 가족 등 모든 세월호 관련 상처를 받은 사람들이 자신의 트라우마를 영구화하지 않을 수 있다. 애도과정의 실패는 트라우마로 인한 증상을 영구화할 수 있기에 진상규명과 실종자를 모두 찾는 일 자체가 애도과정에 포함되는 것임을 이해하여야 한다. 따라서 가족들의 신체적·정신적·심리적 건강을 위한 애도과정에 통념적 시간과 기간을 기대해서는 안 될 것이다. 현재 애도를 어렵게 하는 각계각층의 무례한 소음들에 저항하는 방식으로 참된 애도를 지켜갈 수 있다.

부모들은 '상담도 결국 내가 살겠다고 하는 건데 자식은 죽었는데 자신이 살겠다고 상담 현장에 나오는 것도 정말 힘겨운 일'이라고 생각하고 있다. 시간과 비용을 계산하지 않고 되도록 가까이에서 준비하며 기다리는 마음으로 그들이 요청할 때까지 곁에서 함께하는 일이 필요하다. 예배도 기도도 대화도 상담도, 가능한 시기는 그들이 결정하는 것이며 그때까지 사랑과 공감의 마음으로 기다리는 일이 중요하다. 진상은 조속히 드러나야 하지만 가족의 치유, 마음을 표현하는 일은 천천히 기다림의 시간임을 모두가 기억해야 한다.

목회상담학자 권진숙은 "애도 사역이란 무엇인가를 잃어버린 사람에 대한 동행의 과정을 말하는 것이다. 누군가 중한 것을 잃어버린 사람이 느끼는 아픔을 함께 동행하고 슬퍼하고 공감하는 것이 애도사역"이라 하였다. 또한 주디스 허먼은 "상처받은 이들에게는 가까운 가족이나 친지, 친구, 사랑하는 사람들의 지지도 필요하지만 공동체의 지지 역시 매우 중요하다. 공동체의 반응은 트라우마의 궁극적 회복을 위해 지대한 영향을 미친다"고 하면서 사건에 대한 공적 인식, 상처에 대한 책임의 공감, 상처의 회복을 위한 책임적 행동을 공동체가 함께해야 함을 강조하였다. 교회는 동정과도 같은 시혜적 상담의 측면을 거두고 공적 인식의 연대와 회복을 위한 진지한 사역 계획을 수립해야 한다. 치유의 희망은 절망을 이해하고 함께 깊이 공감하지 않은 사람이 전할 수 있는 것이 아니다. 공감과 공적 책임의 연대 없이 희망을 선포할 때 절망하고 분노할 자리마저, 슬퍼할 공간과 기회마저 빼앗는 일이 되기 때문이다.

여섯째, 가족들이 필요한 부분을 조심스레 묻고 세심히 살펴 제공해주는 일을 한다.

직접적으로 세월호 참사와 관련한 성도가 출석하는 교회는 교회대로, 아니면 아닌 대로 성숙한 성도의식과 자원봉사의식이 필요하다.

1) 식사를 할 수 있도록 돕는 일

"간신히 끼니를 챙긴다. 시장가는 것도 힘들다. 자식 죽은 집에서 음식

냄새 풍기며 밥상을 차리는 것이 힘들기도 하고 한편으로는 이웃들이 '괜찮냐'고 묻는 질문이 야속하기 때문이다. 어떻게 괜찮냐, 되묻고도 싶지만 누가 우리 마음을 알까 싶어 집 밖으로 나가는 일을 줄였다"(『금요일엔 돌아오렴』 중에서). 교회는 이런 가족들의 마음을 살펴, 일상의 식사를 돕는 방식을 생각해 다양한 방식으로 함께할 수 있을 것이다.

2) 희생자의 형제자매들 양육을 지원하는 일

단원고 희생자 학생의 부모들의 마음 한쪽에는 잃은 자녀만이 아니라 다른 자녀에 대한 걱정도 크게 자리하고 있다. 참사 희생자 가족에 대한 사회적 시선에 어떻게 대면해야 하는지 누구도 가르쳐주지 않았으며 자신의 슬픔과 상황을 어떻게 감당해야 할지, 앞으로 어떻게 살아갈지, 사고로 인해 마음만이 아니라 몸마저 상해가는 아픈 부모를 어떻게 감당해야 할지 모든 것이 어렵고 힘든 과제로 남아 있기에, 그러한 자녀를 바라보는 부모들의 마음은 더 힘들다. 학생 희생자의 형제자매나 혼자 남은 부모들에 대한 걱정을 덜어주는 방법을 살펴 도와야 한다. 가족의 어려움을 공감하는 가족들과의 신뢰관계 형성을 전제로 한 자녀동행 프로그램, 가족동행 프로그램, 지지 프로그램을 제공할 수 있을 것이다.

3) 함부로 말하지 않기

우리 사회에서 최근 일반적 상황에서도 비폭력 대화나 공감적 대화에 대한 필요성이 대두되고 있다. 인터넷상에서 사회적 관계망은 확장하려 하지만 정작 인격 대 인격의 사회적 관계성에 대해서는 예의, 상식, 교양 등 인간미를 잃어가고 있는 현세대는 상처받기를 가장 싫어하면서 가장 상처를 쉽게 주는 시간으로 흐르고 있다.

안산, 청운동, 광화문, 진도체육관, 팽목항, SNS, 인터넷…. 우리는 지난 1년 동안 세월호 관련 현장에서 수많은 '공감'과 '무례'가 공존하는 모습을 볼 수 있었다. 수많은 과제를 여전히 남기고 있는 세월호 현장과 사람들에게 보다 세심하게 생각하고 말하는 연습을 할 수 있으면 좋겠다. 그래서 함부로 말하지 않는 대화가 오고가는 모습을 기대하고 싶다. 세월호 현장에서 만나는 사람들은 서로 약속한 것도 아닌데 불문율처럼 하지 않는 말들이 있다. "안녕하세요?" "잘 있었어요?" "힘내세요" "괜찮아요?" "또 올게요" "잘 있어요" 등등. 이러한 말들은 지극히 일상화되어 있는 말들이지만 가족들의 처지에서 이러한 말을 듣는다고 생각해보면 왜 이런 표현을 삼가야 할지 금방 알 수 있는 말들이다. 오히려 "상상할 수조차 없지만 많이 속상합니다" "저도 함께 힘내볼게요" "모두가 괜찮아질 때까지 함께할게요" "잊지 않고 뭐든 일상에서 해볼게요" 등 도움까지는 아니지만 세월호 사건으로 마음 아파하는 사람들에게 그저 자신이 경험하는 감정, 고통, 마음을 표현하는 것이 오히려 나을 수 있다.

글을 마치며

1년 전 모든 국민이 세월호가 잠겨가는 모습을 목도하면서 그 처절한 생명상실의 황당한 상황에 발을 동동 굴렀다. 무엇인가를 했어야 하는데 아무것도 하지 못한 마음에 피해자들과 함께 안타까워했고 분노했고 아파했다. 무고하게 죽어가는 생명들을 안타까워하며 하나님이 어디에 계셨는가를 묻는 사람들도 있었다. 한편 소수의 기독교 지도자들은 무례하고도 성급한 발언을 하여 세월호 희생자들에게 2차 가해자가 되기도 하였다. 시간이 흐르면서 그리스도인인 부모들은 이 사건을 생명의 가치보다 돈과 물질이라는 맘몬에 굴복한 인간의 탐욕이 만들어낸 참사라는 것을 깨달았고, 이제는 그 참사에 대한 진상규명과 남아 있는 실종자들을 찾는 데 함께할 것을 국민에게 호소하고 있다. 지난 1년 동안 하나님이 어디에 계셨는가를 물었다면, 이제 우리는 스스로가 지난 1년간 어디에 있었는가, 앞으로 또 어디에 있어야 할 것인가를 물어야 할 것이다. 이제 그만하자며 세월호 참사를 잊고자 하는 것, 과거를 망각하는 것은, 공감하고 함께했던 자신의 기억도, 감정도, 관점도 부정하는 일이 된다.

1994년의 성수대교 붕괴, 1995년의 충주호 유람선 화재, 대구지하철 가스폭발, 삼풍백화점 붕괴, 1998년의 경기여자 기술학교 화재, 부산 냉동창고 화재, 1999년 씨랜드 수련원 화재, 2003년 대구지하철 화재 등 사고가 계속되었고 2014년의 경주 마우나리조트 붕괴, 세월호 침몰, 고양종합터미널 화재, 장성 효사랑병원 화재, 그리고 판교 테크노밸리 환풍구 추락사고에 이르기까지 불안과 절망, 우울의 시간을 보내고 있는 한국 사회를 향해 교회와 그리스도인들은 무엇을 할 수 있을까. 한계를 모르는 물질에의 욕망에 사로잡혀 타인의 생명을 담보로 자신의 이윤을 추구하는 맘몬화된 인간과 사회, 신앙 공동체는 결국 자신의 안전과 생명마저도 위험에 빠지게 할 것이라는 사실을 깨달아야 한다. 기독교교육학자 엘리스 넬슨Ellis Nelson은 "신앙이란 공동체에 의해 소통되는 것이며 신앙의 의미는 구성원의 역사와 상호간의 행동과 삶 속에서 일어나는 사건의 관계성 가운데 발달한다"라고 하였다. 사회적 위기, 생의 위기 한가운데 있는 사람들에게 안전한 처소, 신앙 공동체를 만들어가는 일, 가족들의 뜻을 공감하며 그들 곁에 함께하는 일이 우리의 과제임을 기억하자.

적대 바이러스와
사랑의 항체

정경일 ― 새길기독사회문화원

적대의 계절

세월호 이후 첫 가을의 어느 날 밤, 광화문 광장의 유가족-시민 농성장에 들렀다. 당시까지만 해도 매일 있던 저녁 행사가 끝난 뒤라 유가족과 대책위 관계자 몇 명만이 농성장을 지키고 있었다. '어버이연합', '일베', '서북청년단 재건위원회' 등 극우세력의 유가족에 대한 그악스러운 공격이 이어지고 있던 때라 그곳의 썰렁한 분위기가 미안하기도 하고 걱정스럽기도 했다. 그만큼 사회 분위기가 많이 달라지고 있었다. 밝혀진 것도 해결된 것도 없는데 세월호 참사는 빠르게 망각되어갔다. 유가족을 향한 위로와 연대는 줄고 위협과 적대는 늘었다.

그래도 달라지지 않은 것은 농성장 주변에서 순찰을 돌고 있는 경찰들의 모습이었다. 이제는 별 긴장감도 없이 무심한 표정으로 천막 사이를 오가는 그들을 물끄러미 바라보는데, 마음 한편에서 문득 '고마움'의 감정이 일어났다. 지난봄과 여름에는 정권의 충실한 방패막이가 되어 유가족과 시민 앞을 철벽처럼 가로막고 선 경찰이 야속하고 밉기까지 했는데, 가을이 되면서는 그들이라도 있어 악의를 가진 이들이 유가족을 대놓고 해코지하지는 못하겠지 하는 막연한 안도감이 섞인 당혹스러운 고마움이었다.

하지만 곧 가슴이 답답해지면서 가시 같은 물음이 일어났다. 도대체 왜 희생자의 유가족이 위협을 느껴야만 하는 것일까? 아무런 죄도 없이 참혹한 고통을 겪는 그들은 무조건적인 사회적 위로와 지지를 받아야만 하는 게 아닐까? 게다가 그들이 요구한 것은 보상과 특혜가 아니라 그들의 가족이 왜 그토록 무력하고 무참히 죽어가야만 했는지 밝혀달라는 것, 그래서 같은 비극이 다시는 일어나지 않도록 안전한 사회를 만들어 달라는, 지극히 기본적이며 공동선적인 것이었다. 하지만 그 가을, 우리 사회는 고통 받는 유가족을 고립시키고 위협하고 모욕했다. 잔인한 적대의 계절이었다.

더욱 비통스러운 것은 정부나 보수 언론, 극우 이념 세력만이 아니라 교회도 유가족에 대한 적대에 동참했다는 사실이다. 모두 죄인이었던 그 봄, 살아 있다는 사실이 미안할 정도로 우리의 상처와 죄의식은 깊었다. 그런데 교회는 그 죄의식의 구렁에서 너무 서둘러 빠져나왔다. 방송 예능프로그램들조차도 아직은 차마 웃음을 송출하고 있지 못하던 애도의 봄에 일부 대형교회 목사들이 세월호 참사 희생자들을 두 번 죽이는 말들을 쏟아내기 시작했다. "하나님이 (세월호를) 공연히 이렇게 침몰시킨 게 아닙니다. 나라가 침몰하려고 하니 하나님께서 대한민국은 그래선 안 되니, 이 어린 학생들, 이 꽃다운 애들을 침몰시키면서 국민들에게 기회를 준 것입니다." "가난한 집 아이들이 수학여행을 경주 불국사로 가면 될 일이지, 왜 제주도로 배를 타고 가다 이런 사단이 빚어졌는지 모르겠다." 일부 목사들만 그런 것이 아니었다. 적지 않은 평신도들도 싸늘한 냉대와 적대의 언어를 생산하고 유포하는 데 동참했다. 여름부터 유가족을 음해하고 모욕하는 말이 확산될 때 대형교회 '카톡망'도 그 주요한 통로 중 하나였다. 유가족과 시민에게 교회는 고통을 치유하고 일상을 재건하도록 지지해주는 디딤돌이기보다는 상처를 도지게 하는 걸림돌이 된 것이다. 사태가 이렇다보니 과거의 사회적 약자들이 신앙의 유무와 상관없이 교회에 의지했던 것과 달리 오늘의 사회적 약자들인 세월호 유가족은 교회를 의심할 수밖에 없는 것이다.

고통 받는 이웃에 대한 우선적이고 무조건적인 사랑은 교회의 사명이다. 예수 그리스도는 원수마저 사랑하라고 하셨다. 그런데 그를 믿고 따른다는 이 땅의 그리스도인들은 원수는커녕 고통 받는 이웃도 사랑하고 있지 않다. 아니, 적대하기조차 한다. 세월호 이후 교회가 보여온 문제는 단순히 '사랑의 결핍'이라는 소극적 악이 아니라 '적대의 과잉'이라는 적극적 악이다. 교회가 사회 안의 무조건적 환대지대까지는 못 되더라도 최소한 비무장지대 역할은 해야 할 텐데, 안타깝게도 교회마저도 무장한 채 적대교회가 되어 있는 것이다. 도대체 어쩌다가 이렇게 된 것일까?

세월호 이후 우리 그리스도인들이 치열하게 성찰해야 할 것이 바로 이 적대사회와 적대교회의 동맹관계다. 물 위의 모든 배가 지나온 항로를 가지고 있듯이 적대교회도 역사적 배경을 가지고 있다. 약자에 대한 교회의 적대는 우연적 행태가 아니라 오래전부터 지속되어온 필연적 행태다. 그것은 '반공'과 '탐욕'을 신앙화함으로써 성장해온 한국 교회의 역사에서 기인한다. 그 역사를 치열하게 성찰하여 극복하지 않는다면 세월호 이후 교회의 미래는 없을 것이다.

반공 바이러스

"세월호 사고 난 건 좌파, 종북자들만 좋아하더라고. 추도식 한다고 나와서 막 기뻐 뛰고 난리야. 왜? 이용할 재료가 생겼다고." 세월호 참사 직후 어느 목사가 한 말이다. 어이없고 기괴한 망언이라고 생각하겠지만, 세월호 참사 이후 기승을 부린 '종북몰이'의 신호탄이었다. 국가의 책임을 물으며 행동하는 유가족과 시민을 종북세력으로 모는 것은 한국사회가 여전히 국가주의적 반공 바이러스에 감염되어 있음을 보여준다.

반공 바이러스의 발생 지점은 한국전쟁이다. 최초의 국제적 이념전쟁이었던 만큼 이념적 적대가 극에 달했다. 전투도 전장의 군인들 사이에서만 있었던 게 아니었다. 박찬승이 『마을로 간 한국전쟁』에서 규명했듯이, 마을의 민간인들 사이에서도 잔혹한 상호학살이 자행되었다. 호형호제하며 지내던 같은 마을 사람들이 서로를 잔인하게 죽였다. 동족상잔同族相殘이었다. 물론 그런 살상에 참여한 이들의 동기가 투철한 이념적 확신이었다고 보기는 어렵다. 하지만 이념이 폭력을 정당화해준 것은 분명하다. 그들이 죽인 것은 '인간'이 아니라 '적'이었다는 이념적 정당화와 면죄부 덕분에 형제살인자들은 죄의식 없이 제정신으로 계속해서 살 수 있었던 것이다.

전쟁을 일으켰고 전쟁을 통해 비정상적으로 증식한 반공 바이러스는 역사의 중요한 분기점마다 다시 창궐했다. 대부분의 역대 정치권력은 반공이념으로 국민을 편 가르고 상호 적대를 부추김으로써 기득권을 유지해왔다. 특히 정권이 위기에 처할 때마다 반공은 절대카드로 사용되었다. 그 효과는 전쟁을 경험하지 않았고 북한에 대한 직접적 원한도 없는 세대가 종북몰이에 쉽게 휩쓸리는 것을 보면 알 수 있다. 반공 바이러스는 한국인의 정신과 문화에 침투해 사회적 사건만이 아니라 개인적 일상에서도 전쟁하듯 편 가르기를 하게 한다.

세월호 이후에 뜬금없이 종북몰이가 등장한 것은 그만큼 현재의 정치권력이 위기감을 느끼고 있다는 것을 반영하는 한편 국민의 반공의식이 여전히 견고하다는 것도 보여준다. 바이러스는 숙주 없이 생존할 수 없다. 반공 바이러스를 퍼뜨리는 정치권력의 지배가 쉽게 통할 수 있었던 것도 숙주인 국민의 자발적 동의와 참여가 있었기 때문이다. 이 점에서는 그리스도인들도 예외가 아니었다. 한국 그리스도인들은 화해자 역할을 포기하고 반공진영에 적극 가담했다. 이는 역사적으로 한국교회가 분단과 전쟁 과정에서 월남한 이북 그리스도인들을 중심으로 재구성된 것과 관련이 있다. 해방 후 공산주의 세력과 직접적 갈등과 충돌을 겪은 그들은 반공을 한국교회의 에토스로 만들었다. 자연히 반공을 국시로 삼은 역대 정권과 반공 그리스도교 교회는 이념적 동맹세력이 되었다.

더 심각한 문제는 한국교회가 반공을 신앙화했다는 사실이다. 그리스도인들이 이승만 정권의 친미반공 노선을 강력하게 지지하고 쿠데타로 집권한 군사정권에 적극적으로 협력한 것도 반공신앙 때문이었다. 군부반란과 광주학살로 집권한 신군부의 군사독재 시대에도 한국교회는 '국가조찬기도회'를 통해 독재를 종교적으로 정당화해주었다. 한국교회는 이념을 신앙화하는 데서 그치지 않고 신앙을 이념화하기조차 했다. 그리스도교 신앙을 반공이념의 정신적·종교적 자원으로 제공한 것이다. 박정희 유신독재 시절의 '신앙전력화'가 그 한 예다. 1951년 군종제도가 시작되면서 가장 먼저 자발적으로 국가주의에 동참하는 동시에 특혜를 받았던 것도 그리스도교였다. 여기에서 '특혜'를 말하는 것은 반공신앙의 대가로 정권의 비호를 받음으로써 한국교회가 세계 교회사에서 유래 없는 급성장을 이루며 '종교권력'이 될 수 있었기 때문이다.

권력욕의 속성은 끝이 없다는 것이다. 오늘의 한국교회는 스스로 정치권력이 되기를 원한다. 대형교회 목사들은 '대통령을 위해' 기도하는 데서 만족하지 않고 그들 앞에 '대통령을 무릎 꿇려' 기도하게 하는 것을 욕망한다. 선거 때마다 막강한 투표 권력을 행사하는 교회가 두려워 정치인들도 교회 눈치를 본다. 다종교 사회에서 시市를 하느님께 바치겠다고 하고, 국가 조직을 '복음화'하겠다고 하며, 다른 종교를 신앙하고 실천하는 것을 '중독'이라고 말하면서 구애한다. 정부 주요 인사들이 새로 자리를 맡으면 교회 지도자들을 예방하는 것은 필수 절차가 되었다. 교회 목사들은 장로가 대통령이 되게 해달라고 기도하고, 자신들이 반대하는 정치인을 '사탄'이라고 부르며 화답한다.

세속적 반공이념에 기초한 적대사회와 종교적 신앙에 기초한 적대교회의 동맹은 우리 사회의 적대를 부추기는 한 원인이 되어왔다. 세월호 이후 희생자들과 유가족에 대한 적대적 종북몰이에 교회의 일부가 적극적으로 동참한 것은 반공 바이러스에 감염되어온 교회의 오랜 병력과 관련이 있다. 이 바이러스의 증상은 우파 정치권력을 위기에 빠뜨리는 이들은 북을 이롭게 하므로 종북이라고 믿는 것이다. 유가족이 '종북세력'으로 몰아붙여진 이유도 여기에 있다.

탐욕 바이러스

세월호 참사 이후 사계가 한 번 지나도록 제대로 된 진상규명을 시작도

하고 있지 못한 까닭은 일차적으로는 진상이 밝혀지는 것을 두려워하는 정권 때문이다. 세월호의 침몰에 직접적 책임이 있는 현 정권은 초점 흐리기, 방향 바꾸기, 희생양 찾기와 같은 소극적 방해를 통해 위기를 벗어나려고 했고, 그것이 잘 통하지 않자 유가족에 대한 음해, 왜곡, 조롱, 종북몰이와 같은 적극적 방해를 통해 책임을 회피하고자 했다. 그들이 그렇게까지 하고 있는 까닭은 탐욕의 체제를 지키기 위함이다. 국민의 안전이 아니라 자본의 안전을 더 걱정하는 국가야 그렇다 쳐도 국민은 왜 그런 소극적, 적극적 방해에 부화뇌동한 것일까? 같은 이유다. 국민도 세월호를 침몰시킨 '탐욕'으로부터 자유롭지 않기 때문이다.

이 탐욕은 반공 바이러스와 함께 한국 사회의 적대를 부추기는 또 하나의 치명적 바이러스다. 탐욕 바이러스는 편 가르는 반공 바이러스보다 전염력이 더 강하고 광범위하다. 탐욕은 편에 상관없이 모든 사람을 지배하기 때문이다. 탐욕 앞에서는 경제적 차이도 사소해진다. 부유한 자만이 아니라 가난한 자도 탐욕에 지배된다. 우리는 탐욕의 체제 안에 "가만히 있으라"는 권력과 자본의 명령에 순응하며 살아왔다. 신자유주의의 규칙은 남이야 어찌 되든 말든 나 하나만 살아남으면 그만이라는 각자도생各自圖生이다. 문제는 사회의 대다수는 끝없이 삶의 침몰을 위협받는다는 사실이다. 신자유주의 시대의 삶은 '서바이벌 게임'이 되었다. 게임에서 배제되거나 탈락되지 않고 살아남으려면 남과 치열하게 경쟁해야 한다. 그래서 탐욕사회의 다른 이름은 경쟁사회다. 무한경쟁의 결과는 무한고통이다. 그래도 서바이벌 게임을 계속하는 이유는 남보다 경쟁력을 더 갖추면 탐욕사회에서 끝까지 살아남을 수 있다고 믿기 때문이다. 협력이 아닌 경쟁과 배제가 삶의 방식이 되어버린 세월호 사회는 더 이상 '사회'가 아니다.

우리가 승선한 탐욕의 체제는 세월호와 같은 과적 조건의 배다. 하지만 우리는 그 배에서 뛰어내리지 않고 가만히 있다. 아직은 침몰하고 있지 않으니 안전하다고 믿는다. 하지만 과연 그럴까? 2014년 4월 16일 이전에 세월호에 탑승했던 연인원은 약 9만 명이다. 그 참혹한 봄날에 304명의 목숨을 앗아간 참사가 예외적인 일이었을까, 아니면 이전에 승선했던 9만 명이 죽지 않고 살아서 하선한 것이 예외적인 일이었을까? 세월호의 침몰이 탐욕의 체제가 야기한 '필연적' 참사라면 진정 예외적인 것은 304명의 죽음이 아니라 9만 명의 생존일지도 모른다. 그런데도 우리는 가만히 있다.

가만히 있는 것이 탐욕의 체제에 대한 '소극적 공모'라면 그 체제의 희생자에 대한 공격은 '적극적 공모'다. 공격성은 두려움에서 비롯된다. 그 두려움은 우리가 익숙해지고 편해진 탐욕의 삶을 세월호 참사가 드러내고 뒤흔드는 것과 관련이 있다. 반공이 유가족에 대한 적대의 이념적 토대라면 탐욕은 물적 토대다. 탐욕은 '나'의 안락과 안전을 위협하는 '너'를 '적'으로 본다. 세월호 이후 사회 공동체의 파괴가 더 심해진 것도 우리 사회 전역에 음습한 안개처럼 퍼져 있는 탐욕 때문이다. 세월호가 탐욕에 사로잡혀 있는 우리 자신의 얼굴을 적나라하게 드러내기 때문에 그 기억을 상기시켜주는 유가족을 적대하는 것이다. 자신은 서바이벌 게임에서 살아남을 거라는 희망—아무리 희박하더라도 가능성은 있으니까—으로 악착같이 살고 있는 이들은 그 희망의 절망성을 죽음으로 말해주는 세월호 희생자들의 경고를 듣고 싶어 하지 않는다.

우리는 탐욕의 경제가 세월호 이전과 마찬가지로 세월호 이후에도 지속되기를 바란다. 실제로 세월호 유가족이 공격받은 이유 중 하나는 그들 때문에 경제가 어려워졌다는 것이었다. 하지만 국내총생산 1,305조

(2013년)의 세계 13위 경제대국이 정말 세월호 희생자와 유가족 때문에 위기에 빠진 것일까? 세월호 여파로 소비가 위축되었다고 하는데, 2014년 11월의 소비자심리지수가 세월호 참사 직후인 5월보다 낮았던 것은 무엇 때문일까? 그때 세월호의 침몰보다 더 충격적인 참사가 있었던가? 따지고 보면 정말 경제를 위기에 빠뜨린 것은 유가족이 아니라 권력이었다. 당장 지난 정권에서 '4대강 사업'과 '자원외교'로 허망하게 흘려보내고 날려버린 'MB의 비용'이 얼마였던가?

그리스도교는 태생적으로 탐욕과 함께할 수 없다. 그리스도교는 맘몬에 저항하면서 시작된 길이기 때문이다. 예수는 말한다. "아무도 두 주인을 섬길 수는 없다. 한 편을 미워하고 다른 편을 사랑하거나 한 편을 존중하고 다른 편을 업신여기게 된다. 너희는 하느님과 맘몬을 아울러 섬길 수 없다"(마 6:24). 하지만 오늘의 교회는 맘몬을 미워하지 않고 오히려 사랑하고 섬긴다. 내적 성숙보다 외적 성장을 탐닉한다. 단적으로 〈교회성장학〉이라는 과목이 신학의 한 분야가 되어 있을 정도다. 기업이 성장을 추구하는 것이야 본성에 충실한 것이지만 교회가 성장에 몰두하는 것은 본성의 배반이다.

그리스도교는 개발독재와 신자유주의 시대에 가장 성공한 종교다. 탐욕 바이러스를 신앙화 · 내면화함으로써 덩치를 불린 덕분이다. 하지만 한국교회의 성공은 한국교회의 실패다. 맘몬의 체제에서의 성공은 예수가 꿈꿨던 사랑의 세계의 결정적 실패이기 때문이다. 이 실패는 치명적이다. 탐욕에 눈이 멀어 성공한/실패한 교회는 탐욕사회의 희생자들에게 다가갈 수 없고, 다가가지도 않음으로써 구원의 결정적 기회를 잃기 때문이다. 고통 받는 이들을 사랑하지 않은 이들의 운명을 예수는 이렇게 말한다.

왼편에 있는 사람들에게는 이렇게 말할 것이다. "이 저주받은 자들아, 나에게서 떠나 악마와 그의 졸도들을 가두려고 준비한 영원한 불 속에 들어가라. 너희는 내가 주렸을 때에 먹을 것을 주지 않았고, 목말랐을 때에 마실 것을 주지 않았으며 나그네 되었을 때에 따뜻하게 맞이하지 않았고, 헐벗었을 때에 입을 것을 주지 않았으며, 또 병들었을 때나 감옥에 갇혔을 때에 돌보아 주지 않았다." 이 말을 듣고 그들도 이렇게 대답할 것이다. "주님, 주님께서 언제 굶주리고 목마르셨으며, 언제 나그네 되시고 헐벗으셨으며, 또 언제 병드시고 감옥에 갇히셨기에 저희가 모른 체하고 돌보아 드리지 않았다는 말씀입니까?" 그러면 임금은 "똑똑히 들어라. 여기 있는 형제들 중에 가장 보잘것없는 사람 하나에게 해주지 않은 것이 곧 나에게 해주지 않은 것이다." 하고 말할 것이다. 이리하여 그들은 영원히 벌 받는 곳으로 쫓겨날 것이며, 의인들은 영원한 생명의 나라로 들어갈 것이다(마 25:41-46).

그렇다면 세월호 이후 "영원한 생명의 나라"에 들어갈 "의인들"은 누구일까? 단원고 2학년 3반 고 김소연 학생의 아버지 김진철 씨의 애가 끊어지는 육성에 그 답이 있다.

(트라우마) 상담 같은 건 한 번도 안 혀봤어유. 딸은 죽어서 이 세상에 없는듸 내가 살것다고 그런 걸 받는다는 걸 받아들일 수 없어유. 지금도 뒤따라갈 마음밖에는 없는듸… 제가 사는 동네에 치킨 파는 술집이 하나 있어유. 그 가게 주인이 저를 많이 위로혀줬어유. 한창 힘들 때 제 말을 많이 들어주었어유. 이해혀주고 받아주고 감싸주고 말동무를 혀주었어유. 병원에 실려가고 그럴 때, 나를 많이 안정되게 혀주었구만유. 그 양반

보고 제가 생명의 은인이라고 했어유. 아, 내가 그분 덕분에 살고 있구나. 고마우신 분이여유. 일이 잘 마무리되면 술 한 잔 사고 싶어유. 좋은 이웃이에유. (불행하게도 그 치킨 집은 얼마 전에 경제적 어려움으로 문을 닫았다. 그 아저씨는 자신도 힘든 상황이었는데 소연이 아버지를 보살펴 준 것이다.) 제가 딸이 그렇게 되고 난 후 동네에 미친 듯이 돌아댕겼나 봐유. 하루는 족발집을 들어갔는디 주인장이 알은척을 하면서 저를 보고 눈물을 흘리더라구유. 어떻게 아시냐니께 그 전날 밤에 술에 취해서 오셨는데 엄청 울다가 갔다고 그러더라구유. 그러면서 위로를 많이 해주더라구유. 힘내서 사시라구유. —『금요일엔 돌아오렴』 중에서.

사랑의 항체

몸에 바이러스가 침투하면 면역체계가 작동해 항체를 형성한다. 마찬가지로 세월호 이후 우리 사회에서도 반공과 탐욕의 적대 바이러스에 맞서는 사랑의 항체가 생겨나고 있다. 희망은 평범한 사람들이 고통과 적대의 현실 앞에서 스스로 사랑의 항체를 만들기 시작했다는 사실이다. 세월호 이전에는 사회문제에 별 관심이 없었던 보통 사람들이 세월호 참사를 목격한 후 삶의 근원적 전환을 위한 행동을 시작했다. 무엇보다도 우리와 다름없는 보통 사람들인 유가족이 생명을 존중하고 이웃과 더불어 사는 세상을 만들기 위해 가장 헌신적으로 일하는 '416 활동가'가 되었다. 자기 가족을 잃은 이들이 더 큰 가족인 사회의 안녕과 안전을 위해 거리에서 부르짖으며 세상을 바꾸고 있는 것이다.

세월호 이후 한국교회 안에도 사랑의 항체가 반공과 탐욕의 적대 바이러스에 맞서 활동하고 있다. 수많은 그리스도인이 교회의 자폐적 울타리를 넘어 거리로 나왔다. '교회'의 헬라어 표현인 에클레시아ekklesia는 '밖으로'(ek)라는 전치사와 '부르다'(kaleo)라는 동사로 구성된 에크칼레오ekkaleo의 명사형이다. 이를 그리스도의 부름을 받아 '세상 밖으로' 나온 공동체라는 의미로 해석하는 그리스도인들이 많다. 하지만 세월호 이후 한국교회의 사랑의 항체들은 그 '밖으로'의 방향을 전복한다. 그들은 고통 받는 이들 속에 계시는 그리스도의 부름을 받아 반공과 탐욕의 '교회 밖으로' 나온 것이다. 촛불교회의 행동, 방인성·김홍술 목사의 40일 단식, 304인 목회자 철야기도, 팽목항에서 안산까지 호남신대 신학생들과 성공회 신부들의 도보행진, 한국기독교교회협의회의 청운동 촛불기도회가 있었고, 안산에 힐링센터를 만들었고, 각 교회에서도 크고 작은 고난함께(同苦) 활동이 있었다. 에클레시아는 또한 '민회民會', '회중會衆'의 의미도 갖고 있다. 사랑의 항체들은 자신이 속한 교회가 움직이지 않으면 광화문 광장과 거리로 나와 유가족, 시민과 고통을 함께 나눔으로써 더 넓은 의미의 '교회'를 이루었다.

사랑의 항체는 적대를 적대하지 않는다. 사회와 교회에서 생겨난 사랑의 항체는 적대의 사슬을 끊는다. 적대는 적대로 물리칠 수 없다. 사랑만이 적대를 그치게 한다. 그렇지 않고 적대에 적대로 맞서면 결과는 적대의 악순환, 즉 모두의 파멸일 뿐이다. 마하트마 간디가 "'눈에는 눈'으로 맞선다면 세계 모든 사람의 눈이 멀게 될 것"이라고 했던 것이 그런 뜻이다. 오늘 세월호 희생자와 유가족의 고통에 무관심하고 그들을 비난하는 이들은 적대에 눈이 먼 이들이다. 적대정치의 선동과 거짓언론의 왜곡에 눈이 멀어 가해자가 아닌 피해자를 향해 막대기를 휘두르고 있는 것이다. 그들의 눈을 뜨게 하고 고통 받는 이에게 돌아서게 하는 것은 또 다른 적대의 막대기가 아니라 사랑의 초대다.

세월호 희생자와 유가족을 잔인하게 조롱하고 모욕한 이들은 근본적으로 악한 사람들이 아니라 무지한 사람들이다. 그 무지가 두려움을 낳았고, 그 두려움이 적대를 낳았다. 적대의 근본 원인인 무지를 초래한 것은 진실이 아닌 거짓을 전달한 미디어다. 한국의 주요 미디어들은 시민의 안전이 아니라 권력과 자본의 안전을 위해 진실을 가리고 왜곡했다. 세월호 참사 초기에 유가족과 시민이 언론 미디어에 격분했던 것도 그 때문이다. 서울에서의 유가족의 첫 집단행동은 축소, 왜곡 보도로 물의를 일으킨 KBS 항의방문이었다. 미디어는 세월호 참사를 '교통사고'로 축소했고, 그것에 호도된 이들은 유가족의 분노와 슬픔을 지나친 것으로 생각했다. 원래 미디어media는 그 말뜻이 의미하듯 사건과 시청자 사이에서 작동하는 간접적 매개체다. 미디어가 진실만을 매개한다면 문제가 없지만 세월호 이후 한국 미디어들처럼 거짓을 만들고 매개한다면 시청자의 눈을 가릴 뿐이다. 이런 현실을 타개할 수 있는 가장 효과적인 방법은 간접성 대신 직접성에 기대는 것이다. 그것은 유가족의 곁에 직접 다가가 그들의 고통을 보고 듣는 것이다. 유가족의 고통과 육성을 직접 보고 듣는다면 소위 '일베' 같은 이들도 달라질 수 있을 것이다.

　　실제로 세월호 이후 적대의 광풍 속에서도 변화의 가능성을 보여주는 온풍 같은 사건들이 있었다. 그중 하나. 2015년 1월 1일, 세월호 희생자 안산 합동분향소에서 있었던 일이다. 인터넷에 세월호 희생자 유가족을 비방한 글을 올려 명예훼손 혐의로 고소된 한 청소년이 부모와 함께 분향소를 찾았다. 유가족을 만났을 때까지만 해도 그는 부모에 끌려 억지 사과를 하러 온 티가 역력했다. 하지만 분향소에서 자기 또래 단원고 희생자들의 영정과 추모의 글을 읽고는 충격을 받았고, 다시 유가족을 찾아와 자신이 한 일에 대해 참회의 눈물을 흘리며 진심으로 용서를 구했다. 고통 받는 사람을 보고 측은지심을 갖는 것은 인간의 본성이다. 본성은 가려질 수는 있어도 파괴되지는 않는다. 고통 받는 이들의 곁에 갈 때 인간 본성은 회복될 기회를 얻는다.

물론 이런 변화는 드문 일이다. 적대사회의 가학적 행태를 보면 그런 변화를 기대하는 것이 너무 비현실적인 것처럼 보이기도 한다. 바로 이 지점에서 교회의 역할이 있다. 적대사회에서 교회가 추구해야 하는 가치는 장공 김재준 목사가 말한 '애자무적愛者無敵'이다. 사랑의 사람에게는 적이 없다는 뜻이다. 사랑은 적을 만들지 않을 뿐만 아니라 적을 없앤다. 더 정확히 말하면 적을 친구로 바꾼다. 원수를 사랑하는 것은 불가능하다. 사랑하는 순간 이미 원수는 원수가 아니기 때문이다. 오늘 유가족을 적대하는 이들은 우리의 원수가 아니라 아직 우리의 친구가 되지 못한 이들이다. 그들이 우리처럼 불의와 고통의 현실에 눈을 뜬다면, 그들 스스로 우리의 원수이기를 그만둘 것이다.

적대의 시대 교회의 근원적 저항은 사랑하는 것이다. 사랑의 항체가 되는 것이다. 그것은 일차적으로 고통 받는 이들과 연대하는 사랑이며, 이차적으로는 고통을 주는 자들을 포기하지 않고 그들에게 참회의 기회를 주는 것이다. 어려운 일이다. 거의 불가능한 일이다. 하지만 그 '불가능한 가능성'이 적대사회 속에서 사랑의 항체로 존재하는 교회의 길이다.

여러분의 원수들을 사랑하며 여러분을 저주하는 자들을 축복하고 여러분을 미워하는 자들에게 선을 행하며 악의를 품고 여러분을 다루며 여러분을 핍박하는 자들을 위해 기도하십시오(마 5:44).

맹골수도孟骨水道*에서 죽은 예수의 부활을 준비하라

박창현 ― 감리교신학대학교

나는 세월호 이전과 이후의 신학은 분명하게 모두가 느낄 수 있도록 달라져야 한다는 절박한 생각으로 이 글을 시작한다. 지금 우리 신학자들은 세월호라는 사건이 일어난 이후에 변해야 하는 한국교회를 위한 진지한 고민을 할 때가 온 것이다.

세월호 참사를 맞이한 한국교회는 그간 자기의 몸집 부풀리기와 자기 살아가는 데 급급하여 교회의 존재 이유인 교회 밖의 사람들과 교회를 품고 있는 사회에 대하여 구체적인 고민을 해오지 못했기에 다음과 같은 두 가지 문제를 드러냈다. 먼저는 이 사회에서 세월호와 같은 안전 불감증에 기인한 사고(경주 마우나리조트 체육관 붕괴사고, 분당 테크노밸리 환풍구 붕괴사고 등)가 일어날 수밖에 없는 징조를 깨닫는 예언

---

* 전라남도 진도군 조도면 맹골도와 거차도 사이에 있는 수도(水道). 2014년 4월 16일 세월호가 이 해상에서 침몰하였다.

자적 역할을 하지 못했다. 사람과 생명을 경시하고 잘 사는 것에만 목표를 두고 돈과 물질, 그리고 과학과 기술의 발달을 최고의 가치로 숭상하는 사회에 대하여 분명한 경고를 하거나 회개를 선포한 징후가 없었고, 오히려 이러한 조류에 편승하여 어떻게 해서든 잘 먹고 잘 살아보자는 경쟁을 부추겨온 것이다. 그렇기에 "하나님의 나라를 건설하며 행복한 나라를 이 땅에 만들겠노라고 개신교 선교 130년을 헌신적으로 일해왔다"고 주장하는 교회는 절대로 이러한 불행한 참사에 대한 책임에서 자유로울 수가 없다.

두 번째, 우리 신학은 이러한 참사에 대한 신학적인 대안을 가지고 있지 못했다. 이러한 결과로 세월호 이후에 대부분의 교회가 보여준 행동은 소수의 예외를 제외하고는 이 일에 고통을 당하고 슬퍼하는 사람들에게 위로가 되고 힘이 되어 이 나라가 이러한 불행을 극복하고 국민이 함께 만들어갈 미래의 모델을 제공하지 못하고, 심지어는 몇몇의 볼썽사나운 목사들과 교회들로 유가족에게 아픔을 가중시키는 모습을 보여주었다. 이러한 한국교회와 신학은 이제 어떻게 변해야 하나? 그러므로 이 글은 이번 세월호 참사 사건을 계기로 우리의 대처를 돌아보고 가능한 신학적 대안을 통하여 교회가 소망이 될 수 있는 단초를 만들어보려는 데 그 목적이 있다.

교회는 우는 자들과 함께 울 줄은 알았다. 그러나…

우리 교회는 세월호 참사로 죽은 이들과 유가족과 함께 울기는 했지만 대안이 없었다. 교회는 슬퍼하는 사람들과 함께 슬퍼하기는 했지만 그들의 문제를 우리의 문제로 인식하여 이 사회를 바꾸고 변혁하여 우리

스스로가 변화의 주체가 되어 이 일을 감당하여 그들의 눈물을 닦아주는 일에 실패하였다.

수전 손택은 『타인의 고통*Regarding the Pain of Others*』이라는 책에서 현대인들이 대하는 타인의 고통의 잘못된 자세를 지적한다. 현대인들은 종군기자들이나 이 시대의 참혹한 사건의 최전선에서 실시간으로 보내오는 기자들의 이미지들을 집에서 편안히 바라보면서 눈물을 흘리는 일에 중독되어 실제로 그러한 고통을 겪는 사람들이 현실에 존재하며 그들은 우리가 동참하여 그들의 눈물을 닦아주며, 그들과 같은 고통을 겪지 않는 세상을 만들기를 기다린다는 사실을 망각하고 산다는 것이다. 사람들은 이미지 과잉의 현대사회에서 타인의 고통을 사진이나 영상 등을 통해 접하면서 타인의 고통을 다만 그들의 감정을 자극하는 스펙터클로 소비해버린다는 것이다. 이미지에 중독된 사람들은 타인의 고통을 마치 하룻밤의 진부한 유흥거리로 접하는 데 익숙해져, 타인이 겪었던 것 같은 고통을 직접 경험해보지 않고도 그 참상에 정통해지고, 진지해질 수 있다는 착각을 하는 결과를 가져왔다고 한다. 마치 사진을 통하여 세상의 비극을 접하고 눈물을 흘리며 애통해 하면서 마치 자기가 그 고통에 깊이 참여한 좋은 사람이라고 착각하게 되고, 심지어는 그러한 행위가 그들의 고통을 덜어주고 있다고까지 믿고 스스로 위로를 받는다는 것이다. 우리는 우리가 이미지를 통해서 본 "재현된 현실"과 "실제 현실"의 참담함 사이에 얼마나 큰 거리가 있는지를 깨달아야 한다. 타인의 고통에 대한 연민의 감정만을 갖고 "불쌍하다", "안됐다"고 하는 것이 아니라 그 고통을 겪는 타인의 현실을 직시하고 그 고통의 원인이 무엇인지 그래서 현실을 변화시키기 위하여 행동을 해야만 한다는 것이다.

그렇다면 세월호와 함께한 우리의 슬픔과 눈물은 무엇이었을까? TV

에서 눈을 떼지 못하고 가슴을 치며 통곡한 것! 그것이 무슨 의미가 있는가? 우리의 눈물이 저들의 눈물을 닦아주었는가? 바로 이러한 점에서 한국교회는 우리의 잘못을 스스로 비판적으로 바라보고 세상이 감동할 만한 진정성 있는 신앙 자세를 견지할 수 있어야 한다. 이런 의미에서 우리가 그들의 고통을 함께 나누었음에 의문을 제기할 수밖에 없다.

우리는 세월호 참사로 우는 자들과 함께 웃는 날을 소망하지 못했다. 오히려…

교회는 세월호의 아픔을 멀리서 바라보면서 잠시 눈물을 흘렸을 뿐이지 수전 손택의 논리에 따르자면 그것은 결코 대단한 것이 아니었다. 교회는 오히려 우리가 당신들과 함께 울어줬으니 이제 그만하고 우리를 위해 일상으로 돌아가자는 부담을 안겨주는 일을 서슴없이 하지 않았던가! 이는 타인의 사랑하는 자들을 죽음으로 잃은 고통을 우리의 고통으로 받아들여 함께 울고 그러나 그들의 부활을 꿈꾸며 함께 웃을 수 있는 그날을 기다려야 한다는 당연함의 신학이 부재한 것이다. 우리는 슬퍼하는 자들과 함께 슬퍼하기는 했어도 그 슬퍼함의 최종 목적지가 어디여야 하는가?에 대한 심각한 고민이 없는 출발을 한 것이다. "네 이웃을 네 몸과 같이 사랑하라"고 외치면서 갈릴리 땅을 누비고 다니면서 사람들을 감동시켰던 청년, 예수의 말을 우리가 올바로 이해했다면 얼마나 좋았을까? 이 말을 우리가 "지금 고통당하는 유가족의 아픔을 나의 아픔처럼 받아들여 살라"는 말로 이해했더라면 얼마나 좋았을까? 내 자식이 수학여행을 가다가 죽었고, 내 형이 제주도에 새로운 삶의 터전을 마련하기 위해 이사를 가다가 배와 함께 물에 빠져 죽었다면, 그렇다면 나의 사는 모습은 과연 어떤 모습일까? 왜 그런 일이 일어났는지? 왜 악천후에도 그 배만 출항을 했고, 왜 해경은 선원들만 구조하고 주변에서 조업하다 달려온 다른 배들의 구조나 군경의 활동들을 방해하고 구조를 애절하게 기다리던 승객들은 아무도 구조를 하지 않고 죽어가도록 방치한 것인지? 왜 처음부터 정부의 관계자들은 거짓방송을 내보내게 하고 민간 잠수부들의 구조를 방해까지 해가며 인명구조선이 아닌 인양 전문 업체인 언딘을 투입하였는가를 밝히지 않는지? 왜 정부는 제기된 의문에 진실을 은폐하려고만 하고 모든 정보를 다 공개할 수 없는지? 왜, 왜, 왜? 이러한 숱한 질문에 어떠한 대답도 듣지 못하고 또 죽은 시신도 찾지 못하였다면? 과연 그렇다면, 내가 그런 유가족이라면 어떻게 살아갈까? 과연 그런 상황이라면 "이제 고만 슬퍼하자", "일상으로 돌아가자", "우선 살고 보자"라고 할 수 있을까? 죽은 자, 슬퍼하는 나의 이웃을 나처럼 사랑한다면 우리는 절대로 당분간만 슬퍼하고 그러고는 아무 일 없었던 듯이 가만히 있지 않을 것이다. 그런데 함께 울기 시작했던, 그리고 분노했던 교회들이 왜 갑자기 조용해지고 일상으로 돌아가고 축제의 분위기로 돌아간 것일까? 왜? 그것은 오늘 한국교회는 복음의 핵심에 대한 오해에서 비롯되었다고 생각한다. 한국교회는 그들과 함께 울어주었지만 갑자기 아무 일이 없었던 듯 "이제 우리와 함께 일상으로 돌아가자!", "고만 슬퍼해라. 천국 가지 않았는가!"라는 말로 오히려 슬퍼하는 이들에게 더 큰 상처를 주고 있는 것이다. 이는 예수는 십자가에 죽어서 무덤에 누워 있는데 부활하지도 않은 예수의 축제를 하는 것과도 같다.

우리의 슬픔과 눈물은 신앙적이었다기보다는 인간의 갖는 기본적인 감정의 발로였을 뿐이었고, 다만 우리가 일 년에 한 번씩 습관적으로 해오던 준비된 고난주간의 슬픔에 가중된 표현이었을 뿐이었다

오늘 한국교회는 다만 함께 슬퍼하는 실천에는 익숙해 있었다. 그러나 그것은 복음적이라기보다는 믿지 않는 사람들도 '인간이라면' 당연히 하는 정도의 수준일 뿐이었고 고난주간으로 이미 울고 있던 눈물을 좀 더 흘린 것이 아니었던가?

　2014년 4월 16일 세월호 사건이 일어난 때는 한국교회가 지키는 사순절의 정점에 이르는 고난주간이었다. 맹자는 인간이 가진 네 가지 본성 중에 측은지심惻隱之心을 이렇게 설명하였다. "사람들은 갑자기 어린아이가 우물에 들어가려 하는 것을 언뜻 보면 다 깜짝 놀라며 불쌍히 여기는 마음이 생기는데, 이는 그 어린아이의 부모와 교제하기 위한 것도 아니고 동네 사람들에게 어린아이를 구해주었다는 칭찬을 받기 위함도 아니며, 어린아이를 구해주지 않았다고 비난하는 소리가 싫어서도 아니다. 이것은 사람이라면 누구나 다른 사람의 어려움을 보게 되면 측은함이 발동하기 때문이다." 그랬다. 세월호가 진도 앞바다의 맹골수도에서 수많은 생명을 싣고 바다 속으로 사라져 들어갈 때 이것을 지켜보던 전 국민이 함께 울었다. 그리고 함께 분노하며 응징을 다짐했다. 측은지심이다. 그때 기독교인들은 어쩌면 더 흥분을 했고 더 많은 눈물을 흘렸다고 주장할 수도 있다. 왜 그랬을까? 측은지심이 다른 종교와 믿지 않는 사람보다 많아서였을까? 측은지심은 많고/적고의 문제가 아니라 있고/없고의 문제이다. 사람이라면 가져야 할 기본 본성이고 인仁을 가진 인

간이라면 누구나 그리해야 함을 맹자도 말하지 않았던가! 모든 사람이 세월호 참사를 지켜보며 함께 울었기에 이것은 기독교인들만의 특별한 일이라기보다는 사람이기에 자식을 잃고 몸부림치는 부모들과 그 유가족을 보며 측은지심이 발동한 것이다.

그러나 기독교인들에게는 깊이 생각해보아야 할 또 다른 이유가 있었지 않았나 되돌아본다. 울고 싶은데 뺨을 맞은 격이라고나 할까? 4월 16일은 기독교인들에게는 예수님께서 2,000년 전에 로마 제국의 지도자들의 불의한 심판에 의하여 십자가에 달려서 처참하게 돌아가신 날을 애통해하는 고난주간이었다. 교회마다 특별새벽기도를 하고 금식을 선포하고 그리스도의 고난과 슬픔에 동참하기 위하여 최대한 노력을 하는 기간이었다. 그래서 많은 교회들은 예수가 고난받는 〈패션 오브 크라이스트The Passion of the Christ〉와 같은 영화를 보며 채찍에 맞아 살점이 뚝뚝 떨어져나가며 피로 범벅이 된 예수의 고통을 보며 눈물을 흘리며 통곡을 한다. 그런데 우리의 눈물은 일 년에 정해진 날짜와 순서에 따라 부활절 전 40일간의 사순절을 지내며 마지막 3일간의 고난을 끝으로 부활의 축제에 돌입하기 전의 눈물이 아니었던가? 그렇기에 교회는 고난주간 중에 당한 세월호의 참사에 함께 눈물을 흘렸지만, 그들의 슬픔과는 상관없이 교회의 연중행사에 맞추어 부활의 축제를 선포할 수 있었던 것이다. 교회는 세월호와 함께 고통당하는 유가족의 슬퍼하는 일상에 분명 함께하였지만, 그것은 잠시였고, 그들은 아무 일 없었다는 듯이 그들의 일상으로 돌아가버린 것이다. 잠시 절제되었던 감리교 연회와 장로 이/취임식과 목사 안수식이 화려하게 진행되고 봄을 맞은 운동회와 각종 행사들이 봇물 터지듯 성대하게 치러지며 일상을 되찾아갔다. 그런가 하면 그러한 교회의 모습에 놀란 유가족에게 교회는 손가락질까지 하며 "이제 제발 고만 슬퍼하고 일상으로 좀 돌아가자"는 비난까지도 서슴지 않았다. 왜 이러는 것일까? 이것은 나를 포함한 교인들이 미숙한 신학, 특히 잘못된 부활에 대한 신학을 갖고 살아온 결과라고 생각한다. 예수는 세월호의 죽은 영혼들과 함께 차디찬 바다 속에서 죽음을 맞이 하였는데 그리고 그들 가운데 단 한 명도 살아오지 못하였지만 한국교 회는 죽은 예수와 고난을 함께하는 행사와 맞춰서 예수 없는 부활절을 즐기고 있는 것이다.

한국교회는 이제 살점이 뚝뚝 떨어져나가는 채찍을 맞고 십자가에 못 박혀 뙤약볕에 몇 시간씩 놓였다가 창으로 허리까지 찔려 죽은 예수를 연상하는 영화를 보고 울고불고 난리를 치다 3일 후에 "예수 부활하셨 다"며 춤을 추는 촌극을 중단하고, 예수처럼 그렇게 처참하게 죽어간 세 월호의 영혼들을 볼 수 있어야 한다. 그리고 그러한 처참한 죽음을 지켜 보며 감성에 젖은 눈물만을 흘릴 것이 아니라 예수의 부활이 없이는 그 의 죽음이 의미가 없듯, 부활의 의미를 올바로 깨달아 억울하게 죽은 자 들과 그의 유가족, 그리고 그들을 지켜보던 사람들이 함께 위로 받을 수 있는 부활을 기대하여야 한다. 일상의 슬픔은 누가 같이 울어주면 감해 질 수 있지만 죽은 자에 대한 슬픔은 부활이 없이는 절대로 위로 받을 수 없다는 것이 예수의 죽음과 부활이 이 시대에 우리에게 주는 가르침 이다.

한국교회는 맹골수도 죽음의 바다에서 부활을 경험해야 한다

만일 한국교회가 진정성을 가지고 세월호의 피해자들의 죽음을 애도했 다면 세월호의 죽은 자들과 그 유가족을 놔두고 우리끼리의 부활의 축제를 할 수 있었을까? 과연 예수의 제자들이 그들이 사랑 받고 또 사랑하던 예수가 그렇게 처참하게 죽었는데, 시간이 지났다고 일상으로 복귀할 수 있었을까? 예수의 죽음이 기독교의 힘이 아니듯, 예수의 부활 없이는 기독교는 존재할 수가 없었다. 그러므로 이제 한국교회는 우리가 함께 슬퍼한 세월호의 피해자와 유가족과의 동행이 진실이었음을 드러내려면 바다의 심연에 죽은 이들과 함께 죽음의 깊은 늪에 빠진 예수를 부활시켜야 한다. 그래서 예수의 부활이 그들에게 소망임을 증명할 수 있어야 한다. 예수의 부활 없는 그의 죽음은 제자들에게 위로가 될 수 없고 종교로서 의미도 없다. 제자들이 부활한 예수를 만나고 위로를 받고 증인으로 살아갔듯이 한국교회는 이제 세상에 세월호의 죽음의 늪에 빠진 예수를 부활시키는 기적을 불러와야 한다. 예수는 그들과 함께 죽었기에 그들과 함께 죽은 예수가 부활하여야 그들에게 위로가 될 수 있다. 이 부활이 이 모든 참사를 지켜본 모든 이에게 분명한 증거가 될 때만이 기독교는 이 사회에 소망을 주는 종교로 미래의 사명을 감당할 수 있다. 세월호 참사로 이 땅의 기독교인들이 고난주간의 마지막 시간을 습관처럼 흘려보낼 때, 그리고 한국교회가 2,000년 전에 죽은 예수의 부활의 축제를 기다리던 때에, 한국교회의 신앙이 습관이 되고 화석화되어갈 때, 예수는 고난받는 이들과 함께 맹골수도의 한복판에서 억울하고 원통하게 죽어가던 세월호의 영혼들과 함께 죽어서, 이제 1년이 지난 이 순간에 세월호의 피해자들과 함께 부활의 기쁜 소식을 준비하고 있다. 그러나 이 부활은 우리 없이는 불가능한 부활이다. 예수가 죽고 하나님이 그를 부활시켰듯이, 세월호의 죽은 이들은 우리 없이는 부활할 수 없다. 우리는 어떻게 부활을 준비할 수 있을까?

세월호와 함께 죽은 예수의 부활을 위하여 예수의 부활을 준비했던 예수의 여자 제자들에게서 배우라

예수의 부활을 준비하였던 여인들, 그들은 누구인가? 그 여인들이 없었다면 기독교는 예수의 부활에 대한 직접 증거를 영원히 잃어버릴 뻔 했다. 아니 어쩌면 부활이 아직도 일어나지 않고 있을지도 모른다. 예수의 부활은 분명 갈릴리로부터 예수를 따라다니다가 그의 공개 처형의 현장을 지키고 무덤을 지키다가 부활한 예수를 현장에서 직접 만나고 그것을 모든 당시의 슬퍼하던 자들에게 전하고 세상에 알린 여인들이 의하여 전하여졌다. 어떻게 이것이 가능했을까?에 대한 답을 통하여 어쩌면 우리는 세월호와 함께 죽은 한국교회의 예수의 부활을 준비할 수 있지 않는가 희망을 가져본다.

1) 부활의 기적은 고통 받는 이들과 함께하는 사람에게서 준비된다. 예수의 부활은 그에게서 사랑을 받은 여인들이 예수의 죽음을 아파하며 그 고통을 직면하는 일에서 시작되었다. 예수의 이야기에 등장하는 이 여인들은 누구인가? 이들은 예수의 사랑을 뼛속 깊이 체험한 사람들이었다.

요세프스에 따르면, 당시 유대 사회에서 여성은 남성에 비해 열등한 존재이기에 남자는 자기 아내와의 대화도 삼갈 정도였다고 하니 여자들이 그 사회에서 받았던 차별과 그 참혹함이 어떠했는가 짐작할 수 있다. 그러나 예수에 의하여 생겨난 새로운 유대 사회의 '예수운동'에서는 아무런 스스럼없이 여자들이 등장하고, 함께 토론하고 때론 격한 논쟁까지 하며, 그들은 예수에 의하여 믿음이 있는 자로, 복음이 전해지는 모든 곳에서 여자의 이름이 기억되어야 할 정도로 인정을 받고 칭찬을 받는다. 당시에는 전혀 불가능한 일을 예수와 그 공동체는 해냈던 것이다.

이러한 인정과 사랑을 받은 여인들이 결국은 예수의 고난과 처형 그리고 부활의 산증인이었음을 예수의 역사는 신약성서를 통하여 분명히 밝혀준다. 이 여인들은 자신들의 선생이신 예수가 당하는 고난에 침묵하거나 외면하지 않았고 그의 고통을 가까이서 지켜보며 참여하고 그것을 받아들이고 항상 기억해내고, 예수가 평생을 두고 이야기한 "내가 고난을 받고 죽은 후에 삼일 만에 다시 살아나리라"는 말을 신뢰하고 기대한 것이다. 눈앞에 부정이 판을 치고 불의가 득세하며, 의로운 자를 공개 처형하는 현실에서 자신들이 지금까지 믿어왔던 신뢰가 뒤흔들리고 그들의 소망이 여지없이 무너지는 순간에도 그 여인들은 하나님의 개입과 의의 최후 승리를 믿었던 것이다. 그들은 로마 황제의 권위에 도전한 죄인으로 처형되는 예수를 옹호한다는 것이 그 당시는 또 다른 극형을 의미하는 걸 알고 있었다. 그럼에도 남자 제자들이 다 도망간 상황에서도 두려움에 굴복하지 않고 예수의 처참한 죽음을 똑바로 응시한 것이다.

그러므로 세월호 이후의 신학이 변해야 하고 변할 수 있는가 하는 척도는 세월호와 같은 참사를 불러오는 불의가 판을 치는 세상 권력의 한복판에서 우리가 과연 불의한 죽음의 권력과 맞서서 죽어가는 이들의 편에 설 수 있는가? 하는 것에 달려 있다 하겠다. 예수가 잡혀가서 조롱당하며 심판 받던 현장에도, 그가 처참하게 공개 처형되던 골고다의 언덕에도 그리고 죽어서 버려진 무덤에도 그 여인들은 항상 같이 있었다. 예수의 죽음으로 그녀들의 일상생활은 없어진 것이다. 결국 그 여인들의 목숨을 건 진정한 행동은 로마 제국의 불의한 힘에 의해 처형된 사건에 하나님의 개입을 불러들여 부활의 응답을 세상에 전하는 부활의 사신이 된 것이다. 세월호에 대해 "기억하고 가만있지 않겠다"는 것은 "지켜보겠다"는 것이고 "정의를 회복한다"는 것이다. 평생을 시각장애자로 살았던 여리고의 맹인이 예수께 "나사렛 예수여 나를 불쌍히 여기소서"라고 부르짖는 소리에 예수가 반응하여 그를 불러 치유해주었던 것을 지켜보았던 여인들은 자기들의 선생이 처형당하여 부르짖는 소리에 응답할 준비를 하고 산 것이다.

이제 세월호에 갇혀서 죽어간 억울한 영혼들을 지켜보며 그들을 위해 대신 호소하는 교회와 신학의 변화 없이는 한국교회는 부활의 기쁨을 선포할 수 있는 예수의 제자로서의 자격을 상실하게 될 것이다. 그런 의미에서 자식을 잃고 달려간 유가족만이 아니라 수많은 사람이 팽목항으로, 안산으로, 광화문으로, 청운동으로 달려갈 때, 그리고 전국 방방곡곡에서 그들의 죽음을 애도하며 불의에 맞선 청원을 할 때 기독교인들이 그들과 함께했다는 사실은 이 땅의 기독교가 소망을 가져야 할 이유이기도 하다.

2) 예수의 여자 제자들에게서 배우는 부활의 기적은 부활은 모든 사람을 위해 준비된 것이라는 사실이다. 맹골수도에서 죽은 예수의 부활을 준비하는 한국교회는 이 부활 사건을 통해 전 국민이 의로우신 하나님 앞에 하나가 되는 기적을 이끌어내기 위한 겸손한 섬김의 역할을 하여야 한다. 나는 세월호 참사를 계기로 국민을 나누어 자신의 정치적 이익을 가지려는 시도들을 경계해야 한다고 생각한다. 이것은 마치 예수의 부활을 누가 먼저 보느냐? 하는 경쟁으로 이해하고, 무덤까지 단박에 달음박질하는 경쟁을 벌이고 다만 무덤에 머리를 넣고 빈 무덤만 확인하고 돌아왔던 제자 베드로와 또한 사랑받았던 제자의 모습이라고 생각한다.

세월호 모임이 거듭되면서 안산에서 팽목항까지 도보 순례를 준비하던 날 어느 참석자가 동조하는 사람들이 점점 적어지는 것에 안타까워하며 참여하지 않는 자와 참여한 자를 나누어 아쉬움을 표하는 것을 보면서 나는 그런 불안한 마음을 갖는다. 그의 안타까운 마음에서 표현된 말이 세월호의 아픔에 참여한 자와 그렇지 않은 자로 이 땅을 나누려는 못된 의도를 가진 사람들에 이용당할까 염려된다.

그런 면에서 예수의 부활을 불러들인 여인들의 진가는 그들이 준비한 부활이 몇몇 소수의 자랑거리로 전락하지 않고 모두의 사건으로 만들었다는 데 있다. 그렇다. 예수의 공개적인 골고다 언덕의 처형처럼 세월호 참사는 모든 국민이 지켜보는 가운데 일어났다. 아니 전 세계가 주목하는 가운데 벌어졌다. 그러므로 부활이 예수와 몇몇 여인의 기쁨이 아니듯 세월호를 통한 이 사회를 치유하는 변화는 유가족이나 몇몇 동조자의 공으로 끝나서는 안 된다. 물론 여인들의 공은 과소평가할 수 없는 것이다. 그녀들은 예수가 죽은 현장에 있었고, 그 더운 날씨에 공개 처형된 시신을 3일이 지난 뒤에 확인하고자 무덤을 찾았다. 목숨을 걸고 또 인간의 한계를 넘어서는 극한 상황까지도 감내하려는 자세가 있었기에 가능한 일이다. 예수의 죽음을 그들의 죽음으로 받아들였기에 가능한 일이다. 이는 어쩌면 죽은 자식의 시신을 끝까지 찾아서, 참혹한 몰골로 변했으니 보지 말라는 주변의 권고를 물리치고 자식의 시신을 기어이 보기 원하는 부모의 마음이 아니었을까? 그러나 그들은 자신들이 직면했던 현장의 충격에 흔들리지 않고 예수의 처형으로 실의에 빠져 골방에 숨어 있던 제자들을 초청하여 부활 사건을 자기들만의 사건이 아닌 슬퍼하던 모든 이의 사건으로 만들었다. 여인들의 공은 예수의 죽음으로 당황해 하던 제자들을 초청하여 부활 사건을 초대교회 공동의 경험으로 만들었다는 것이다. 그리고 그러한 초청에 심지어는 자기들의 권위와 명예, 자기 공을 과시하기 위하여 경쟁하듯 뛰어와서 별 도움이 되지 못했던 베드로와 사랑하는 제자의 행동에도 낙심하지 않고 끝까지 부활한 예수를 찾아 부활을 확인을 한다. 이 여인들은 겸손하고 자신의 의보다는 하나님의 의를 드러내는 일에 잘 훈련된 제자들이었다. 이 여인들은 예수의 시신이 없어진 곳에서 만난 부활한 예수를 몰라보고 그가 어쩌면 하찮은 동산지기인 줄 알았을 때도 그를 자기 선생 대하듯 공손하게 대한다("마리아는 그가 동산지기인 줄 알고 이르되 주여 당신이 옮겼거든…").

세월호의 부활은 절대로 유가족이나 애도하는 특별한 그룹들만을 위한 것이 되어서는 안 된다. 함께 지켜보았던 모든 사람에게 그들의 부활이 되어야 한다. 예수의 부활은 처참하게 죽은 예수가 다시 살아나 제자들을 직접 만나고 심지어는 도마라는 제자가 못 자국 난 손에 자기 손가락을 넣어본 것처럼 분명한 사실이어야 한다. 예수의 부활이 로마 제국주의의 불의에 대한 하나님 나라의 심판이었듯 세월호의 부활은 잘못된 이정표를 찍고 가고 있는 물질과 가진 자 중심의 자본주의에 대한 철저한 반성과 함께 물질축복과 번영신학을 하나님의 복음으로 바꾸어버린 우리 신학에 대한 반성이어야 한다. 죽음의 문화 속에서 수많은 어린 생명의 죽음으로 충격을 받은 사람들에게 하나님의 새로운 질서로 안내하는 부활이어야 한다. 다시는 이 사회에 세월호와 같은 불행이 일어나지 않도록 철저한 진상규명, 책임자 처벌과 재발방지를 통한 죽은 자들의 한을 달래주고 유가족의 아픔을 치유하고 보상해야 하는 부활이 필요한 것이다.

3) 우리가 준비하는 세월호로 죽은 예수의 부활은 '하나님의 신비'여야 한다. 기독교 신앙의 독특성이 부활이라는 사실은 사도신경의 "본디오 빌라도에게 고난을 받으사 십자가에 못 박혀 죽으시고, 장사한 지 사흘 만에 죽은 자 가운데서 다시 살아 나시사…"라는 고백처럼 예수가 "죽었다"가 3일 만에 "다시 살아났다"는 것에 초점이 맞추어져 있다. 예수의 부활은 종교적 신비이다. 이는 세월호에 죽은 생명들이 다시 몸으로 부활한다는 의미가 아니고 그들의 부활을 사회의 변혁을 통하여 느끼는 "부활의 흔적" 사건으로서의 종교적인 의미이다. 예수를 따르던 여자들은 예수의 부활을 바랄 수 없었을 때 바랐고, 그 경험은 천사와의 만남("흰 옷 입은 두 천사가 예수의 시체 뉘었던 곳에 하나는 머리 편에, 하나는 발 편에 앉았더라")과 부활한 예수를 만져서는 안 된다("예수께서 이르시되 나를 붙들지 말라 내가 아직 아버지께로 올라가지 아니하였노라")는 신비와 함께 부활의 결과가 평강("너희에게 평강이 있을지어다")으로 모두에게 경험되었다. 부활은 예수의 죽음으로 평강을 잃어버린 사람들, 일상을 잃어버리고 다시 일상으로 돌아갈 수 없는 사람들에게 미치는 하나님의 신비여야 한다. 예수의 부활은 예수의 죽음에도 불구하고 그들은 평강을 맛보고 그들의 선생을 죽인 로마 제국주의자들과 유대 종교 지도자들과 원수 맺는 것이 아닌 사랑을 통한 화해를 이룬 것이다. 예수의 죽음이 제자들과 다른 이들과의 전쟁선포가 되어 철천지 원수가 되지 않은 이유는 그들이 애도하는 예수가 죽지 않고 부활하였기에 가능했던 것이다. 이 가능성은 처형을 주도했던 로마 제국의 백부장이 예수를 하나님의 아들을 인정하는 데서 그 단초가 보였다. "자기가 죽인 예수가 하나님의 아들이었다"는 그의 고백은 자신의 행동에 대한 회개와 용서를 구함이 담겨 있고, 그의 이러한 요청은 하나님이 예수를

부활시킴으로 가능해졌다.

　이제 우리는 우리가 할 수 있는 모든 일(고통을 지켜보고, 기억하고, 분노를 노출하고)을 하고 난 뒤에 하나님의 신비를 기대하는 것이다. 세월호 사건은 누구도 예측하지 못하던 사건이고 또 이 사회가 그 많은 생명의 죽음을 통한 상처를 극복하고 어떻게 세월호 이후의 화목한 사회를 이루어갈 것인가 하는 것은 하나님의 신비가 아니면 상상할 수가 없다. 그러나 예수의 죽음이 갈라진 유대 사회만이 아니라 전 세계를 하나로 묶는 계기가 되었듯이 세월호 이후의 우리 사회도 하나님의 신비에 대한 소망을 가져야 할 것이다. 그러나 그 소망은 결코 예수의 여제자들이 했던 것처럼 오늘 한국교회가 고난의 현장에서 고난 받는 이들과 함께 울고 또 때로는 죽음도 기꺼이 받아들여야만 가능할 것이다.

세월호 이후post-Sewol의 교회를 생각한다

: 교회는 큰 방주인가, 작은 구조선인가?

김영철 ─ 생명평화마당

하나님이 노아에게 말씀하셨다. "땅은 사람들 때문에 무법천지가 되었고, 그 끝날이 이르렀으니, 내가 반드시 사람과 땅을 함께 멸하겠다. 너는 잣나무로 방주 한 척을 만들어라. 방주 안에 방을 여러 칸 만들고, 역청을 안팎에 칠하여라. 그 방주는 이렇게 만들어라. 길이는 삼백 자, 너비는 쉰 자, 높이는 서른 자로 하고, 그 방주에는 지붕을 만들되, 한 자 치켜올려서 덮고, 방주의 옆쪽에는 출입문을 내고, 위층과 가운데층과 아래층으로 나누어서 세 층으로 만들어라. 내가 이제 땅 위에 홍수를 일으켜서, 하늘 아래에서 살아 숨쉬는 살과 피를 지닌 모든 것을 쓸어 없앨 터이니, 땅에 있는 것들은 모두 죽을 것이다. 그러나 너하고는, 내가 직접 언약을 세우겠다. 너는 아들들과 아내와 며느리들을 모두 데리고 방주로 들어가거라. 살과 피를 지닌 모든 짐승도 수컷과 암컷으로 한 쌍씩 방주로 데리고 들어가서, 너와 함께 살아남게 하여라(창 6:13-19).

세월호 이후post-Sewol?

2014년 4월 16일은 우리에게 영원히 잊을 수 없는 날이 되었다. 세월호
가 남해안에서 침몰하던 날, 우리 사회가 함께 침몰했기 때문이다. 우리
는 지난 1년 가까이 영원히 돌아오지 않는 사람들을 바라보고 기다리며
울기에도 지친 유가족과 함께 기도하고, 함께 울고, 함께 분노하며 보냈
다. 모든 미디어가 24시간 중계방송하듯이 보여주었던 세월호 참사는
단순한 재난사고가 아니라 그야말로 '참사'였다. 세월호에서 죽은 304
명의 죽음(죽임)은 우리 사회의 총체적 무능과 부패구조가 가져온 '사회
구조적 타살'임이 명백해졌다. 사고과정에 대한 자세한 보도들이 진행
되면서 배가 침몰하려고 기울어지려는 그 몇 시간, 그 중요한 시간, 결정
적인 시간, 생명을 살릴 수 있는 골든타임에 모두들 "무엇을 하고 있었는
가?"라는 피맺힌 질문은 유가족만의 의문이 아니었다. 그러면서 계속되
는 정부와 관계기관들의 거짓과 부패 무능을 분명히 보게 되었다. 바로
눈앞에서 아이들이 수장되는 상황에서 아무것도 하지 못하고 쳐다보아
야 하는 부모들의 마음이 모두 우리의 한탄이 되었고, 그 상황에서 한
사람도 살리지 못하는 10대 경제선진국의 무능과 생명경시의 우리 사회
의 민낯을 보면서 절망감이 들었다. 배를 끝까지 책임져야 할 선장과 선
원들이 맨 먼저 구조선을 타고 가는 모습은 참으로 상징적이다. 우리 사
회의 지도자들, 책임 있는 사람들이 위기상황과 어려움에 처할 때 어떤
태도를 보여준다는 것을 아주 적나라하게 보여주었다.

　『가라앉은 자와 구조된 자』는 '홀로코스트 증언 문학'의 기념비적 존
재인 프리모 레비의 유작이다. 그는 파시즘에 저항하다가 아우슈비츠로
끌려갔으나 살아남았다. '가라앉은 자'는 나치의 강제수용소에서 끝내

희생된 사람들을 비유한다. '구조된 자'는 1차적으로는 수용소에서의 생존자들이요 2차적으로는 아우슈비츠라는 절멸 체제의 탄생과 작동을 막지 못한 밖의 다른 이들을 가리킨다. 그는 나치가 패망한 뒤 "나는 몰랐다"고 하는 이들에게 묻는다. 아우슈비츠 가스실에서 쓰느라 살충제 주문량이 1942년 현격히 늘었는데 정말 몰랐느냐고, 강제수용소에 납품하던 지역사회의 수많은 기업 종사자와 주변인들은 아무것도 짐작하지 못해서 침묵했냐고…. 그는 "사건은 일어났고, 또다시 일어날 수 있다"고 경고했다. 그 어느 때보다 비극적인 봄날, 레비는 "의도적 무지와 두려움"으로 침묵하고 복종했던 구조된 자들에게 죄책감과 수치의 의미를 다시 묻는다. 레비의 이러한 질문이 세월호 이후를 살아가야 할 우리 모두에게 던져지는 질문이다. 너희들 모두가 어쩌면 공범이라고 말하고 있다. 그러기에 대한민국 국민 모두가 정신적 트라우마를 겪고 있는 상황이다.

그리스도인들도 물론 예외는 아니다. 고난주간에 벌어진 이 사태는 그야말로 의미심장하다. 유대인들은 홀로코스트를 겪으면서 이렇게 질문했다. "당신의 백성들이 고통 가운데 있는데 하나님 당신은 어디 있습니까?" 서구 문명의 진보적 발전과 이성적 학문에 자부심을 가졌던 서구 사회도 '문명화된 야만'의 자신을 돌아보게 되었고, 서구 기독교는 이른바 '아우슈비츠 이후의 신학'을 고민하게 되었다. 이 심각한 고통 가운데 신의 부재는 구원의 가능성에 대한 회의적 질문으로 발전했다.

세월호 참사를 겪으며 우리도 같은 질문을 던지게 된다. "도대체 학생들이 문을 열려고 골절이 될 때까지 그 어둠의 바다에서 문을 두드릴 때 하나님은 어디에 계셨습니까?" 물론 죽음의 규모는 비교가 안 되지만, 우리가 받은 충격의 강도는 그만큼 크다. 바다에 배가 빠진 것이 아니라,

우리가 배를 바다에 빠뜨렸다는 것이 더 맞을 것 같은 그 현장을 온 국민이 24시간 목도하면서 한명 한명이 현장의 증인이 되었다. 한국인에게는 6.25와 같은 보편적 경험이 되었고, 광주항쟁의 충격과 같았다. 그래서 우리 한국의 그리스도인들에게는 '세월호 이후의 신앙과 신학'이 필요한 상황이다. 우리 시대의 구원의 가능성과 의미에 대해, 이 시대의 진정한 생명과 평화를 위한 근본적인 물음이 필요하기 때문이다.

세월호 이후의 한국교회

세월호 이후의 신앙과 신학은 한국교회에 어떠한 변화를 요구할까? 이것은 현재 신뢰성 위기와 마이너스 성장의 위기에 처한 한국교회를 고민하는 우리 모두의 과제이기도 하다. 그런데 이러한 고민 속에서 세월호 구조에 관한 아래 기사를 보게 되었다.

> 세월호 침몰 당시 **선원은 해경 헬기와 경비정으로 '탈출'**하고, **승객은 어부의 '통통배'로 '구출'됐다는 사실**이 밝혀져 분노를 자아내고 있다. 지난 16일 9시 30분께 침몰하는 세월호로부터 승객을 구조하기 위해 해경 헬기 511호가 가장 먼저 사고 해역에 도착했다. 이때 '1순위'로 구조된 사람은 세월호 조리장 최모(58)씨와 조리원 김모(51)씨 등 6명이다. 9시 40분께 해경 경비정 123호가 도착했다. 바로 이때 선장 이준석(69)씨 등 선원들은 '전용통로'를 이용해 경비정에 올라타며 '1호 탈출'의 오명을 썼다. 해경은 경비정에서 8인승 고속정을 내려 먼저 47명을 구했고, 34명은 바다에서 건져 올렸다. 이로써 '2순위'로 81명이 구조됐다. 마지막으로 주변에서 소식을 듣고 달려온 어선과 소형보트들이 10시까지 80여명을

구출해냈다. 선박 구조를 가장 잘 아는 선원들을 다른 승객을 구조하는 데 적극 활용하지 않고 1순위로 육지로 이송해서 탈출을 도왔다…(아시아경제, 2014. 4. 24.).

우리가 잘 아는 참담한 구조 과정에 관한 기사다. 세월호 자체도 작은 배가 아니지만 그러한 배가 어이없이 침몰하고 승객들을 위한 구조가 활발히 진행되어야 할 바로 그 시간에 경비정이나 헬기는 선장을 비롯한 승무원들을 구하면서 애타게 구조를 기다리는 배 안의 학생들을 외면했다. "가만 앉아 있으라"고 하는 방송을 그대로 듣지 않고 나온 학생들과 승객들을 구한 것은 주위에서 몰려온 '어선과 소형보트들'이라는 것이다. 왜 큰 배들이나 군함들이 구하지 못하고 작은 배 어선들이 생명을 구할 수 있었는가는 세월호 구조의 큰 의문과 미스터리로 남아 있다. 그런데 여기에서 성서의 노아의 방주를 떠올리게 되었다.

세계 조선공학사상뿐만 아니라, 세계 역사상 가장 잘 알려진 배를 손꼽는다면 뭐니 뭐니 해도 노아의 방주라고 말할 수 있다. 창세기 6장 14-16절에 나와 있는 치수대로의 방주 크기는, 1규빗을 45cm로 가정했을 때 길이가 삼백 규빗(135m), 폭이 오십 규빗(22.5m), 높이가 삼십 규빗(13.5m)으로, 43,200m³ 정도의 부피를 가지는데, 이는 한 량에 240마리의 양을 실을 수 있는 화차 522량에 해당하는 용량과 같다. 방주는 농구 코트 20개를 10개씩 2열로 배열한 넓이로서, 현재 축구장보다 길이는 더 길고 폭은 약간 좁은 넓이의 상중하 3층으로 되었다. 그러므로 방주는 통상적인 배가 아니라 바지선 형태의 거대한 선박이었다. 물론 규빗이라는 길이가 다소 유동적이라 할지라도 그 규모는 엄청나다고 할 수 있다.

노아의 방주는 일반적으로 홍수에도 살아남을 수 있는 도피성과 같은 곳으로서 교회를 상징한다. 방주 모양의 성전을 건축하는 교회들도 많다. 그래서 교회를 흔히 '구원의 방주'라고 한다. 그런데 교회를 방주에 비유하다보면 방주의 크기에서 보듯이 대형교회를 상상할 수밖에 없다. 어떤 면에서는 교회는 방주가 되어서는 안 된다. 방주는 들어간 사람은 나올 수도 없고, 미리 들어가지 않은 사람은 들어갈 수도 없는 폐쇄적 대형 선박이다. 그것은 마치 침몰한 세월호와도 같다. 도리어 교회는 작은 구조선이 되어야 한다. 구조의 역할을 할 수 있는 마음에 맞는 사람들이 효율적으로 운영하는 작은 구조선 말이다. 세월호 참사에서도 그나마 생존자들을 구해낸 것은 작은 통통배들이었다. 이것이 시사하는 바가 무엇인가? 바로 포스트-세월호 신앙과 신학의 주체는 작은 교회가 되어야 한다는 것이다. 사실 그동안 한국교회에는 "대형교회는 한국교회의 자랑이요 축복이다"라는 구호 아래 모두들 성장을 향해서 달려가는 '성장지상주의'가 득세했다. 그런 추세에서 작은 교회는 마치 능력 없음이나 열정 없음으로 상징되고, 작은 교회를 섬기는 목회자나 교인들은 심지어 자괴감이나 열등감에 사로잡혔던 것이 사실이다. 하지만 대형교회는 산업화시대의 기형적 산물이요 성서적 교회론에서도 벗어난 것이다. 이에 대한 조명은 생명평화마당이 주관한 교회론 심포지엄에서 집중적으로 조명되었다.

탈성장시대의 교회론 – 대형교회의 신화를 넘어서

탈성장시대 교회론은 시대적 맥락을 잘 보여주었다. 오늘날 대형화와 산업화를 추구하던 산업화시대는 가고 소형화와 정보화를 추구하는 정보화시대 포스트모던 시대를 맞이하고 있다. 규모보다는 효율에, 크기보다는 기술력에 초점을 맞추는 후기산업화시대, 포스트모던 시대의 화두는 더 이상 성장이 아니다. 이러한 사회적 추세와 맥을 같이하여 교회도 성장이 멈춘 이른바 '탈성장시대'를 맞이하고 있다. 돌이켜보면 지난 1960-1990년 거의 30년간 개신교회에게는 '대성장 시대'였다. 1960년에 개신교인 인구는 전체인구의 2% 내외인 62만 명 정도였으나 1995년에는 19.7%인 876만 명으로 무려 14배 이상 증가했다. 하지만 1990년대 이후에는 성장세가 크게 둔화되었고, 1996-2005년 사이에는 1.4% 감소했다. 이제 정체 및 감소 추세는 불가피한 현실이다. 더구나 개신교회는 신뢰도가 추락하면서 젊은 세대와 지성인들에게 외면당하고 있다. 생각 있는 많은 사람들이 교회를 떠나 새로운 교회와 공동체를 찾아다니는 이른바 '가나안 성도'가 많다. 크게 잡으면 100만에 이르는 유랑교인들이 있다고 한다.

한편 교회 내적으로는 '교회의 양극화' 문제가 심각하다. 대형교회는 더욱 대형화되고 개척교회나 작은 교회는 그나마 유지하기 어려운 실정이다. 2009년 〈국민일보〉 조사에 의하면 통계청이 집계한 한국교회 5만 2,905개 중 93%에 해당하는 4만 9,192개가 소형교회다. 그런데 교인 수의 정체 감소 추세 속에 대형교회로의 '수평이동' 현상으로 인한 쏠림 현상이 심해져 더욱 양극화되고 있다. 이른바 1%의 대형교회의 99%의 소형교회로의 양극화, 즉 1대 99의 사회현상이 교회에서도 그대로 나타나고 있다.

한국교회의 대형교회 중심 현상에는 이른바 '대형교회에 대한 신화'가 자리 잡고 있다. 대형교회에는 무엇보다 일하는 사람들이 많다는 신화가 있다. 그런데 사실은 대형교회라고 해서 많은 사람들이 일하지 않는다. 사람들이 많은 것은 사실이지만 자세히 보면 유급 전문사역자나 핵심적인 몇몇만이 일하고 대부분 교인은 그저 구경꾼일 뿐이다.

대형교회에 대한 또 다른 신화는 대형교회의 신앙적 신학적 유산이 풍부하다는 것이다. 그런데 사실은 대형교회에는 신학이 없다. 신학이라기보다는 교회경영학이 있을 뿐이고, "나는 할 수 있다"는 적극적 사고와 성공신화를 바탕으로 한 자기개발담론만이 있을 뿐이다. 총동원주일이라는 행사에서 보듯이 한국 사회에 널리 퍼져 있는 군사문화가 그대로 교회로 이식되었다고 할 수 있다. 사실 풍성한 신학적·신앙적 전통이 있었다면 결코 대형교회를 통한 성장이 오늘날 개신교의 신뢰성 상실로 나타나지 않았을 것이다. 대형교회가 많을 일을 한다는 신화도 아주 굳게 자리 잡고 있다. 외형적으로 보면 당연히 그렇게 보일 수 있다. 그런데 전체적인 예산분석이나 구체적인 사역을 보면 사실은 그렇게 많은 일을 하고 있는 것도 아니다. 더구나 자기완결체계로서 자기 교회 위주의 사업을 펼쳐나가기에 실제로 우리 사회와 공공 이익을 위해 사역하는 경우는 아주 드물다. 그러기에 대형교회는 이른바 무능한 '골리앗형 교회'로서 유능한 '다윗형 교회'에 비해서는 효율성이 떨어진다.

교회의 대형화에는 교회의 다양성 상실이라는 치명적인 문제가 있다. 개신교회는 종교개혁의 산물로서 다양한 교파가 특징이다. 교파별 신앙고백이나 특성들이 존재한다. 그런데 한국교회는 이러한 교파별 다양성이 다 사라져버리고, 금요일 철야기도에는 모두 순복음교회, 주일 교회운영은 모두 장로교회, 목회자를 중심으로 운영할 때는 모두 감리교회, 교회연합이나 공교회를 중심하기보다는 개교회 위주일 때는 모두 침례교회라는 식이다. 그러기에 한국교회는 그나마 교파별 특성도 없어져버린 '획일화된 교회'가 되었다. 모두가 똑같을 때 비교할 수 있는 요소는 무엇인가? 몇 명 모이느냐는 숫자밖에 없다. 그래서 이러한 대형교회의 신화를 넘어서는 창조적이고 새로운 모델이 필요할 때다. 1만 명이 모이는 한 교회보다는 100명이 모이는 100교회가 훨씬 더 소중한 것이다.

작은 교회들은 작은 교회의 특성들을 잘 살려 도리어 약점을 강점으로 만들어나가기도 한다. 사실 '작은 교회'는 더 소통적이며 덜 배타적이다. '작은 교회'는 소형이기에 대면성이 높으므로 목사는 신자에게 타자적인 카리스마적 존재로 부각되지 않는다. 목사와 평신도는 소통적이며 친화적 성격이 강하다. 작은 교회 중에는 독자적인 정관을 가지고 있고, 기존의 교회조직 즉 당회나 제직회보다는 목회자와 평신도가 함께하는 운영위원회를 통해 민주적으로 운영되는 경우도 많다.

또한 '작은 교회'는 홀로 할 수 있는 게 별로 없으므로 이웃과의 연대에 더 절실하다. 게다가 교회의 헌금 규모가 작기 때문에 수익성이 있는 다른 활동을 할 필요에 직면하게 되는데, 많은 작은 교회는 국가 복지의 민간 위탁기관이 되거나, 사회적 기업, 기타 사회복지 활동을 하게 된다. 즉 교회는 이웃에 대한 개방성을 가진다. 제3시대그리스도교연구소 김진호 목사는 이를 "사회복지동맹의 일원으로서의 작은 교회"로 정리했다. 작은 교회는 교인들로 하여금 이웃에 개방되고 사회와 연대하는 신앙을 갖도록 하여 교회의 공공성을 강화하는 데 기여하고 있다. 그런데 이러한 의미 있는 작은 교회들이 함께 모이는 축제와 나눔의 자리가 마련되었다. 바로 작은교회박람회이다.

생명과 평화를 일구는 작은교회박람회

한국교회의 성장의 폐해와 양극화를 극복하고 참된 교회를 회복을 바라며 생명평화마당이 주관하는 '생명과 평화를 일구는 작은교회박람회'가 2013년 11월 19일(토)에 감리교신학대학교에서 열렸다. 박람회에서는 작은 교회의 표지를 '탈성장', '탈성직', '탈성별'이라는 세 탈脫로 표명했다.

'탈성장'은 획일성이 아니라 다양성과 관계가 있으며 '믿기'가 아니라 '살기'의 차원을 중시한다. 또한 탈성장은 성숙을 이름하는바, 오늘날과 같은 소수의 대형교회가 아니라 다수의 다양한 카리스마 공동체를 지향한다. 성숙을 말하면 본회퍼의 지적이 떠오른다. 그는 제자가 부재한 교회를 향해 기독교를 이념과 신화로 만들었다고 지적했다. 교회가 성장을 얘기하면서 예수의 제자를 만들지 못했다. 예컨대 우리 사회에서 주요한 역할을 하는 기독교인들이 교회가 전하는 성장 복음을 가지고 한국 사회를 이끌다보니, 각종 부정한 일에 연루됐다. 기독교를 이념과 신화로 만들어가는 걸 단절해내고, 한 사람이라도 제대로 된 예수의 제자를 만들어내자는 게 탈성장을 기치로 내건 이유다.

탈성직의 문제는 만인제사장직이라는 종교개혁 정신의 회복을 말한다. 대형교회를 비롯한 한국교회의 문제는 지나친 목회자 중심의 교회라는 데 있다. 대부분의 대형교회는 목회자의 카리스마적 리더십과 일방적 운영에 의거한다. 이제 2017년이 되면 종교개혁 500주년을 맞는다. 양희송은 『다시 프로테스탄트』라는 책에서 한국교회가 진정한 개신교 정신으로 돌아가야 함을 역설했다. 이는 평신도들의 역량 회복과 교회의 민주적 운영이라는 것으로 집약될 수 있을 것이다.

탈성별의 문제 또한 기독교의 성숙의 잣대이자 민주사회의 역량을 반영한다. 아직까지 기독교는 종종 여성을 자신들이 보유한 최후의 식민지처럼 관계한다. 어느 교단을 막론하고 교회를 대표하는 여성의 비율

이 현저하게 낮으며 여성 목회자들에 대한 인식이 일천하며 교회 내 잡일은 여신도들의 몫일 경우가 많다. 그런 면에서 한국교회의 3분에 2를 차지하는 여성들의 역할을 제고해야 한다. 더구나 이 시대의 화두인 생명평화적 가치를 구현하는 데는 여성들의 리더십이 훨씬 더 유용하다.

그래서 박람회의 표어는 "작은 교회가 희망이다"로 했다. 작은 교회가 바로 이러한 세 脫을 실현할 수 있는 주체가 될 것으로 기대하였기 때문이다. 작은 교회를 통해 교회의 본질을 회복할 수 있고, 작지만 훨씬 더 효율적인 교회라는 것 때문이다. 그런데 기본적으로 작은 교회의 정의를 그저 규모만 작다고 '작은 교회'라고 칭할 수는 없다. 사실 대형교회를 지향하는 작은 교회들은 '짝퉁 대형교회' 즉 대형교회적 가치에 신앙적 영성이 회수된 교회다. 여기서 말하는 '작은 교회'는 대형교회적 가치를 추구하지 않는 이념형으로서 소형교회를 말한다. 달리 말하면 성공지상주의적 프로그램을 청산하려는 소형교회라 할 수 있다.

E. F. 슈마허는 『작은 것이 아름답다』라는 책에서 "작은 것은 자유롭고 창조적이고 효과적이며, 편하고 즐겁고 영원하다"라고 말했다. 이를 작은 교회론에도 그대로 적용할 수 있다. 작은 교회는 능력이 없어서 작은 게 아니다. 포스트모던 시대에 각자의 관심을 갖고 움직이는 다양하고 창조적인 공동체를 발전시켜나가야 한다. 사회경제적 흐름이나 마을공동체 운동과 호흡할 수 있는 가장 좋은 형태가 작은 교회다. 모든 것이 경쟁으로 이루어지는 사회 속에서 어떻게 하나님의 경제를 함께 나누며 살아갈 수 있는가 하는 모색이 이루어지고 있다. 작은 교회들은 말하자면 신앙·선교·영성 공동체, 문화·사회 공동체 그리고 생명·자연생태 공동체를 지향하고 있다. 소박함, 작음, 더불어 함께하는 삶에 대한 열망을 가지고 교인들이 그러한 삶을 지향하며 무한 경쟁사회 속에서 하나

님의 작은 나라를 이루도록 초청하고 있다.

사실 작은 교회 운동에 어려움이 있는 것도 사실이다. 작은 교회들이 네트워크를 형성해 지혜를 교환하면서 어려움을 돌파해야 한다. 그래서 작은교회박람회의 시대적 의미가 크다고 생각한다. 건강한 작은 교회의 필요성은 어느 교단도 공감한다. 그래서 시대적 흐름 속에 나타나는 필연적 과제라고 본다. 몇 가지 사례를 통해 작은 교회가 지역사회와 호흡하는 걸 보편화할 수도 있을 것이다.

2014년 10월 19일에 열린 제2차 작은교회박람회에서는 세월호 이후의 교회론이 주요한 주제가 되었다. "생명은 작고 평화는 낮다"라는 표어를 내걸고 대안 교회에 대한 다양한 모색이 특징적으로 나타났다. 교회 분립에 대한 다양한 모델들도 제기되었는데 공동체적 분립, 선교형 분립, 정책적 분립 등으로 교회가 더 낮아지고 작아지려고 하는 구체적 모색이 이루어졌다.

새로운 희망을 위하여

세월호 참사의 절망 속에서, 그리고 작년에 일어난 수많은 안전사고와 가난한 이들의 죽음들이 우리를 우울하게 했지만 그런 가운데에서도 우리는 희망의 싹을 보았다. 무엇보다도 우리 사회에 이른바 새로운 시민 사회운동 세력의 등장이라고 할 수 있는 '세월호 유가족'이 나타난 것이다. 가족을 잃은 아픔을 딛고 어떤 물질적 유혹에도 굴하지 않으며 가족 이기주의를 떠나 사회적 대의와 진실과 정의를 위하여 희생적으로 투쟁하는 그러한 사람들 말이다. 목숨을 건 단식도 있었고, 지치지 않은 투쟁도 있었으며 그러기에 광범위한 사회적 호응과 연대가 일어났다.

이러한 사회적 연대 세력 가운데에서 또한 이번에 유난히 돋보인 것이 기독교 진영 작은 교회들이다. 광화문과 청운동, 안산과 국회의사당에서 철야기도회, 단식기도회, 천막기도회, 출판기념회, 카페 나눔 등 다양한 기도회와 집회를 통해 세월호 유가족의 아픔과 고통에 함께했다. 작은 교회들의 이러한 연대는 "교회는 큰 방주가 아니라 작은 구조선이 되어야 한다"는 것을 웅변적으로 보여준 것이다.

아우슈비츠 이후와 세월호 이후의 교회 이야기

: 디아코니아를 통한 재구성

홍주민 ─ 한국디아코니아

들어가면서

아우슈비츠는 개신교 측면에서 신학의 변곡점이라고 신학자 프랑크 크
뤼지만은 주장한다. 6백만 명의 유대인의 생명을 갈취한 사건인 홀로코
스트는 히틀러의 커다란 전쟁놀음이었다. 아우슈비츠에서 매일 6,000여
명까지 가스로 죽였다. 이러한 아우슈비츠에 대해 생각하지 않고 하나
님에 대하여 말하는 것은 하나님에 대한 신성모독이라고 가톨릭 신학자
요한 밥티스트 메츠는 진술한다. 아우슈비츠는 '사건'이 아니라 '대 참극'
이었다. 세월호는 한 나라의 기능이 완전히 마비된 상태에서 '기다리라'
는 죽음의 스피커를 통해 수백의 순진무구한 우리의 아들딸이 어처구니
없이 수장당한 '참사'였다. 어쩌면 집단의 광기가 몰고 온, '악의 평범성'
이 고의로 저지른 '죽임'이었다. 2,000년 전 예수의 십자가가 '죽음'이 아

나라 '죽임'이었듯이.

독일교회는 전쟁의 참화 가운데 '교회란 무엇인가?'에 대한 질문을 지속하여 던졌다. 그 결과, 종전 후 디아코니아를 1948년 교회법에 교회의 본질로 명문화함으로 교회 이해를 근본적으로 바꾸었다. 이로 인해 디아코니아는 말씀 선포와 함께 교회의 본질이 된 것이다. 물에 빠져 죽어가는 사람을 지켜보며 구명튜브를 그리는 교회가 아닌 물속에 뛰어들어 적극적으로 구해내는 '디아코니아 교회'로의 전환점이 된 것이다. 아우슈비츠가 독일교회의 전반적인 혁신의 출발이 되었듯, 세월호는 한국교회의 근본적인 변화의 화두가 되어야 한다. 회심의 근본 지류로서 팽목항은 '시간의 정지'를 뚫고 부활하여 새 하늘과 새 땅을 제시하는 나침반 역할을 해야 한다.

아우슈비츠에 대한 평가

독일교회에서 아우슈비츠는 무엇인가? 우선, 잊어서는 안 되는 역사의 제로지대이다. 가장 깊은 충격의 사건이자 감칠맛 나는 신학적 유혹의 포기를 의미한다. 의미론적 신정론이나 개념론적 신학담론을 지양하고, '왜?'에 대한 근원적 물음을 제기한다. 이천 년 전의 골고다가 아니라 오늘의 골고다이다. 아우슈비츠로 인해 독일교회는 죄악의 사건에 동조했음을 고백하고 기독교의 위기로 받아들여 교회의 회심으로 이끌어낸다. 고전적 전통적 기독교에 대한 사망선고를 내리고 소통능력이 없으면서 일방적 구원약속을 하는 기독교를 전적으로 새롭게 세워야 한다고 선언한다(엘리 위젤). 교회론에 대한 전적인 재구성과 검토가 필요하다는 선고를 내린다. 신학과 하나님의 전능성에 대한 의문과 전적인 수정을 제기한다. 하나님 나라에 대한 희망을 재구성하도록 요청한다. 결론적으로 메츠는 "아우슈비츠에서 죽은 이들이 모든 것을 변화시킬 것이고 현존하는 교회가 더 이상 같은 상태로 남아 있지 않을 것이다"라고 선언하며 새로운 종교개혁의 시작을 알린다. 이 같은 상황에서 '행동 속의 교회'를 표방하고 재난상황에서 개신교구호국을 세워 교회가 중심이 된 디아코니아 실천을 독일 개신교가 추동한 것은 독일교회의 실질적인 변화라 할 수 있다.

디아코니아 개념

디아코니아*diakonia*라는 단어는 그리스어로 신약성서에 등장한다. 독일 디아코니아 연구사에서 이 단어는 중요한 학문적 주제이다. 전통적으로 디아코니아는 도움을 필요로 하는 이들에 대한 봉사를 뜻한다. 19세기 중반 이래 디아코니아는 이웃에 대한 봉사, 즉 곤경에 처한 이들에게 사랑으로 다가가는 것을 의미했다. 이러한 디아코니아 개념은 19세기 중반 이래 독일의 디아코니아 운동의 실천현장에 근거한 것이다. 그리스어인 *diakonein*(섬긴다)/*diakonia*(섬김)/*diakonos*(섬기는 사람)는 신약성서에서 섬기는 기능을 표시한다. 특히 식탁에서의 봉사(막 1:31)를 의미한다. 하지만 마가복음 10장 45절에서 예수는 지배적이고 위계화된 것에 대한 비판적 입장을 분명히 하는 데 이 섬김 개념을 사용한다: "민족들을 다스린다고 자처하는 사람들은 백성들을 마구 내리누르고 고관들은 세도를 부린다. 하지만 너희는… 섬기는 사람이 되어야 한다." 여기에서 예수는 권력가처럼 이 땅을 지배하거나 섬김을 받으러 온 것이 아니라 섬기러 왔다고 천명한다. 여기에서 예수의 섬김은 억지로 '낮아짐'이 아니라 하나님 나라의 도래에 대한 표식의 중요한 구성요건이 된다.

더 나아가 이 단어는 말씀 선포 자체에도 사용된다. 사도행전 6장 1–7절에서 섬김의 다양한 용례를 발견하게 된다. 교회가 형성되고 그리스도인이 증가함에 따라 공동체 구성원에 대한 섬김 사역에 문제가 생긴다. 이에 대한 해결책으로 사도들은 구제하는 일과 음식 베푸는 일(*diakonein*, 행 6:2)을 위해 일곱 사람을 뽑고, 기도하는 일과 말씀을 섬기는 일(*diakonia logou*, 행 6:4)은 사도들이 담당하기로 한다. 그런데 여기서 우리의 주목을 끄는 것은 음식을 베푸는 일과 말씀을 섬기는 일이 모두 디아코니아라는 사실이다. 교회는 디아코니아를 선포해야 한다. 하지만 동시에 디아코니아 실천 자체가 복음의 선포이다. 여기에서 분명하게 확인할 수 있는 것은 말씀 선포의 결과로 디아코니아 실천이 일어난다는 고전적인 패러다임은 찾아볼 수 없다는 사실이다.

디아코니Diakonie는 독일 개신교 디아코니아 실천을 의미하는데, 그리스어 *diakonia*에서 음차한 것이다. 독일 개신교에게 이 단어는 '개신교의 사회적 실천'으로 정의 내릴 수 있다. 특히 예수 그리스도를 따름에서 발현되는 살아 있는 이웃사랑의 과제를 말한다. 하지만 이러한 실천은 독립성을 가지고 정파를 넘어 행동하는 것으로 인간의 존엄성에 관심을 가지고 개별성을 존중하고 자기 책임적이고 자기 규정적 삶에 관심을 가진다. 이러한 독일 디아코니아의 구조는 독일개신교협의회EKD의 주교회 안에 20개의 디아코니아사업단으로 구성된다. 더 나아가 디아코니아 시설과 함께하는 9개의 자유교회와 전통적 신앙고백 위에 있는 교회가 속해 있다. 마지막으로 사회복지와 건강 관련 기관과 청소년 그리고 보육복지 등 다양한 영역 안에 속한 70개의 전문협회가 포함된다.

디아코니아 역사

지난 2,000년간 그리스도교의 역사는 교권과 교리의 발달사의 관점에서 서술되었다. 하지만 역사학은 과거의 실증적 사실에 대한 검증뿐만이 아니라 현재의 실질적 사안에 대한 새로운 물음에 정초해야 한다는 관점에서 현재학이다. 그 때문에 그리스도교 역사는 교권과 교리의 발달사가 아니라 그리스도교의 경전인 성서와 예수운동 그리고 초기교회의 디아코니아, 사랑의 실천의 역사로 서술되어야 한다. 기원전 313년 국가교회 공인화 이전의 교회는 디아코니아를 중심으로 이어진 역사였다. 하지만 국가교회화한 중세시대의 그리스도교는 디아코니아의 암흑기로 규정된다. 당시 이러한 기류에 반발한 움직임이 수도원운동이다. 이를 통해 중세의 디아코니아의 불꽃은 이어진다. 한 예로, 12세기 성 프란치스코에 의한 청빈운동으로서의 프란치스코 수도원운동이 이를 입증한다. 하지만 16세기 초반, 종교개혁 전야의 로마 가톨릭과 수도원은 그 본류에서 아주 멀어져 있었다. 종교개혁은 디아코니아 신학을 통한 사회 전면의 디아코니아 운동이었다. 그 이후 경건주의는 새로운 제2의 종교개혁 정신으로 이어졌고 19세기 유럽 사회의 디아코니아 운동으로 이어진다. 특히 개신교 종교개혁의 본산지인 독일에서의 디아코니아 운동은 종교개혁 정신의 재생이라는 성격으로 이어졌다.

1820년경 독일에서는 각성운동과 더불어 산업혁명의 여파로 생겨난 심각한 사회문제들에 직면해 기독교인의 사랑의 실천이 광범위하게 일어나게 되었다. 그러한 연관성 속에서 독일의 디아코니아 운동의 선구자로 불리는 요한 힌리히 비혜른은 1833년 방치된 아이들을 사랑으로 돌보고 양육하는 공동체, '라우에 하우스Rauhes Haus'를 세운다. 그리고 이들을 돌보는 디아콘Diakon을 교육하는 일을 시작한다. 여기에서 남성 섬김 전문직이 시작되었다고 할 수 있다. 이어 1836년 테오도아 프리드너와 그의 부인인 프리데리케가 카이저스베르트에서 여성전문섬김직의 역할을 하는 디아코니센 공동체를 세운다.

이러한 가운데 500년 전 루터가 종교개혁의 기치를 들고 95개조의 반박문을 내세우며 당시 중세의 가톨릭 신학과 교회에 당당히 도전하였던 비텐베르크의 성부속교회에서 1848년 9월, 이른바 1회 독일교회의 날 행사가 있었다. 그때 비헤른은 즉흥연설을 하게 되었는데 "사랑은 교회에 있어 신앙에 속한다Die Liebe gehört mir wie der Glaube"라는 그의 언설과 함께 디아코니아 운동의 거대한 화산이 분출되었다. 종교개혁의 핵심사상인 만인사제설의 전통을 다시금 회복시키려는 독일 디아코니아 운동은 150여 년 전 산업혁명의 결과로 생긴 수많은 사회문제에 무방비와 무관심으로 일관한 기존 교회에 대항하여 생긴 개혁운동이자 각성운동이었다.

처음 이 운동은 신앙각성운동에 헌신적으로 자신을 던졌던 평신도들과 당시의 화석화된 교회에 환멸을 느끼고 살아 있는 신앙의 회복과 종교개혁의 정신으로 돌아가고자 하는 이들에 의해 주도되었다. 이들은 당시의 사회문제에 대해 교회가 전적으로 책임져야 한다고 강하게 천명하였다. 그리고 이것을 위해 밖을 향한 선교가 아닌 교회 안에 있는 이들의 각성을 요구하게 되었고, 교회의 본질인 디아코니아가 회복되어야 할 것을 주창하였다.

비헤른은 당시 산재하여 있었던 결사체Verein 단위의 디아코니아 실천들을 하나로 연대하고 통합하는 일을 한다. 이를 바탕으로 그 이듬해인 1849년 내적선교Innere Mission 중앙위원회가 구성된다. 그리고 1차 세계대전이 발발한 1914년까지 이 내적선교회는 독일에서 가장 큰 신앙고백적 복지기관으로 성장하고 독일이 사회국가로 도약하는 데 선구역할을 한다. 또한 대도시에서는 1877년 이래 도시선교회Stadtmission라는 기관이 세워져 도시의 사회문제에 직접 관여하는 기관으로 역할을 한다. 그리고 내적선교는 사회구조 틀 안에서 디아코니아를 구체화하기 위해 비스마르크 정권의 사회법제정에 깊이 관여한다(T. Lohmann). 그 결과 1883년 의료보험, 1884년 산재보험, 1889년 근무장애보험과 노후연금보험이 제정되었다. 그 후 1919년 독일의 사회복지체계의 틀을 마련한 바이마르 공화국은 복지체계의 장치로써 사적인 부분과 공적인 부분으로 한 이중체계dual system를 형성한다. 이 과정에서 디아코니아는 중요한 기능을 담당한다.

1929년 세계의 경제위기는 독일에서도 경제난으로 이어지고 디아코니아도 영향을 받는다. 그리고 1933년부터 국가사회주의에 의한 제3제국 시기는 디아코니아의 암흑기라 정의할 수 있다. 이러한 제3제국의 국가사회주의 폭압 아래 독일교회는 다시금 진정한 의미에서 교회가 무엇인가에 대해 거듭 질문을 한다. 특히 고백교회를 통해 저항운동을 하였던 이들을 중심으로 전쟁 이후의 새로운 교회에 대한 구상을 해나간다. 그리고 종전 이후 고백교회운동의 운동가들을 중심으로 트라이사에서 개신교구호국를 세워 전후의 복구 작업을 교회가 전면에 나서서 신속하게 해나간다. 이는 독일교회의 영적·물질적 교회 재건의 표현이라 할 수 있다. 이들의 중심 모토는 교회 자체를 "행동 속의 교회"로 이해하는데 있었다. 이어 1948년 독일개신교연합이 결성될 때 교회법 정관에 "디아코니아는 교회의 본질이자 삶의 표현"이라는 조항을 명시화하기에 이른다. 이후 1957년 내적선교회와 개신교원조국은 하나의 기관으로 융합하기로 합의하고 서로의 폭을 좁혀 나가다, 1975년 오늘의 개신교 디아코니아 사업단Das Diakonische Werk in der EKD으로 합치된다.

디아코니아 현황

현재 독일의 디아코니아 기관은 약 31,000개이고 45만여 명의 직원이 그곳에서 일하고 있다. 그리고 70만 명 정도의 자원 봉사자들과 함께 하루 100만 명 이상에게 수혜를 제공하는 등, 디아코니아 실천운동은 거대한 규모로 진행되고 있다. 이들 직원 중 26만 명 정도가 고정된 시설에서 근무를 하고 있는데 그중 40%에 해당하는 이들이 양로원, 청소년 기관, 장애인 기관 그리고 병원에 속해 있다. 특히 독일 전체 장애인 시설의 1/2, 유치원의 1/4, 병원의 1/10이 디아코니아 기관에 의해 운영되고 있다. 구체적으로 2002년 현재 디아코니아 기관에서 운영하는 유치원이 8,953개, 병원이 696개, 도착 증세를 전문적으로 상담하는 처소가 2,500개, 일반 상담소가 700여 개 정도로 추산된다. 흥미 있는 것은 534개나 되는 디아코니아 재교육시설에서 4,600여 명의 직원이 종사하고 있다는 것이다. 이들 교육시설을 예로 들면, 간호학교, 전문대학, 자매회 예비학교, 성서-선교학교 등이다. 또한 4,300여 개의 자원봉사 동아리들이 움직이고 있고 18,000개의 교회가 이 섬김의 사역에 연대하며 나아가고 있다. 여기에 25개의 주교회Landeskirche와 9개의 자유교회Freikirche 그리고 90개의 전문협회가 개신교디아코니아사업단에 속해 있다.

또한 국외적인 디아코니아 실천으로는 유럽 디아코니아와의 연대기관인 '유로 디아코니아', 1959년부터 시작하여 제3세계의 민중을 섬기는 '세계를 위한 빵Brot für die Welt' 운동이 있다. 그리고 에큐메니칼 프로그램의 일환으로 진행하는 "교회가 교회를 돕는다"라는 프로젝트는 주로 개신교가 유럽의 약한 교회들과 정교회 그리고 다른 세계교회와의 연대사업을 위한 것이다. 또한 "대참사의 희생자들을 위한 디아코니아"는 갑작스런 곤경에 빠진 이들을 위해 음식과 천막, 의복 등 단기·중기 프로그램을 제공한다. 또한 외국 학생들이 독일의 대학에서 공부할 수 있는 장학사업도 벌이고 있다. 그리고 길거리에 버려진 아이들을 위한 유럽연대를 통해 개발도상국이나 산업사회의 폐해로 생기는 전 세계의 길거리에 방치된 아이들을 돌보는 일에 관여하고 있다. 마지막으로 구동구권의 교회들을 위한 기부금 모금운동인 '개신교 파트너 도움Evangelische Partnerhilfe'과 1994년부터 시작된 동구권을 위한 기부금 모금운동인 '동구권을 위한 희망Hoffnung für Osteuropa' 등이 있다.

그림 두 개: 세월호 이전과 이후

2014년 4월 16일 세월호 사건은 한국이라는 나라의 침몰을 아주 생생하고 아주 무참하게 보여준 사건이다. 반도의 5천 년 역사 속에 이토록 어처구니없고 허망한 몰골을 본 적이 있었던가! 한국 사회가 전면적으로 재구성되어야 한다는 생각은 사건 이후 지난 1년 동안 이 땅의 수많은 이가 한순간도 잊어본 적이 없다. 앞으로도 이 사건은 기록되고 기억되고 증언되어야 할 전대미문의 사건이다. 하지만 나라 전체가 초상집이 되어 아파하는데 개신교는 망언과 정죄와 얄팍한 신정론의 주장으로 희생자들과 유가족 더 나아가 유가족과 자신을 동일시하는 국민을 향하여 씻을 수 없는 죄악을 저질렀다. 이러한 흐름 속에 한국개신교는 근본적으로 재구성되어야 한다는 주장이 거세게 일고 있다.

130여 년 전 이 땅에 들어온 개신교는 그동안 한국 사회에 긍정적 혹은 부정적으로 영향을 끼쳐왔다. 하지만 현금의 한국 개신교는 존립 자체에 부정적인 기류를 어렵지 않게 감지할 정도로 공감과 연대의식이 심각하게 결핍된 병에 걸려 있다. 그것도 중증이다. 하여 진정한 의미에서 그리스도교, 개신교, 성서적 본질에서 한참 멀리 이탈한 친목단체 내지 계급적 동류 카르텔 집단이 되어버렸다. 이러한 상황은 500년 전 종교개혁 당시의 부패하고 무기력했던 로마 가톨릭의 몰골을 연상시킨다. 이제 한국 개신교는 이제까지의 관행적 교회에서 떠나 맨 처음 교회 그리고 맨 처음 종교개혁의 자리로 돌아가야 한다. 이를 위해 '디아코니아로의 회심'이 근본적으로 고려되어야 한다.

시편 82편에 따르면 히브리 성서의 야훼 하나님은 디아코니아적 존재이다. 시인은 신화적인 표현으로 사회적 약자에 대한 무시와 권리를 약탈한 이들이 이끄는 사회는 땅의 기초가 꺼진다고 명토 박는다. 세월호 학살은 한국 사회의 야만이 300여 명의 어린 생명을 수장한 사건이다. 아우슈비츠 가스실, 밀폐된 공간에서 가스에 질식당하여 손가락으로 벽을 긁다가 숨을 거둔 이들. 세월호 안 어둡고 추운 객실 공간에서 차츰차츰 차오르는 바닷물에 버둥거리며 숨을 거둔 이들. 필자의 머리에는 4.16 이후 두 개의 도렷한 영상이 오버랩되어 주기적으로 나타난다.

아우슈비츠 이전과 이후의 교회는 전적으로 다르다. 아마 오랜 시일이 흘러도 독일인들에게 아우슈비츠는 원죄로 각인될 정도로 역사의 제로지대라 할 수 있다. 마찬가지로 세월호 이전과 이후의 한국교회는 다르다. 시간이 많이 흘러도 한국인들에게 세월호는 원죄로 기억될 끔찍한 참극이다. 바알 하나님과 야훼 하나님이 전적으로 다르듯, 강단에서 증언되는 하-나-님은 두 개의 다른 하나님이다. 시인이 제기한 하나님의 하나님 됨은 그 규준점에 따라 분명히 다른 실체이다.

다음은 유고슬라비아 출신 보로슬라프 사이티낙Borislav Sajtinac의 그림과 한 개의 삽화이다.

416 이전의 교회: 물속에 수장되는 사람에 대해 머릿속으로 구명튜브를 그리는 교회

416 이후의 교회: 물에 빠진 생명을 향해 온몸을 던져 구해내는 디아코니아 교회

나가면서

독일개신교는 아우슈비츠 이후 '도대체 교회가 무엇인가?'라는 질문을 깊이 묻고 '행동하는 교회'로 급전환한다. 그 결과 독일 개신교 디아코니아는 아래로부터 사회적 안정을 이루는 사회국가 형성의 초석이 되었다. 한국 개신교는 세월호 이후 '도대체 나라도 교회도 없다'는 근본적인 질문에 맞닥뜨렸다. 이런 상황에서 이제는 비판을 위한 비판이 아니고 대안을 제시하는 비판과 성찰이 한국 개신교에 절실하다. 아우슈비츠의 경험 이후 전적으로 새로운 교회를 향한 독일교회의 디아코니아 강령 중 "디아코니아는 교회이다!"가 있다. 세월호 이후 한국교회는 디아코니

아 교회여야 한다. 철저히 타자를 위한 교회, 타자와 함께하는 교회, 전적으로 이웃과 함께하는 교회여야 한다.

하나님은 국가사회주의를 선동하고 묵인한 교회 안에서가 아니라 아우슈비츠 가스실 안에서 함께 질식당해 죽으셨다. 하나님은 잃어버린 청와대 7시간과 책임을 방기한 나라의 장치들 그리고 경거망동한 언어로 수장당한 아이들과 유가족 가슴에 대못을 박은 개신교 지도자들 안에 있는 거짓 하나님이 아니라, 세월호 안에서 아이들과 함께 수장당했다. 테오도 W. 아도르노는 아우슈비츠 이후 시를 쓰는 것은 야만적이라고 했다. 세월호 이후 설교문 작성이 가당한가? 이제 불편한 기억을 망각하고 도망치려는 시도를 멈추어야 한다. 엄숙주의의 안락함이 교회와 신학 안에 도사리고 있다. 이는 사탄의 장난이다. 한국교회는 곤경에 빠져 어쩔 줄 모르는 이들, 그들을 껴안으며 '불편함'에 다가가며 터부시되고, 버려지고, 무시되고, 죄스런 이들에게 가치를 부여하는 근본적인 회심(노선 전환)이 필요하다. 전적이고 근본적인 개혁 없이는 아무런 변화도 가져올 수 없다. 전적으로 새로운 '디아코니아 교회'로의 전환이 절대적으로 필요한 시점이다.

때가 찼다. 하나님 나라가 가까웠다. 회개하여라. 복음을 믿어라 (막 1:14).

분노

예 수 의 저 항

세월호, 십자가
그리고 일어서는 공동체

황홍렬 ― 부산장신대학교

나는 세월호의 'ㅅ'자도 언급하기 부끄러운 사람이다. 세월호 참사가 일어나던 날은 채플 설교로 뉴스를 접하지 못했지만 그 이후에도 4월 말까지 참사에 대해 제대로 알지 못했다. 아니 알려고 하지 않았다. 우리 대학이 대학구조조정에서 살아남기 위해 특성화사업단장으로 특성화 사업 프로젝트를 4월 말까지 제출해야 했기에 거기에 전념하고 있었다. 전체 교수회의도 하고, 학과별 교수회의도 하고, 팀별 교수회의도 하면서 그때마다 필요한 자료들을 준비하느라 매일 밤 10시가 넘도록 작업을 했다. 3월 말 서울에서 열린 〈오이코스〉 모임에서 내가 발표하기로 되어 있던 발제문을 대학원생이 대신 읽었다. 4월에는 주일 오후에도 모였고, 오후예배 설교 후에도 학교로 돌아와서 저녁 10시까지 작업을 계속 했다. 4월 말에 프로젝트를 제출하고 나서야 세월호에 대한 뉴스를 뒤늦게 보기 시작했다. 당시에 내 마음은 참담했다. 국가가 304명 중 단 한 명도 구하지 못한 것도 참담했지만 그런 뉴스조차 볼 수 없을 만큼 내 삶이 신자유주의적 체제에 포섭되어 있다는 것이 너무도 싫고 비참했다.

6월 초에 신학대학원생들 지도교수로 제주도로 졸업여행 인솔 차 갔었다. 거기 가보니 세월호 학생들과 시민들이 가려던 목적지였는데 그들이 도착하지 못한 곳을 우리가 갔다는 데 죄의식을 느꼈다. 7월 한 달 동안 WCC 생명선교에 대해 청탁받은 논문과 내가 소장인 세계선교연구소의 〈에큐메니칼 협력선교〉 포럼의 논문, 그리고 총회의 치유와 화해의 생명공동체운동 10년 신학문서 초안을 준비하느라 정신이 없었다. 8월에 가서야 이렇게 살아서는 안 되는데 하면서 간신히 세월호 도보순례에 하루 참여했다. 2학기에 학교폭력에 대한 강의를 새롭게 시작하면서 학교 요청으로 불가피하게 세계선교 현황을 소개하는 과목도 신설하는 바람에 너무 힘들었다. 세월호 신학 에세이집 『곁에 머물다』에 글을 낼 때도 아주 가까스로 제출했다. 많은 그리스도인들, 목회자들, 신학자들이 단식하는 광화문, 청운동, 국회 등지에서 싸울 때 거의 참여하지 못했다. 안산 분향소에는 성탄절에 처음 방문다. 수많은 영정 사진이 한꺼번에 눈에 들어오는데, 숨이 막혔다. 9명의 실종자 영정이 눈에 띄었고 그들이 가족의 품으로 돌아가게 해달라는 눈물의 기도를 드렸다. 이 글은 신학자나 그리스도인 이전에 부끄럽지만 인간답게 살기 위한 노력의 산물이다.

기억과 정체성

오늘 우리가 사는 현대사회는 다양한 방식으로 기억을 부인한다.[1] 현대인들은 종교로부터 권태, 두려움, 스트레스 등을 극복하고 행복, 기쁨,

사랑 등을 얻기를 희망한다. 종교에 대한 개인주의적 조화 추구의 이면에는 정치로부터의 도피, 과학적·합리적 사고의 포기, 그리고 전통에 대한 흥미 상실 등 종교적 소비주의라고 불리는 것이 있다. 이것은 신앙 공동체의 결속을 느슨하게 만들고, 이국적이며 비기독교적인 개념들과 기독교 신조를 혼합시키기도 한다. 근본주의자들도 기억을 부인한다. 근본주의의 특징은 분명한 답변, 절대 진리 옹호, 선교적 열정이다. 근본 주의자들은 역사의 특정 국면을 절대 진리로 주장하기 때문에 그들 나름대로 '기억의 말살extinctio memoriae'을 추진한다. 기억의 말살은 불가피하게 교회 정체성에 위기를 초래한다. 주일 예배 참석자가 크게 줄어들면서 교회는 인간의 삶의 제한된 영역에 대해서만 영향을 끼치고 있다. 교회의 권위가 현대인들에게 인정받지 못하고 오히려 교회가 현대 사회의 시장 정신에 적응하라는 압력을 받고 있다. 이는 필연적으로 교회 내 갈등을 초래한다. 교회 간에 교인을 끌어오는 경쟁을 하거나 교인들의 종교적 욕구를 충족시켜줌으로써 다른 교회보다 경쟁력을 갖춘 교회가 되도록 강요하고 있다. 이것은 교회의 권위를 안으로부터 부식시키는 결과를 초래한다.

메츠Johann Baptist Metz는 기억의 상실, 죽은 자를 기억하는 전통의 상실을 주요 위기로 지적했다. 메츠는 역사의 참된 주체를 희생자로 제시했다. 기억은 인간 구원, 사회 구원, 종교적 정체성의 범주다. 위험한 기억은 인간 주체, 역사와 종교의 구원의 가능성을 담보한다. 그는 기억의

---

1 Hanspeter Heinz, "The Celebration of the Sacraments and the Teaching of the Commandments in the Age of Religious Consumerism, or History and Memory in Christian Communities since the Second Vatican Council," in Michael A. Signer(ed.), *Memory and History in Christianity and Judaism* (Notre Dame: University of Nortre Dame Press, 2001), 148-49.

종류로 죽은 자, 고난받는 자, 종말론적 희망, 예수 그리스도의 고난과 부활을 제시한다.[2]

기억은 정체성, 증거, 변형의 자원이면서 동시에 문제다. 기억의 양면성은 기독교에도 적용된다. 기독교는 진리의 종교지만 지배자의 남용, 핍박, 폭력을 정당화한 데 연루된 역사가 있다. 기억은 자아 형성과 공동체 형성의 실천행위다. 이때 누구 편에서 기억하는지, 무슨 목적으로 기억하는지가 중요하다. 기독교인들에게 기억은 하나님의 구원사역을 연결시키는 탐구가 되어야 한다. 성만찬에서 '나를 기념하라'는 말씀은 예수의 실천에 참여하라는 말씀이다. 즉 예수를 기억함은 그의 고난에 참여하여 하나님의 구원을 실현하는 동역자가 되는 것이다. 예수 그리스도의 성육신, 생애, 죽음과 부활에 대한 기억은 우리를 하나님의 백성으로, 예수의 친구로, 그리스도의 추종자로 재형성시키는 구원의 이야기를 만들어낸다.[3]

이제 세월호 유가족의 이야기를 후회와 분노, 무너진 일상, 깨달음, 하나님과 교회, 십자가를 지고 예수를 따르는 사람들, 새로운 정체성과 일어서는 공동체 등의 순서로 소개하고 그 신학적 의의를 제시하고자 한다.

2 Flora A. Keshgegian, *Redeeming Memories: A Theology of Healing and Transformation* (Nashville: Abingdon Press, 2000), 135-37.

3 *Ibid.*, 17-29.

후회와 분노[4]

유지미 학생의 부친 유해종 씨는 결혼 18년 생활 동안 가족여행을 가지 못한 것이 가장 후회된다고 했다. 엄마는 반장 선거 출마를 막지 못한 것을 땅을 치고 후회했다. 반장으로서 다른 친구들을 구하다 죽었기 때문이다. 아버지는 엄마에게 "당신은 자식을 잘 키운 거야"라고 위로했지만 아버지 자신도 "책임감 있는 사람이 훌륭하기는 한데 이렇게 되니 훌륭한 것이 무엇인지 모르겠다"고 했다. 오히려 "참되게 살라고 가르친 것이 죄 지은 것 같다"고 괴로워했다. 부모들은 참사 초기에는 자녀가 살아오기를 기다리다가 나중에는 시신이 먼저 나오기를 바라다가 학생들이 여러 명씩 나오기 시작하면서는 "우리 애가 꼴찌로 나오면 어떡해?" 하고 생각이 바뀌었다고 한다. 그리고 부모들은 자녀의 마지막 모습을 봐도 후회하고 보지 않아도 후회했다. 비교적 초기에 나온 학생들은 얼굴에 큰 손상이 없었지만 시간이 갈수록 보기 힘들었다. 그럴 경우 부모로서 마지막 얼굴을 봐야 할지 보지 말아야 할지 어떤 결정을 해도 평생 후회한다. 이런 결정을 부모에게 요구하는 상황 자체가 잘못된 것이다. 신승희 학생은 아빠에게 보낸 마지막 문자에서 걱정하지 말라고 곧 구조될 것이라고 했다. 그런데 친한 친구 엄마한테는 "아줌마, 밖의 상황을 모르겠어요. 무서워요"라는 문자를 보냈다. 부모는 "차라리 무섭다고 말이라도 했으면 이렇게 마음이 아프지 않았을 것"이라며 엄마가 달래주지도 못하고 작별인사도 없이 보냈다고 가슴 아파했다. 아버지는 가슴이 아파서 짓눌려 죽을 것 같다고 했다.

---

4 세월호 유가족의 이야기는 다음의 책을 참고했다. 416 세월호 참사 시민기록위원회 작가 기록단, 『금요일엔 돌아오렴: 240일간의 세월호 유가족 육성기록』(창비, 2015)

부모와의 관계가 좋은 학생들, 착한 학생들, 공부 잘하는 학생들은 사이가 너무 좋았는데 헤어져서 부모의 가슴이 아프고, 사춘기와 여러 가지 문제로 사이가 안 좋았던 부모들도 가슴 아프다. 자녀와의 관계가 좋았든 나빴든 모두 아픔이 똑같다(이창현 학생 모친 최순화).

유방암 3기말인 내가 아픈 것은 두렵지 않았는데 아이를 이렇게 잃게 되리라고는 상상조차 하지 못했기 때문에 마음의 준비가 되지 않아서 더 어렵다. 세상 사람들 다 지켜보는 가운데 살아서 '수장'을 당해야 했던 내 아이는, 아니 아이들은 소중한 삶을 이유 없이 빼앗겼는데 그것이 무엇인지를 밝혀야 한다. 팽목항이라는 지옥의 공간에서 울부짖었던 부모들에게 제발 함부로 말하지 않으면 좋겠다. 아직도 아무것도 해결된 것이 없지 않은가?(길채원 학생 모친 허영무).

나흘째 밤에 해경이 에어포켓도 없고 다 죽었을 것이라고 시인했다. "이 개새끼들! 그동안 구조하는 척 시늉만 하면서 우리한테 사기쳤던 거다." 그래서 청와대로 가자는 말이 나오면서 진도대교까지 가게 되었다. 당시 구호는 '정부는 살인마, 우리 애를 살려내라'였다. 국무총리 면담 이후 잠수사들이 사고 이후 처음으로 배 안으로 들어가기 시작했는데 그때가 4월 20일이었다(김다영 부친 김현동).

실종자 가족의 소원은 유가족이 되는 것이다. 이 말이 유가족의 마음을 얼마나 슬프게 하던지…(길채원 학생 모친 허영무).

자녀를 잃어 절망하던 부모들이 사회에 대한 절망으로 더 큰 고통을 겪고 있다. 자녀를 위해 힘을 다해 노력하고 있지만 세상이 변한 것이 없고 자식들만 잃었다는 억울함 때문에 분노가 치밀고 세상에 대한 절망이 가득하다(문지성 학생 부친 문종택).

이준우 학생의 부친은 가족대책위 부대변인으로 팽목항에서 대상포

진에 걸린 것도 모를 정도로 헌신적인 분이시다. 동생 태준(중2)은 "형은 오늘 저녁부터 어디서 자냐? 혼자 자냐?"고 물었다. 자기는 형이 불쌍해서 지금 당장 가고 싶다고 했다. 엄마가 잘 달랬다고 생각했는데 부모가 없는 사이에 자살하려 했는데 이모가 오는 바람에 실패했다고 한다. 끓어오르는 분노 때문에 유가족은 죽음에 대해 생각한다.

김소연 학생의 부친 김진철 씨는 IMF 직후 월급이 줄면서 어머니가 가출하는 바람에 네 살 때부터 딸을 혼자 키웠다. 공장에서 일하다가 여섯 손가락 윗부분을 잃었다. 딸을 키우는 재미로 살았는데 딸이 가니 살 수 없어서 죽으려고 소주를 대여섯 병을 마시고 구급차에 여러 차례 실려 갔다. 앞으로 모든 일이 끝나서 유가족까지 흩어질 때가 가장 깜깜하다고 했다. 김제훈 학생의 모친 이지연 씨는 차도에 뛰어들었지만 차가 급정거했다.

예수의 탄생 때 헤롯은 왕권을 유지하기 위해 죄 없는 어린 자녀들을 학살했다. 베들레헴의 어머니들은 살해당한 자식으로 인해 애곡했다. 그녀들은 위로받기를 거절한다(마 2:16-18). 그들은 왜 위로받기를 거절했을까? 그들의 상처가 세상으로부터 좀 더 진지하게 받아들여져야 하고, 그것을 치유하는 데는 막대한 대가가 따르기 때문이다. 라헬은 이 학살이 준 상처가 자신의 존재의 중심까지 흔들어놓도록 허용한다. 라마에서 들리는 애곡 소리는 우리 자신을 근본적 변화의 길로 초대한다. 이 초대에 응답하려면 속도, 거리감, 무죄함에 대한 우리의 생각을 바꿔야 한다.[5] 애곡/탄식, 상처는 우리로 하여금 위로부터가 아니라 아래로

---

5   에마뉘엘 카통골레·크리스 라이스, 안종희 옮김, 『화해의 제자도: 정의, 평화, 치유를 위한 기독교적 비전』(IVP, 2013), 97-107.

부터 세상을 보고 우리 자신을 근원적으로 변화시키는 방법을 제시하기 때문에 오랜 시간을 요한다. 애곡/탄식을 통해 이런 방법을 아무 장소에서나 배울 수 있는 것이 아니라 구체적 장소에서 배워야 한다. 시편 기자의 탄식은 약속의 땅이 아니라 바벨론 유배지에서 나온다. 세월호와 관련된 탄식은 팽목항, 진도 체육관, 안산 등에서 나온다. 애곡하는 사람들을 위로한다는 사람들은 교회가 무죄하다는 생각을 버려야 한다. 우리가 문제의 일부라고 깨달아야 애곡/탄식하는 자들에게 위로가 되고, 치유가 되고, 화해의 길로 첫 발을 디딜 수 있다.

무너진 일상

집안에 소리가 사라졌다. 애를 깨우는 소리, 설거지하는 소리, 찌개 끓이는 소리, 이 소리가 없어지니까 보지는 않지만 텔레비전을 종일 켜 놓는다(김제훈 학생 모친 이지연).

딸과 함께했던 시간과 공간을 그 아이 없이 모두 다 새로 시작해야 하는 것이 너무 힘들다. 제일 힘든 것이 주말이다. 식구가 다 함께 있으면 빠진 한 식구의 빈 공간을 어찌하지 못해 너무 힘들다. 지난 추석도 너무 힘들어 죽는 줄 알았다. 우리끼리 있는데 폭발할 것 같았다(길채원 학생 모친 허영무).

길 가다가도 딸 아이 비슷한 학생을 보면 어쩔 줄 몰랐다. 목표의식이 사라졌다. 밥하고 주말에 영화를 보러가고 쇼핑하는 일상생활이 무너졌다. 퇴근해도 할 일이 없어졌다. 시간이 멈췄다(김다영 부친 김현동).

가해자들을 욕했다가 화를 다스렸다가 백세까지 아들을 기억하며 살겠다고 했다가 빨리 아들에게 가고 싶은 마음이 반복되고 있다(김건우 학생 모친 노선자).

유가족에게는 자녀 한 명만 사라진 것이 아니다. 이제까지의 일상이 무너지고, 자신과 가족의 정체성까지도 깨어졌다. 백 마리 양 가운데 잃어버린 한 마리를 1%로만 보는 기독교인들, 목회자들, 신학자들이 많이 있는 것 같다. 그런데 공동체라는 관점에서 볼 때 한 마리 양이, 식구 한 사람이 사라진 것은 1%가 아니라 100%, 가족 전체가 깨어진 것이다. 이제 일상이, 우리 자신과 가족의 정체성이 깨어졌을 뿐 아니라 미래가 깨어졌다. 김건우 학생의 모친 노선자 씨 지적대로 건우뿐 아니라 건우가 꿈꾸던 좋은 아빠, 좋은 남편이 이뤄질 수 없음으로 인해 미래의 가족까지도 모두 잃은 것이다.

깨달음

해경은 시간을 끌면서 대충 입으로 때우고, 정부는 언론 플레이 하고, 언론은 화면에 계속 같은 것만 보여준다. 무엇인가를 숨기는 것이 분명하다. 처음에는 기자들과 경찰이 유가족을 도와줄 줄 알았는데 시간이 지나면서 그렇지 않다는 것을 깨달았다(김다영 학생 부친 김현동).

팽목항에 있으니 여기 일이 전혀 뉴스에 나가지 않음을 알게 되었다. 실제로 구조를 전혀 하지 않고 배 주변만 도는데 언론은 거짓을 말하고 있다. 유가족은 우리나라가 배를 가라앉혀 놓고는 애들을 건지는 더러운 나라인 줄 몰랐다(신호성 학생의 모친 정부자).

팽목항과 진도체육관에서 유가족을 대하는 언론이 인간에 대한 기본 예의가 없을 뿐 아니라 진실을 보도하지 않았다. '전원구조'라는 대형 오보를 냈을 뿐 아니라 4월 16일에 구조 수색을 하지 않았는데 대대적 구조 활동이 시작되었다고 보도했다. 오히려 보도진 때문에 수색작업이 방해를 받기도 했다(박수현 학생 부친 박종대).

부모들의 외침은 허허벌판의 메아리 같다. 이것마저 안 하면 다 끝났다고 할까 봐 내 자식에게 더 죄를 짓지 않기 위해 소리치고 있다. 처음에는 내 자식 때문에 돌아다녔지만 이제는 너무 많은 것을 알아버려 포기가 안 된다. 여기서 포기하면 나라가 버린 자식을 부모가 또 버린 셈이 된다. 그러면 죽어서 우리가 애를 어떻게 볼 수 있나? 아들은 내가 철이 들도록 보내준 선물이다(신호성 학생 모친 정부자).

세월호 재판에 다녀온 사람들이 재판을 보면 구토가 난다고 했다. 현실을 안다는 것이 겁난다. 권력 뒤의 권력을 보게 되고, 실세 뒤에 정말 무서운 실세가 따로 있다는 것을 알게 되었다. 사회 부조리와 사회악에 내가 끼어 있다는 것을 깨달았다. 우리가 아무리 큰 소리를 쳐도 책임지는 사람이 없다(김채원 학생 모친 허영무).

세월호 관련 국정조사를 보고 박수현 학생 부친 박종대 씨는 국정조사가 수준 이하라면서 "우리 스스로 해야 한다는 것을 알려줬을 뿐이"라고 했다. 그는 세월호 참사에 대한 진상규명을 하지 않으면 평생 후회할 것이라 했다. 진상규명이 끝나 개선책이 만들어지면 아들의 죽음이 헛되지 않을 수 있다고 했다.

자녀의 죽음 앞에서 세상의 위로를 거절했던 라헬은 세상 권력자 헤롯의 잔인함에 치를 떨면서 이제까지 세상에 대해 알고 있던 모든 것이 무너졌다. 지금까지 자기를 지탱해줬던 세상이, 세계관이 완전히 깨지고, 자신이 그 파괴된 세상의 일부라는 진실에 부딪치게 되었다. 엘살바도

르의 대주교 오스카 로메로는 해방신학자들을 공산주의자라고 비난하던 보수적인 신학자였다. 그런데 엘살바도르 군부는 그의 신학교 동기인 루틸리오 그란데 신부가 농촌 지역에서 가난한 농민들을 조직하자 그를 살해했다. 이 소식을 접한 로메로 대주교는 친구가 죽은 아귈라레라는 작은 마을로 밤새 차를 몰고 갔다. 그를 아는 사람들은 그날 밤 이후 그가 전과 같지 않다고 했다. 친구의 죽음 때문에 그의 세계관이 산산이 깨졌고, 그는 억압적인 군부에 저항하는 말을 하기 시작했다. 애곡/탄식이 그를 변화시켰다. 뉴스에 나오는 것을 100% 믿고 살던 평범한 시민들, 정부의 주장을 있는 그대로 믿고 따랐던 시민들이 이번 참사를 통해 정부와 언론, 자신이 살던 세상을 다르게 보기 시작했다. 처음에는 자녀 문제로 뛰어다니기 시작했는데 그 과정에서 세상에 대해 너무 많이 알게 되어 진상규명을 자신의 사명으로 여기게 되었다. 국회의 국정조사까지도 비판적 안목으로 보게 되었다.

유가족이 한창 슬프고 힘들 때 삼풍백화점 사고로 아들과 딸을 잃은 부모가 방문해서 위로해줬다. 삼풍백화점 사고가 났을 때 그들의 사고를 남의 얘기로만 느꼈다. 이제 보니 우리가 잘못한 것이 있다. 밀양 송전탑, 강정마을 주민들, 쌍용자동차 해고자들, 그들이 부르짖을 때 우리는 무엇을 하고 있었나 돌아보니 우리는 '의義'를 망각하고 있었다. 11월 성당에서 죽은 영혼들을 위한 기도를 바칠 때 갑자기 나는 내 아들뿐 아니라 삼백 명 넘는 다른 영혼들을 느꼈다. 내가 이제는 다른 아이들도 바라볼 수 있게 된 것만이라도 감사한다(김제훈 학생 모친 이지연).

정부와 언론에 대한 기존 이해가 깨졌지만 이제까지 생각하지 않았던 의의 관점으로 가난한 자들, 고통 받는 자들을 볼 줄 알게 되었다.

하나님과 교회

이창현 학생의 집안은 모두 교회를 다녀서 사고 소식을 듣고는 "요나처럼 지켜주세요"라고 기도했다. 모친 최순화 씨는 아들의 죽음 앞에서 하나님과 내가 풀어야 할 숙제라고 했다. "도대체 내가 어떻게 살아야 하나? 도대체 저한테 어떻게 하라고 이러시나요?" 이 부분에 대한 답을 얻어야 한다. 어떤 교회 목사님이 손수 만드신 십자가를 주면서 주신 책에 의하면 예수가 진 십자가는 악의 세력이 너무 커져서 악의 세력이 저지른 범죄라고 했다. 하나님은 우리 아이들 편에 있다. 그런데 꿈에 창현이가 어머니에게 나타나 "이것(세월호 참사)은 절대로 하나님의 뜻이 아니다. 엄마가 하는 일(진상규명)이 맞아요, 엄마가 더 열심히 하세요"라고 말했다. 대전의 어느 교회에서 열린 간담회에 참석해서 세월호 이야기를 했더니 한 성도가 일어나서 자기는 정부가 하는 말만 믿고 유가족 말이 거짓이라고 생각했었는데 오늘 이야기를 듣고 보니 너무나 미안하다고 했다. "나는 암환자라 감사하는 생활을 해야 한다는데 아이가 없는 세상을 어떻게 감사해야 하나요? 하나님의 존재에 대해 어떻게 평가해야 하나요?" 하나님의 자비가 느껴지지 않는 상황이다. 처음에는 하나님을 부정했다. 그렇지만 나는 갈 데가 없어서 결국 하나님한테 다시 돌아왔다. 천국이라는 희망조차 없으면 우리 채원이는 그저 암흑 속에서 헤맬 뿐이다. 아빠는 천주교 신자가 아니어서 그런 희망을 가질 수 없다(길채원 학생 모친 허영무).

예수는 십자가에서 고난받는 의인이 바치는 기도(시편 22)를 드렸다. "나의 하나님, 나의 하나님, 어찌하여 나를 버리셨나이까"(마 27:46). 탄식은 절망이 아니며, 하나님을 향한 부르짖음이다. 이 세상 깊은 상처의 진실을 알고 평화를 이루는 데 필요한 희생의 대가를 깨달은 사람들의 부르짖음이다.[6]

십자가를 지고 예수를 따르는 사람들

김건우 학생의 어머니 노선자 씨는 겁이 많은 건우가 마지막에 문자나 전화가 없어 서운하게 느꼈었다. 나중에 동영상을 보니 건우는 친구들에게 구명조끼를 챙겨주고 있었다. 어머니는 비로소 아들의 정말 장하고 의연한 모습으로 인해 겁에 질려 있는 아들 모습을 잊게 되었다고 했다. 한 생존 학생은 법정 증언을 통해 자신은 반장 때문에 살았다고 했다. 반장인 유지미 학생이 실제로 선장 역할을 했다는 것이다. 반장은 먼저 나가 위에 있었지만 아래에 있던 친구들을 구하기 위해 내려와서 한 명씩 올려 보내고 나중에 함께 올라가려다가 물에 휩쓸렸다. 박수현 학생의 부친 박종대 씨는 아들의 동영상을 보니 아이들이 두려워했지만 침착함을 잃지 않았고 선생님을 걱정할 줄도 알았고 옆 친구에게 선뜻 구명조끼를 양보하는 모습을 보았다. 사고 지점 부근 여섯 섬의 어부들, 민간 선주들이 학생들을 많이 구조했다. 선원들 중 일부는 학생들이 유리창을 손톱으로 긁어대고 얼굴을 유리에 대고 숨을 거두는 현장을 목격했다. 섬 어부들도 트라우마에 시달리고 있다. 문지성 학생의 부친 문종택 씨는 이들에게 국민 성금으로 배를 만들어주어야 한다고 했다. 임세희 학생의 장례를 치른 부친 임종호 씨는 넉 달 동안 실종자 가족과

---

6 같은 책, 96.

함께 지냈다. 가족을 잃은 유가족이 실종자 가족의 곁을 지킨 것이다. 그가 그들 곁에 있다고 특별히 할 것도 없었지만 그가 실종자 가족을 위해서 할 수 있는 전부라는 것이다. 임종호 씨는 서해 훼리호 사고를 의경으로서 체험했다. 21년 지났지만 바뀐 것이 없다. 2003년 대구 지하철 참사 유가족이 와서는 "우리가 특별법을 만들지 못해서 이런 사고가 난 것 같다"고 했다. 이번 참사에서 학생들과 일부 의인들이 보여준 행동은 "사람이 친구를 위하여 자기 목숨을 버리면 이보다 더 큰 사랑이 없나니"(요 15:13)라는 말씀을 실천한 것이다. 세상에서 가장 큰 사랑으로 하나님 나라에 속한 사람들, 십자가를 지고 주님을 따르는 사람들이다.

천주교 신자인 노선자 씨는 하느님은 늘 용서하라고 하시는데 세월호로 싸워야 하는지 말아야 하는지가 고민이 되었다고 했다. 그런데 교황님이 오셔서 자신의 손을 잡아주셨을 뿐 아니라 미사 강론 중 "정의를 위해 물러서지 말라"는 말씀을 하셔서 자신의 고민에 대한 답을 찾았다고 했다. 용서와 화해의 전제가 정의다. 정의 없는 평화나 화해는 없다. 진상규명은 정의를 세우는 차원이다. 미로슬라브 볼프는 포옹의 은유를 통해 우리 자신을 타자에게 내어주고, 타자를 환영하며, 타자가 내게 들어올 공간을 만들기 위해 자신의 정체성을 재조정하려는 의지가 타자에 관한 모든 판단에 앞선다는 것을 강조한다. 타자를 포옹하려는 의지는 타자에 관한 어떤 '진실'이나 '정의'에 앞선다. 타자를 포옹하려는 의지에 우선성을 부여하지만, 기만, 불의, 폭력에 대한 투쟁을 빠뜨려서는 안 된다. 바꿔 말하면 자기를 내어주는 은혜와 진실과 정의에 대한 요구 사이에는 비대칭적 변증법이 존재한다.[7]

---

7   Miroslav Volf, *Exclusion & Embrace: A Theological Exploration of Identity, Otherness, and Reconciliation* (Nashville: Abingdon Press, 1996), 29.

노선자 씨는 사회변화를 위해서는 엄마들이 먼저 변화되어야 한다고 했다. 그래서 '내 자식만 잘 살면 돼'라는 마음으로 엄마들이 자녀를 키우면 아무리 진상규명이 되더라도 사회가 변하지 않는다. 엄마들이 깨어나서 내 이익만 챙기지 않는 아이를 키워야 사회의 정신세계가 바뀌고 사회가 변한다.

우리가 평생 술수를 써가며 살아온 권력자들을 이기려면 어설프고 틀리기도 하고 망가지면서 답을 찾아가야 한다. 우리가 그들과 똑같은 방식으로는 그들을 이길 수 없다. 늦는 것 같으면서 가장 빠른 길이다. 초심을 잃지 않는 것이 중요하다. 순수해야 우리가 침몰하지 않는다. 4.16 정신을 지켜야 한다. 우리가 기소권을 가져도 진상규명이 안 된다고 본다. 이 정권이 무너지기 전까지는 안 된다. 대통령이 '본인 스스로까지 조사해서 문제가 생기면 정권을 내놓겠다' 해야 진상규명이 가능하다. 진상규명이 되는 순간 이 정권이 무너진다. 그래서 진상규명이 어렵다고 본다. 대신에 기록이 제일 중요하다(문지성 학생 부친 문종택).

십자가를 지고 주님을 따르는 사람들의 방법은 역시 십자가다. 자신의 강한 것 대신에 약하고 어리석은 것을 내세우는 방식이다(고전 1: 27-28). 그런데 세상은 십자가를 거스른다. 안산 장례식장의 횡포가 심했다. 세월호 참사로 고통당하는 유가족을 대상으로 폭리를 취하려는 사람들을 본다. 이들만 비난할 수 없는 것은 해양수산부가 사양산업인 훼리호 유지를 위해 교육부에 협조요청을 해서 학생들의 수학여행을 배로 하도록 한 점이다. 세상에서 이렇게 하는 나라는 대한민국밖에 없다.

새로운 정체성과 일어서는 공동체

딸의 죽음 앞에서 아버지는 딸 없는 세상을 어떻게 살까 하다가도 딸의 죽음이 우리 사회가 더 부패되기 전에 무엇인가를 밝히라는 하나님의 뜻이 아닌가 하고 깨닫게 되었다. 이제 딸의 억울한 죽음을 밝히는 일, 진상규명은 딸과의 깰 수 없는 약속이 되었다. 딸이 바라는 세상을 만들기 위한 삶을 살아야 한다. 반드시 해야 할 일을 해야 먼 훗날 딸을 만나서 한 달 동안 바다 속에서 외롭게 했던 시간들을 용서 받을 수 있을 것 같다(유지미 부친 유해종).

아들의 죽음 때문에 멍 때리고 있으면 아들의 '엄마, 왜 그래?'라는 음성이 들리고, 그러다가도 '죽고 싶다'는 생각이 들면 또 '엄마!' 하는 아들의 음성이 들린다고 한다. 그리고 유가족의 절규를 외면하는 대통령을 보면서 '아, 대한민국에는 대통령이 없구나' 하는 허탈감에 오히려 자신이 더 강해지면서 죽을 때까지 이렇게 싸울 것이라 했다(신호성 어머니 정부자).

간담회에 열심히 참여하는 신호성 학생의 모친 정부자 씨는 간담회를 억울하게 떠나보낸 아들에 대한 의리이자 스스로 하는 치유과정이자 지실을 너무 많은 알아버린 인간의 저항이라고 했다. 이제 부모들은 자녀들로 인해 새로운 정체성, 새로운 인생의 사명을 받았다. 마치 세례처럼 옛사람이 죽고 새 사람으로 태어난 것이다. 진상규명을 통해 세상을 변화시켜가는 사람들, 평화를 위해 일하는 사람들(마 5:9)이 되었다.

세월호 싸움에서 국민적 지지를 받은 덕도 크지만 부모들이 상당히 중심을 잘 잡았기 때문에 가능했다. 부모들 스스로 필요를 느껴 청와대를 가고, 민주당사를 점거해서 농성하고, 분위기를 주도했다(김다영 부친 김현동).

이제 세월호 유가족은 새로운 가족을 얻었다. 세월호 유가족의 뜻에 찬동하는 사람들, 시민들, 그리스도인들, 교회는 세상을 하나님의 의를, 하나님 나라를 이루는 공동체가 되어가고 있다(마 6:33).

세월호 참사
그리고 예수의 삶, 죽음, 부활

전현식 ― 연세대학교

세월호 참사와 파토스의 하나님

2014년 4월 16일 전남 진도 앞바다에서 침몰한 세월호는 탑승자 476명 중 304명(사망 295명, 실종 9명)의 소중한 생명을 앗아간 비극적 사고일 뿐만 아니라, 한국 사회에 엄청난 상처를 남긴 트라우마적 사건이다. 그 충격과 상처는 개인적, 사회적, 국가적 차원을 넘어 그 깊이에 종교적 차원을 포함하고 있다. 정부는 국가적 차원에서 세월호 참사의 원인 및 진상을 철저히 규명하여 관련자들의 책임을 엄중히 묻고, 유사한 비극적 사건이 재발하지 않도록 근본적인 해결책을 강구해야만 한다. 종교적 차원에서 필자는 세월호 참사의 원인, 책임 및 해결책을 예수의 삶과 죽음과 부활의 관점에서 찾아보면서 세월호 참사의 신앙적 의미를 제시해보고자 한다.

우리는 세월호 참사를 겪으며, 우리가 믿는 하나님에 대해 질문한다. 하나님이 전지전능하신 사랑의 하나님이라면, 어떻게 세월호 참사가 발생할 수 있는가? 전지전능전선全知全能全善의 하나님이 계시다면 이런 악은 결코 발생할 수 없다. 그러나 무고한 생명들을 앗아간 세월호 참사는 이미 발생했다. 이 세상의 악의 실재 앞에서 하나님은 전능하시며 동시에 사랑의 하나님일 수 없다. 하나님이 이런 참사를 막을 수 있는 전능하신 하나님임에도 불구하고, 그 참사의 고통을 방관하거나 허용하셨다면, 하나님은 더 이상 사랑의 하나님일 수 없다. 그러나 우리는 하나님이 사랑과 긍휼의 하나님이 아니라는 것을 상상할 수 없다. 신앙인은 하나님이 사랑이심을 믿어 의심치 않으며, 우리의 사랑을 통해 하나님이 사랑이심을 확증한다(요일 4:7-8). 성실한 신앙인들은 세월호 참사에 직면하여 자신이 믿는 하나님에 대해 질문한다. 특히 세월호 유가족 중 기독교인들은 세월호 참사의 고통과 하나님의 딜레마 안에서 신앙이 그들에게 위로와 힘이 되기보다는 더 큰 혼란과 고통을 가중시킨다.

한국교회는 이런 딜레마로부터 발생하는 신앙적 질문 및 위기에 정직하게 대면해야 한다. 그동안 전통신학은 세상의 악의 고통과 하나님의 관계를 '왜' 그리고 '어떻게'의 관점에서 설명해왔다. 세상 안의 악의 발생을 인간의 자유의지의 결과로 해석하여, 하나님은 세상의 악을 직접 계획하지는 않지만, 인간의 자유의지를 존중하여 그것을 허락한다고 보았다. 하나님이 인간에게 고통을 허용하는 이유는 인간의 죄의 징벌, 인격의 시험, 성숙한 덕의 교육, 혹은 영혼의 정화에 있다. 그러나 선의 하나님은 결국 악을 선으로 인도하신다. 세상의 악과 인간의 고통 그리고 하나님의 사랑과 힘은 종말론적으로 화해된다.

한국교회는 일반적으로 악과 고통의 문제에 이렇게 응답해왔고, 이런 전통적 대답은 우리가 일상생활 안에서 경험하는 고통들에 어느 정도 대답을 줄 수 있다. 그러나 홀로코스트(나치의 유대인 대학살)나 세월호 참사와 같은 무고한 자들의 말할 수 없는 부당한 고통은 결코 그렇지 않다. 어떤 이유로도 하나님은 세월호 참사를 허용할 수 없다. 우리가 믿는 하나님은 죄의 징벌이나 영혼의 정화를 위해 304명의 무고한 생명, 그것도 부푼 기대를 앉고 수행여행을 가던 250명 단원고 학생들의 집단익사를 허용하는 그런 냉담하고 잔인한 하나님이 아니다. 그래서 우리의 질문은 달라진다. 세월호 참사가 발생했을 때, '하나님은 어디에 계셨는가?' 그리고 '지금은 어디에 계시는가?'

홀로코스트 이후 기독교신학은 세상의 구조적 악과 인간의 참혹한 고통을 경험하며 성서 안에서 파토스pathos의 하나님을 발견했다. 파토스란 타자의 고통을 느끼는 공감sympathy의 힘을 의미한다. 출애굽기 3장 7-8절은 파토스의 하나님을 잘 드러낸다.

나는 이집트에 있는 나의 백성이 고통 받는 것을 똑똑히 보았고, 또 억압 때문에 괴로워서 부르짖는 소리를 들었다. 그러므로 나는 그들의 고난을 분명히 안다. 이제 내가 내려가서 이집트 사람의 손아귀에서 그들을 구하여, 이 땅으로부터 저 아름답고 넓은 땅, 젖과 꿀이 흐르는 땅, 곧 가나안 사람과 헷 사람과 아모리 사람과 브리스 사람과 히위 사람과 여부스 사람이 사는 곳으로 데려 가려고 한다.

출애굽기의 하나님은 자신의 백성을 애굽의 압제로부터 구출하는 해방의 하나님일 뿐만 아니라, 그 이전에 그들의 고통을 느끼는 파토스의 하나님이다. 하나님은 그들의 고통을 똑똑히 '보고', 그들의 울부짖는 소리를 '듣고', 그들의 고통을 분명히 '알고', 그들의 고통의 현장에 '내려와서', 그들을 '구한다'. 파토스의 하나님은 또한 움직이는 동사의 하나님이다. 하나님이 '보고, 듣고, 알고, 내려와서, 구한다'는 동사들은 하나님은 인간의 고통을 외면하시는 정태적인 부동의 하나님이 아니라, 고통의 현장에 직접 참여하시는 움직이는 하나님이심을 보여준다. 한마디로 파토스의 하나님은 세상에 내려와 인간의 고통을 느끼시고 그 고통에서 인간을 구하시는 사랑과 긍휼의 하나님이시다. 파토스의 하나님은 세월호 참사의 현장, 침몰된 선실 안에서 구조의 손길을 애타게 기다리던 탑승자와 그들의 기적 같은 생환을 바라며 간절히 기도하던 유가족과 함께 있었고, 그들의 절망과 고통과 분노를 함께 느끼며 그들을 하나님의 불타는 긍휼의 가슴으로 끌어 앉는다.

예수의 삶과 하나님의 통치

파토스의 하나님은 이 세상에 예수의 몸으로 오셨다. 파토스의 하나님은 영원한 하나님의 필연적 속성(절대, 초월, 자족의 하나님)이 아니라 고통을 돌보시는 윤리적 속성을 의미한다. 파토스의 하나님, 즉 사랑과 긍휼의 하나님은 성육신의 신비를 이해하는 데 도움을 준다. 요한복음 1장은 말씀이 육신이 되어 오신 성육하신 하나님, 즉 예수 그리스도를 증언한다. "말씀이 육신이 되어 우리 가운데 거하시매 우리가 그 영광을 보니 아버지 독생자의 영광이요 은혜와 진리가 충만하더라"(요 1:14). 다시 말해, 예수는 이 세상에 몸으로 오신 파토스의 하나님이시다. 이 세상에 육신으로 오신 하나님, 예수의 삶은 하나님의 사랑과 정의가 온전히 실현되는 하나님의 나라를 증언하고 가리킨다.

예수의 삶과 목회의 핵심은 '하나님의 통치'다. 하나님의 통치란 하나님이 다스리시는 나라, 즉 "하나님의 뜻이 하늘에서 이루어진 것 같이 이 땅에서도 이루어진" 이 세상 안의 하나님 나라의 모습을 가리킨다. 그렇다면 하나님의 뜻will이란 무엇일까? 하나님은 무엇을 원하실까? 그것은 이 땅에 파토스 '하나님의 사랑과 정의'가 온전히 실현되어 '삶의 충만성'으로 넘치는 샬롬(평화)의 나라를 말한다. 이사야서는 그 나라의 이미지를 다음과 같이 그린다.

> 거기에는 몇 날 살지 못하고 죽는 아이가 없을 것이며, 수명을 다 채우지 못하는 노인도 없을 것이다. 백 살에 죽는 사람을 젊은이라고 할 것이며, 백 살을 채우지 못하는 사람을 저주받은 자로 여길 것이다. 자기가 지은 집에 다른 사람이 들어가 살지 않을 것이며, 자기가 심은 것을 다른 사람이 먹지 않을 것이다. 나의 백성은 나무처럼 오래 살겠고, 그들이 수고하여 번 것을 오래오래 누릴 것이다. 그들은 헛되이 수고하지 않으며, 그들이 낳은 자식은 재난을 당하지 않을 것이다. 그들은 주님께 복 받은 자손이며, 그들의 자손도 그들과 같이 복을 받을 것이다(사 65:20, 22, 23).

현 정권이 통치하는 우리나라의 모습은 어떤가? 세월호 참사는 대한민국의 현재의 실상과 미래의 모습을 적나라하게 드러내고 있다. 세월호 참사의 희생자들은 하나님의 뜻인 '충만한 삶'은커녕 제명도 살지 못하고 억울한 죽음을 맞이했다. 유가족은 자신의 자식과 가족들을 잃은 말할 수 없는 고통으로 울부짖는다. 세월호가 서서히 침몰하는 동안, "가만히 있어라"는 선내방송에 따라, 대다수 학생들은 선실에 남아 구조를 애타게 기다리고 있었다. 유가족은 선실에 남아 있던 자신의 가족들이 한 사람도 구출되지 못하고, 왜 그렇게 집단익사하게 되었는지 그 진실을 원한다. 단원고 생존학생은 선원재판의 증인으로 나와, "선원들에 대한 처벌보다 더 원하는 것은, 왜 친구들이 그렇게 돼야 했는지 그 근본적 이유를 알고 싶다"라고 진술했다. 세월호 참사의 근본 원인이 사회구조적, 정부정책적 차원의 문제로 드러나기 시작하면서, 국민은 유가족에 대한 위로와 애도를 넘어, 정부의 재난대응의 무능력 및 국가권력의 비리와 사회구조적 악[1]에 대한 분노와 저항을 집단적으로 표출하기 시작했다.

그러나 현 정부는 '경제 살리기'란 진부한 표현을 통해 세월호의 기억과 저항에 대한 시민적 연대("세월호 잊지 않겠습니다"와 "세월호참사 진실규명을 위한 특별법제정")를 방해하고, 세월호 참사를 불행한 교통사고로 축소하여, 그 비극적 사건의 진실을 조직적으로 은폐, 조작, 왜곡하고 있다. 또한 진실규명을 요구하는 유가족을 보상금에 눈이 먼 탐욕스런 자들로 비하하는 "이제 그만해"의 이기적 개인 및 집단세력이 등장하게 되었다. 그리하여 대한민국은 세월호 참사를 기억하고 사회구조적 악에 저항하며 새로운 변화를 요구하는 시민적 연대와 이를 방관하는 무관심한 개인 및 집단 그리고 적극적으로 방해하고 진실을 은폐, 조작하는 세력으로 분열되어 있다. 세월호 이후 대한민국의 혼란, 불신 및 분열을 극복하고 우리 사회를 하나로 일치시키는 그 힘은 무엇일까? 특히 분열된 한국교회를 일치시키는 원동력은 무엇일까? 다양한 전통, 교파와 신학을 하나로 연결시키는 교회의 정체성은 무엇일까? 그것은 성육하신 파토스의 하나님, 예수가 선포한 하나님 나라의 비전이 아닐까?

---

1 세월호 참사의 10대 원인을 보려면 다음을 참조하라. 민주사회를 위한 변호사 모임, 『416 세월호 민변의 기록』(생각의길, 2014), 63-160.

예수의 팔복은 하나님 나라를 반영한다. "가난하고 애통하고 의에 주리고 평화를 이루는 사람은 복이 있다 하늘나라가 그들의 것이다"(마 5:3-12). 예수 그리스도를 주님으로 고백하는 기독교인들은 그가 선포한 하나님 나라의 비전을 가지고 있다. 세월호 참사 이후 분열된 한국 사회와 교회 안에서 누가 더 하나님 나라의 비전에 가까운가? 현재 누가 더 가난하고, 애통하고 정의를 갈망하고 평화를 위해 투쟁하는가? 참된 기독교인들은 그들의 편에 서서 그들과 함께 이 세상을 하나님 나라로 만들어갈 것이다.

예수의 삶과 죽음, 하나님 나라와 십자가

예수의 삶과 죽음, 그의 하나님 나라의 선포와 십자가는 깊게 연결된다. 예수의 십자가의 죽음은 자연적 혹은 우연적 죽음이 아니라, 그의 하나님 나라의 선포 및 삶의 결과이다. 예수는 "때가 찼고 하나님 나라가 가까이 왔으니 회개하고 복음을 믿으라"(막 1:15)고 선포했다. 2,000년 전 선포한 예수의 하나님 나라의 비전과 꿈은 우리 모두에게 복음, 기쁜 소식이다. 그러나 한 가지 조건이 있다. 회개하라! 하나님 나라에서는 가치의 전복이 이루어진다. 현재의 질서와 위치가 정반대로 전복된다. 불의한 사회가 정의로운 사회로 뒤바뀐다. 소외되고 주변화된 자가 하나님 나라의 중심에 서게 된다. 중심에 있던 자들은 주변으로 물려난다. 그러니 지금 중심에 있는 힘 있는 자들은 회개하고 복음을 믿으라는 것이다. 예수의 하나님 나라의 선포는 회개하지 않는 지배자들에게는 결코 기쁜 소식이 아니라 나쁜 소식이다.

예수의 하나님 나라의 목회는 그 당시 종교권위와 갈등을 일으켰고 신성 모독죄로 고발되었다. 예수가 자신의 목회를 중단했다면 그는 십자가를 면할 수 있었을 것이다. 그러나 그는 임박한 하나님 나라 비전을 끝까지 포기하지 않았다. 그 대가로 그는 체포되어 모욕적인 심문과 모진 고문을 받고 십자가에서 잔인하게 처형되었다. 예수의 십자가는 그 당시 불의한 종교권력과 정치권력에 의해 자행된 잔인한 사형집행이지, 하나님이 허락하신 거룩한 희생의 사건이 아니다. 십자가는 하나님의 뜻이 아니라, 오히려 하나님의 뜻을 정면으로 거스르는 종교 및 정치권력이 저지른 악이다. 그런 의미에서 세월호 참사는 예수의 십자가 사건과 공통점이 있다. 세월호 참사는 하나님의 뜻도 아니요, 하나님이 더 큰 계획을 위해 허락하신 희생의 사건도 아니다. 세월호 참사는 고통을 느끼는 파토스의 하나님의 뜻이 결코 될 수 없다. 어떻게 사랑과 정의의 하나님이 이런 비극적 참사를 허용할 수 있는가?

예수의 십자가 처형으로 그의 하나님 나라 꿈은 좌절되었다. 그를 따르던 수많은 군중은 순식간에 사라졌고, 자신의 제자들마저도 등을 돌렸다. 예수는 십자가의 육체적 고통뿐만 아니라 자신이 아끼던 제자들에게 버림받음의 정신적 고통으로 괴로워했다. 심지어 압바Abba라고 불렀던 자신의 친밀한 '아버지 하나님'에게서도 버림받음을 느끼며 괴로워했다. "나의 하나님, 나의 하나님, 어찌하여 나를 버리셨습니까?"(마 27: 46). 십자가상에서 숨을 거두기 직전 외친 그의 절규는 십자가의 육체적 고통과 버림받음의 영적 고통의 깊이를 잘 드러내준다. 또한 예수의 절규는 하나님에 대한 항의와 분노의 표시다. 하나님 나라를 선포한 대가가 십자가 처형이라는 것에 대한 분노다. 이것은 인간의 죄와 악의 깊이를 반영하는 십자가에 대한 철저한 거부다. 하나님에 대한 울부짖음, 항의와 분노는 역설적으로 하나님에 대한 갈망, 신뢰와 충성을 가리킨다.

예수의 십자가의 악과 고통에 대한 항의와 분노는 자신의 하나님 나라 꿈이 좌절될 수 없으며, 십자가가 결코 끝이 될 수 없음을 의미한다.

기독교 신앙의 핵심은 예수에 대한 기억이다. 예수는 마지막 만찬에서 떡과 포도주를 나누시며 "나를 기억하고 이를 행하라"(눅 22:19)고 말씀하셨다. 떡과 포도주는 자신의 몸과 피라고 하셨다. 기독교 성만찬의 의식은 메츠가 말했듯이 '위험한 기억'이다. 우선 우리는 예수의 절규를 기억한다. 그것은 예수의 십자가의 고통의 깊이와 악에 대한 분노와 저항을 기억함을 의미한다. 예수의 '위험한 기억'이란 예수에 대한 사적인 낭만적 추억이 아니라, 예수의 하나님 나라의 혁명성, 그의 십자가의 절규와 고통의 공적인 기억 및 저항을 말한다. 이것은 예수의 십자가의 고통과 분노의 구원적 의미가 망각되거나 사적인 형태로 미화될 수 없음을 의미한다. 위험한 기억은 십자가의 고통에 대한 집단적 망각과 사적인 미화를 거부한다. 또한 예수의 십자가의 고통과 절규의 기억은 역사 안에서 억울하게 희생당한 자들의 고통과 분노를 기억함을 뜻한다. 위험한 기억은 희생자들의 고통과 분노를 은폐하려는 구조적 악에 저항하여, 그들의 정당한 이야기를 역사의 현장 안으로 되살려냄을 의미한다.

한국교회는 세월호 참사의 희생자와 유가족의 고통과 절규를 기억하고 그들의 고통과 절규에 함께 참여해야 한다. 그들의 삶의 이야기를 되살려내야 한다. 다음은 단원고 2학년 3반 신승희 학생의 어머니 전민주 씨의 "왜 진도에서 울고만 있었을까"[2]라는 제목의 이야기 중 일부이다. 승희 양은 엄마에게 애교스런 짧은 편지를 남기고 기대에 부푼 3박 4일의 제주도 수학여행 길에 올랐다.

---

2   416 세월호 참사 시민기록위원회 작가기록단, 『금요일엔 돌아오렴: 240일간의 세월호 유가족 육성기록』(창비, 2015), 81-101.

안녕~ 오늘 제주도로 가는 승희라고 해요. 내가 수학여행 가는 것 땜에 일주일간 예민하게 굴어서 미안합니다... 재미있게 놀다 올 테니 혹시나 전화 없다고 걱정하거나 서운해 하지 마♡ 3박 4일 재미있게 놀다 올게! 그리고 갔다 오면 열공빡공해야지... 엄마 어제 밤에 고생해서 같이 나가 줘서 고마워... 사랑해♡[3]

그 다음 날 아침 세월호가 침몰하기 직전 승희 양이 엄마에게 지금 제주도로 가는 중이라고 안부전화를 했다. 그리고 9시 50분경 승희 양은 엄마에게 사고소식을 전한다. "엄마 우리가 탄 배가 사고가 났어, 배 이름은 세월호야." 엄마에게 침몰소식을 전해들은 아빠는 곧바로 승희에게 전화를 걸어 "빨리 나오라"고 다급하게 요청지만 승희 양의 "아빠 구조될 거야, 걱정하지 마"라는 말과 함께 전화는 끊겼다. 그 이후로 전화는 연결되지 않았다. 그리고 아빠는 승희 양에게 문자를 받았다. "아빠, 걱정하지 마. 구명조끼매고 난간잡고 애들 다 뭉쳐있으니까. 구조될 거야 꼭. 지금은 한명 움직이면 다 움직여 절대 안 돼."[4] 그리고 승희는 3박 4일 후 돌아와 열심히 공부하겠다던 자신의 계획과 꿈을 뒤로하고 4월 22일 차디찬 주검으로 엄마아빠에게 되돌아왔다.

"가만히 있어라"는 선장과 선원들의 선내방송을 믿고 침몰되는 선실에 남아 구명조끼를 서로 입히고 때로는 자기가 입었던 구명조끼를 친구에게 양보하며, 함께 뭉쳐 기울어져가는 난간을 필사적으로 잡고 어른들의 구조를 애타게 기다리고 있었던 단원고 학생들…. "빨리 나오라"는 아빠의 애타는 요청에도 자기만의 탈출이 아니라 친구 모두의 구조

---

3 같은 책, 83.
4 같은 책, 84.

를 위해 자신의 생존을 뒤로 미룬 승희 양의 숭고한 마음…. 그 절박한 시간! 그들의 구조의 희망, 서로간의 위로와 용기, 생존의 갈망, 가족들의 그리움…. 칠흑 같은 죽음의 바다 밑으로 가라앉는 두려움, 고통, 버림받음, 절망, 분노…. 그리고 유가족의 오열, 절규, 무력감과 분노….

비록 세월호가 바다 속으로 사라졌을 때에도, 우리 모두는 부활절을 바로 앞둔 그 주말에 십자가에 달리신 예수의 부활을 기다리듯, 침몰한 선체에 갇힌 탑승자들의 기적적인 생환을 간절히 염원했다. 그러나 며칠 후, 그들은 생명이 아니라 주검으로 돌아오기 시작했다. 대한민국은 세월호 침몰 신고가 접수된 오전 8시 52분부터 단원고 학생의 마지막 문자메시지("배가 기울고 있어, 엄마 아빠 보고 싶어")가 발신된 10시 17분, 세월호가 선수만 남기고 침몰할 때까지 약 1시간 25분 동안, 초기에 탈출한 생존자 외에는 선실에서 서로 뭉쳐 난간을 붙잡고 구조를 필사적으로 기다리던 학생들을 왜 한 사람도 구출하지 못했을까? 단원고 문지성 학생의 아버지 문종택 씨는 세월호 침몰이 불행한 사고가 아니라 구조적 사건임을 다음과 같이 말한다. "세월호는 전부 '왜'라는 물음에서 시작해서 '왜'라는 물음으로 끝납니다. '왜' 한 아이도 살리지 못했을까, '왜' 안개 낀 인천항에서 배는 떠났을까, '왜' 배는 급선회 했을까… '왜. 왜. 왜.' 사람들은 지겹다고 그만하라고 해요."[5]

세월호 참사는 대한민국의 총체적 부실, 특히 국가권력의 무능과 비리와 무책임에 의해 저질러진 참혹한 사회구조적 악이다. 사회구조적 악의 차원에서, 대한민국의 모든 구성원은 희생자를 제외하고 세월호 참사의 책임에서 면제될 수 없다. 그러나 세월호 참사의 일차적 책임은

---

5 같은 책, 195.

국가에 있다. 국가는 재난을 예방하고 그 위험으로부터 국민을 보호할 기본 의무가 있다. 이것은 헌법이 명시한 국가의 기본 임무이다. 세월호 참사는 불행한 사고가 아니라 사회구조적 악의 사건이다. 한 문인은 직설적으로 말한다. 세월호 참사는 "국가가 국민을 구조하지 않은 '사건'이다."[6] 따라서 국가는 세월호 참사의 원인, 책임 및 해결책을 성실하게 규명하고 제시해야 한다. 이것은 정권적 차원의 문제가 아니라 국가의 기본 책무다. 그래야 대한민국이 변하고 미래의 희망이 있다. 또한 한국교회는 희생자와 유가족의 사랑, 삶과 죽음 그리고 고통과 분노의 이야기를 듣고, 기억하고, 다시 말해야 한다. 한국교회는 희생자의 정당한 이야기를 방해하고 왜곡하는 모든 불의한 세력에 저항해 정의를 위해 투쟁해야 한다. 이것은 예수의 하나님 나라의 선포와 십자가의 절규가 요구하는 교회의 사명이다.

예수의 부활과 정의, 약속과 희망

예수의 부활은 예수의 십자가가 마지막 말이 될 수 없음을 의미한다. 기독교 신앙은 예수의 절규("나의 하나님 나의 하나님 어찌하여 나를 버리셨습니까")를 넘어 "예수는 살아나셨다"는 부활을 선포한다. 하나님이 예수를 죽은 자로부터 살리셨다는 기독교적 메시지는 하나님은 결국 악을 선으로, 불의를 정의로, 십자가를 부활로 인도하는 사랑과 정의의 하나님이심을 확증한다. 십자가는 기독교 신앙의 시작이나 끝도, 수단이나 목적도 아니다. 십자가를 통해 부활에 이르는 것이 아니다. 십자가에

---

6   박민규, "눈먼 자들의 국가," 『눈먼 자들의 국가』(문학동네, 2014), 57.

도 불구하고 부활이 있다. 십자가는 이 세상의 고통과 불의와 악을 가리킨다. 부활은 이 세상의 고통, 불의와 악에 대한 하나님의 승리를 의미한다. 십자가의 죽음의 세력이 아무리 강하다 할지라도 부활의 생명의 힘을 압도하지 못한다. 십자가 사건이 인간의 역사 안에서 발생한다면, 부활사건은 하나님의 생명력 안에서 일어난다.

십자가와 부활은 역설적이다. 십자가상의 예수의 고통과 절규 없는 예수의 부활은 무의미하다. 십자가 없는 부활은 피상적이다. 동시에 부활 없는 십자가는 절망적이다. 예수의 부활이 없다면 기독교인의 신앙은 헛된 것이다(고전 15:17-19). 예수의 삶도 십자가도 헛된 것이다. 헛된 것을 넘어 부당하고 절망적이다. 예수의 하나님 나라 사역의 결과가 어떻게 십자가 처형으로 끝나고 마는가? 하나님의 사랑과 정의를 위한 헌신적 투쟁이 어떻게 십자가의 고통과 악으로 마감되는가? 결국 증오가 사랑보다 강하고, 불의가 정의를 압도하고, 악이 선을 이긴다면, 왜 우리는 사랑과 정의와 선을 위해 일해야 하는가? 우리는 그 근거를 인간성, 성숙한 인간의 도덕적 양심 안에서 발견할 수 있을 것이다. 더 나아가 기독교 신앙은 그 근거를 십자가에 달리신 예수를 살리는 하나님의 사랑과 정의 안에서 발견한다.

파토스의 하나님은 예수의 하나님 나라 선포가 십자가로 끝난 것이 아니라, 그의 사랑과 정의의 사역이 옳은 것이며, 결국 승리한다는 것을 확증하기 위하여 그를 죽은 자 가운데서 살리셨다. 예수의 부활은 세상의 권력이 'No'라고 거부한 예수의 사랑과 정의의 목회를 하나님께서 'Yes'라고 인정한 것이다. 하나님은 언제나 사랑과 정의를 위해 일하는 자들의 편에 서 있다. 그러나 고통과 악과 하나님의 관계의 신비에 대한 최종 대답은 세상의 끝에 있다. 그러므로 기독교 신앙은 종말론적이다.

그 때에 그들의 눈에서 모든 눈물을 닦아 주실 것이니, 다시는 죽음이 없고, 슬픔도 울부짖음도 고통도 없을 것이다. 이전 것들이 다 사라져 버렸기 때문이다. 보아라, 내가 모든 것을 새롭게 한다(계 21:4-5).

예수의 부활은 사랑과 정의를 위해 죽은 자들의 새로운 삶을 약속한다. 기독교 신앙은 사랑, 선과 정의의 최종 승리를 믿는다. 하나님은 십자가에 달리신 예수를 살리셨듯이, 결국 하나님의 생명력으로 세월호 안에서 억울하게 죽어간 희생자들을 살리실 것이다. 그래서 자기만의 탈출이 아니라 친구들 모두의 구조를 위해 서로 구명조끼를 매어주며, 두려움 속에서 서로를 위로하고 용기를 북돋우며, 어른들의 구조를 확신하며 끝까지 기다리다 함께 희생당한 그들의 삶이 옳다는 것을 입증하기 위하여 파토스의 하나님은 그들을 당신의 불타는 긍휼의 가슴으로 따뜻하게 끌어안아 결국 그들을 새로운 생명으로 인도할 것이다.

종말론적 약속 및 희망은 살아남은 자 우리 모두에게 세월호 참사 이후 어떻게 무엇을 위해 살 것인지를 결단하도록 촉구한다. 단원고 고 이창현 학생의 어머니 최순화 씨는 기독교인으로 자신이 진상규명을 위해 투쟁하게 된 신앙적 동기를 다음과 같이 말하고 있다. "'이건 절대 하나님의 뜻이 아니다' 창현이가 그렇게 말하는 것 같았어요. 엄마, 엄마가 하는 일이 맞아요. 엄마가 진상규명을 위해 그렇게 애쓰는 게 맞아요. 그러니까 엄마 더 열심히 해줘 그렇게 말하는 것 같았어요. 확신이 들었어요."[7] 최순화 씨는 꿈속에서 만난 아들을 통해, 세월호 참사가 결코 하나님의 뜻이 아니며 진상규명을 위해 일하는 것이 옳은 것임을 확신

---

7 『금요일엔 돌아오렴』, 169.

한다.

세월호 참사 이후, 십자가에 달린 예수를 살리신 파토스의 하나님은 한국교회에 무엇을 원하실까? 자기를 주는 사랑으로 죽은 자를 살리는 부활의 하나님은 정의의 하나님이다. 하나님의 부활은 하나님의 정의를 입증한다. 동시에 하나님의 정의는 하나님의 부활을 보증한다. 하나님의 부활과 정의를 일치시키는 원동력은 하나님의 파토스적 사랑이다. 그러므로 신앙공동체는 하나님의 사랑과 정의를 위해 일하도록 부름을 받는다. 하나님의 거룩한 부름에 신앙적으로 응답하는 것, 그것이 바로 한국 사회를 성숙한 시민사회로 이끄는 길이고, 무엇보다 희생자의 생명의 존엄성을 회복하는 길이며, 생존자의 삶을 치유하는 길이고, 유가족의 절규와 분노를 존중하는 길이다. 그것이 또한 세월호 이후 한국교회가 새로워지는 길이다.

골고다의 십자가, 팽목항의 십자가*

김정숙 ― 감리교신학대학교

끝나지 않은 과거, 골고다에서 팽목항까지

아직 끝난 게 아니다. 상황은 종결되었고 모두가 제자리를 찾은 듯 다시 침묵이 자리를 잡았으나 달라진 것은 아무것도 없다. 오늘은 어제와 같고, 내일도 모레도 그저 어제와 같을 뿐 그 무엇도 변화되지 않았다. 지나갔다고 과거가 아니며 이미 과거가 되었다고 지나간 것이 아니다. 여전히 가슴에 걸리고 아직도 목에 걸려 있는데 모든 것이 완료된 양 지금이 시간 과거를 덮고 내일로 간다면 오늘만큼이나 미래도 과거와 같을 것이기 때문이다.

　말해지고 들어져야 할 이야기, 밝혀지고 펼쳐지고 알려져 전 우주에

---

* 이 원고는 발터 벤야민의 시각에서 쓴 글로, 발터 벤야민에 관한 석사논문을 쓰고 현재 민 노총에서 약자들을 위해 일하는 이효성 활동가와 대화하며 쓴 글임을 밝힙니다.

공명되어 함께 애통해야 할 억울한 이야기가 그렇게나 많은데 지나갔다고 어찌 과거라는 명목으로 덮을 수 있으며 역사라는 이름으로 묻을 수 있을까. 얼마나 많은 비통한 사연들이 주검이 되었으며 다하지 못한 안타까운 목숨들이 절망과 분노 속에서 고통스런 마지막 숨을 쉬었을까. 지나간 것을 잊지 않는 것만으로 과거가 완성되고 역사를 기억하는 것만으로 지나간 것이 완결되는 것이 아니다. 다하지 못한 이야기들 구구절절한 안타까운 사연은 구원되어야 할 과거이며 마무리되지 못한 망자들의 억울한 이야기 또한 구원을 기다리는 역사다. 구원은 현재에만 열려 있는 것이 아니며 살아 있는 자들만의 전유물 또한 아니다. 뭍 위와 물 아래 역사의 이면과 저변에 숨겨지고 감추어져 매몰된 억울한 이야기들, 다하지 못한 사연들은 지금 이 시간 여전히 구원을 고대하며 숨 쉰다.

지구의 축을 거꾸로 돌려 과거의 이름으로 매장되고 역사의 이름으로 수장된 망자들의 못 다한 이야기 타래를 풀어 하늘 끝에서 땅 끝까지 잇는다. 사연에 사연 이야기에 이야기의 타래가 지구의 구석구석을 몇 번이라도 돌아 천둥과 뇌성의 우레처럼 울리게 하라. 진실이 열거되고 거짓이 낱낱이 밝혀지며 고통으로 일그러지고 억울함으로 분노한 얼굴과 함께 행악자의 추악한 면상도 드러나게 하라. 거짓을 고백하고 용서를 구할 자, 참회와 사죄의 예식을 치를 자, 무고한 자의 고통과 죽음에 책임져야 할 자, 눈 못 감은 망자들의 눈에서 흐르는 눈물을 닦아줄 정의와 심판의 구원이 아직 살아남은 자의 현재를 통해 이루어져야 한다. 망자들의 죽음의 이유가 산자들의 삶의 과제가 되고, 살아남은 자들의 존재의 무게로 다가온다. 망자들의 억울한 이야기 끝나지 않은 과거 다하지 못한 역사의 구원은 지금 이 시간 산 자들의 생의 무게이며 존재해야 하고 살아내야 하는 이유다.

마녀사냥으로 처형된 수백만 힘없는 이들의 억울한 죽음들, 아우슈비츠 가스실에서 죽어간 육백만여의 사연들, 강자들의 전쟁놀음으로 죽어간 무고한 생명들, 탐욕과 거짓 이념과 권력에 의해 제물이 된 죽음들, 330여 명이 넘는 청춘과 꿈과 사연을 품고 수장되어버린 세월호의 죽음, 억울한 죽음, 안타까운 희생, 과거와 역사의 이름으로 덮을 수 없는 끝나지 않은 사연, 다하지 못한 이야기, 음모와 계략, 폭력과 죽임으로 은폐되고 조작되고 폐기처분해 묻어버린 그 엄청난 비밀의 얼레를 풀고 풀어 골고다에서 팽목항까지, 팽목항에서 골고다까지 잇자. 망자들의 끝나지 않은 억울한 사연, 다하지 못한 애끓는 이야기는 죽은 자와 산자의 십자가며, 구원되기를 갈망하며 살아 숨 쉬는 현재다.

나무에 달린 자: "그는 참으로 하나님의 아들이었다"

골고다에서 팽목항까지, 팽목항에서 골고다까지, 다 열거할 수 없는 수많은 사연과 이야기를 외마디로 모은다. "엘리 엘리 라마 사박다니." 외마디의 울림이 시간과 공간을 잇대어 공명되고 골고다의 절규가 진도바다 팽목항에서 반향된다. 십자가에 못 박힌 자 나사렛 예수, 하나님의 기적적인 도우심의 손길을 끝까지 기다리던 메시아의 절망과 비탄의 외마디가 목까지 차오르는 진도 바닷물의 공포와 숨 쉴 수 없는 고통 속에 분노와 절망의 마지막 외마디로 합류된다. "나의 하나님, 나의 하나님, 어찌하여 나를 버리셨나이까."

그분도 이렇게나 외롭고 억울했을까? 그분도 우리처럼 그들처럼 고통스러웠을까? 과연 그분이 우리와 같은 약자들의 설움과 분노 그리고 억울함과 절망을 알기는 하시는 걸까? 그가 우리의 진정한 메시아라면 적어도 우리의 고통과 분노와 절망에 치를 떨며 지르는 외마디를 알고 느낄 수 있어야 하지는 않을까? 그분이 정말 우리를 구원할 자, 우리의 구세주가 맞는다면 말이다.

태어난 지 이레 만에 죽임을 피해 고향 베들레헴에서 이집트로 피난을 가야 했고 돌아와서는 유대 땅 나사렛에서 어린 시절을 보낸 분, 그럴듯한 배경도 권력도 명예도 누려본 적이 없어 화려할 것도 내세울 것도 자랑할 것도 별반 없었을 법한 목수의 아들, 빼앗긴 조국 잃어버린 모국어 민족의 정체성과 자존심을 송두리째 빼앗긴 로마 제국의 식민지 유대 청년 예수, 정치와 권력의 도시인 예루살렘과는 관계가 먼 초라한 어촌 마을 갈릴리에서 길지 않았던 그의 생애 대부분을 보낸 분, 갈릴리 언덕과 바닷가를 거닐었던 그분 예수는 어떤 고뇌에 빠졌었을까? 그가 애통하며 괴로워했던 것이 무엇이기에 홀로 광야에서 40일을 금식하며 짧았던 생의 마지막 3년을 자신이 아닌 타인을 위한 공생애에 바쳤을까?

그가 태어난 곳은 마구간, 생의 첫 순간 누울 곳이 없어 마소의 구유에 누웠다. 세상 모두의 양식이 되어주고 제물이 되어주신 분, 처음과 마지막을 나무에 의지하여 나무에 매달려 죽으신 분, 나무처럼 모두를 품고 안아 모두의 그늘막이 되어주었다. 여우도 굴이 있고 새도 둥지가 있건만 정작 본인은 머리 둘 곳도 없었던 분, 그는 고아와 과부, 가난한 이들과 언제나 함께하였고 멸시받고 천대받던 창기와 세리의 친구가 되었으며 버림받은 자들과 더불어 식탁을 나눴다. 배고픈 이를 먹이고 소경의 눈을 뜨게 하고 손 마른 자를 치유하며 병자들을 회복케 하신 그분은 손수 제자들의 발을 씻기며 너희들도 서로 이렇게 섬기라 하였다. 하나님의 전을 사모하는 그의 열정은 성전을 시장터로 바꿔버린 탐욕꾼들에 분노하여 상을 엎으며 성전을 정결케 하였다. 막달라 마리아, 사마리아 여인, 간음하다 현장에서 잡힌 여인, 천대받고 멸시받던 여인들에게 치유와 영원히 목마르지 않은 생수와 용서의 의미가 되어준 분, 그분은 사랑하는 자의 죽음에 눈물을 흘리고 무너져 내릴 예루살렘의 성전과 민족의 미래를 위해 흐느껴 우셨다. 그분은 진정으로 하나님을 사랑하고 인간을 사랑하는 삶이 어떤 것인지를, 인간이 어떻게 살아야 하는지를 온몸으로 살아내고 온 삶으로 보여주었다. 나사렛 예수, 그렇게 살았던 갈릴리 사람 예수를 향해 베드로는 주라 부르며 "주는 그리스도요 살아 계신 하나님의 아들이니다"라고 고백한다.

인간의 삶이란 떡이 아닌 하나님의 뜻으로 사는 것이며, 하나님 한 분 외에는 그 어떤 정치적·종교적 권력에 굽혀서는 안 된다고 가르쳤던 분, 그분은 하나님과 재물을 동시에 섬길 수 없으며 소유가 많은 부자는 절대 천국에 들어갈 수 없다고 가르쳤다. 영생을 얻고자 하는가, 그러면 먼저 온 마음과 온 뜻과 온 정성을 다하여 하나님을 사랑하고 자신의 이웃을 자신의 몸과 같이 사랑하며, 더하여 자신의 소유를 다 풀어 가난한 사람에게 나누라고 그는 가르쳤다. 인간은 세상을 밝히는 빛으로, 부패를 방지하는 세상의 소금으로 살아야 한다. 하나님이 완전한 것처럼 우리도 완전해야 하며 우리의 착한 행실을 통해 우리가 하나님의 자녀임을 사람들로 알게 해야 한다고 그는 가르쳤다. 편하다 하여, 많은 사람이 다닌다 하여 무조건 넓고 편한 길을 찾지 말라. 그 길은 정작 멸망으로 인도하는 길이며, 생명으로 인도하는 길은 좁고 불편하여 사람이 별반 찾지 않는다며 그분은 우리에게 하늘의 비밀을 가르쳐주었다. 우리를 사랑하는 사람만이 아니라 우리를 미워하는 원수까지도 사랑하라 가르치신 분, 그는 무엇보다도 하나님의 의와 하나님의 나라를 먼저 찾고 구해야 할 것을 가르쳤으며, 진리를 알 때에야 비로소 인간은 자유하게 된다고 가르쳤다. 그분의 가르침을 들은 무리들은 나사렛 예수를 향해 바리새인이나 서기관과는 전혀 다른 권위를 가진 분이라 고백했다.

하나님의 나라는 입으로만 주를 찾으며 모양새만 갖춘 그리스도인이 들어갈 수 있는 곳이 아닌 오직 하나님의 뜻을 행하는 사람만이 들어갈 수 있는 곳이다. 하나님의 나라는 발견한 자의 몫이 아니라 그 나라를 얻기 위해 자신의 모든 것을 팔아야 얻어질 수 있는 곳이다. 하나님의 나라는 세상에서 가장 천대받고 낮은 자라 여겨지는 작은 자가 가장 큰 자라 여김을 받은 곳이며, 처음 된 자가 나중 되고 나중 된 자가 처음 되는 역전과 역설이 이루어지는 곳이다. 하나님의 나라는 파장할 무렵 들어와 일한 자도 처음 시간부터 일한 자와 똑같은 임금을 받을 수 있는 은총의 곳이다. 하나님의 나라는 배고픈 자에게 먹을 것을 주고 헐벗은 자에게 입을 것을 주고 목마른 자에게 마실 것을 준 사람이 곧 주님께 먹을 것 입을 것 마실 것을 준 사람으로 인정되고 보상되는 곳이다. 하나님의 나라는 수명을 다한 뒤 죽어서야 이를 수 있는 먼 곳이 아니라 지금 여기 우리 가운데서부터 이루어져가는 곳이다. 하나님의 나라는 세속적 가치와 사람들이 욕망하고 추구하는 것과는 전혀 다른 새로운 질서와 전복적 가치가 이루어지는 곳, 바로 그곳이 하나님 나라라고 그분은 선포했다. 나사렛의 예수 그분으로 인해 하나님의 나라가 임했다. 자신의 삶과 가르침과 죽음으로 하나님 나라의 비밀을 가르치신 분, 그는 하나님의 나라를 선포하고 살아냈으며 확장했고 마침내 이루어질 그 나라를 위해 죽으셨다. 그분을 만나고 보고 들은 사람들은 그분을 향해 우리에게 하나님 나라를 보여주신 분, 우리를 구원한 자 메시아라 고백한다.

떡 다섯 덩어리와 물고기 두 마리를 축사하여 오천 명을 먹이신 분,

바다의 풍랑을 명하여 잠잠하게 하신 분, 물 위를 걸으시고 귀신을 내쫓으며 죽은 나사로를 살리며 오직 하나님의 영광을 위해 이적과 기사를 베푸셨던 분, 그분은 단 한 번도 본인 자신을 선포하거나 자신의 영광을 구하지 않았다. 하나님을 아바 아버지라 불렀던 그분은 인간은 누구나 하나님께 지음 받은 하나님의 자녀라고 일깨워주었다. 하나님을 사랑하고 하나님의 뜻을 전파하며 오로지 하나님의 영광을 위해 모든 것을 버린 바로 그분, 그분은 하나님께서 우리를 얼마나 사랑하는지를 몸소 보여주었다. 하나님을 보여주신 분, 우리로 하나님을 알게 하신 바로 그분을 향해 마르다는 "주는 그리스도시요 세상에 오시는 하나님의 아들이신 줄 내가 믿나이다"라고 고백한다.

언제나 많은 무리가 따랐지만 어디서든 호산나 다윗의 자손, 메시아, 하나님의 아들이라 환호했지만 진실로 그를 이해한 사람은 단 한 명도 없었다. 사랑하는 제자들과 동고동락했으나 제자에 의해 적에게 넘겨지고 제자에 의해 부인되고 제자들에 의해 배신당하고 버림받았다. 권력과 명예와 지위에 단 한 번도 연연해본 적 없는 그였으나 권력과 지위를 탐하고 누리던 유대 종교지도자들은 모함과 계략으로 무고한 그를 로마 당국에 넘겼다. 하나님의 아들, 하나님 자신이신 분, 메시아를 죽음에 넘겨준 죄명은 다름 아닌 하나님을 모독한 신성 모독죄, 불경죄였다. 거짓으로 왜곡되고 무지로 오해되고 암투와 모함으로 누명을 뒤집어쓰고 동족에 의해 로마 당국에 넘겨진 나사렛 예수, 무죄한 것을 알면서도 폭동이 염려되었던 로마 총독 본디오 빌라도는 정치 선동자, 유대인의 왕 나사렛 예수라는 명패와 함께 폭력과 죽음의 십자가에서 처형되도록 메시아인 예수를 넘겨주었다. 로마의 군인들에게 멸시와 조롱을 당하고 채찍으로 맞으며 자신을 처형할 장소 해골의 언덕 골고다로 끌려가는 메시아, 메시아의 머리에는 가시관이 씌워지고 메시아의 양 발과 양손에는 커다란 못이 박히고 창으로 옆구리를 찔린 채 온몸의 물과 피를 다쏟아 죽기까지 나사렛의 예수를 십자가에 매달았다. 메시아가 나무에달렸다.

약자이기 때문에 당하는 억울함, 힘이 없기에 당해야 하는 고통, 무죄한 자의 억울한 사연, 다하지 못한 이야기, 폭력으로 인한 처참한 십자가의 고통과 죽음, 골고다의 이야기는 다름 아닌 마녀사냥으로 무고하게억울하게 고통스럽게 주검이 된 수많은 억울한 이야기며, 아우슈비츠의절대 악의 모습이며, 천인공노할 팽목항의 무고한 죽음의 이야기다.

무엇이 가장 고통스러웠으며 무엇이 가장 견디기 힘들었을까? 인간으로서는 견딜 수 없는 육체의 고통, 살 속으로 파고들어오는 가시와 쇠붙이, 입 속으로 넘어오는 바닷물, 배신감과 분노로 차오르는 억울함, 모두에게 외면당하고 버림받은 외로움, 동족도 제자도 나라도 온 국민도 그리고 하나님마저 자신을 버렸다는 깊은 절망감의 외마디가 솟구친다. "나의 하나님 나의 하나님 어찌하여 나를 버리시나이까?" 진도 바다한가운데서, 팽목항의 부두에서, 골고다의 외마디가 메아리친다.

골고다에서 팽목항까지, 팽목항에서 골고다까지 헤아릴 수조차 없이수많은 억울한 죽음은 메시아의 억울함과 고통이었고 죽음이었다. 로마제국의 식민지, 선택된 야훼의 백성이라는 민족의 자긍심도 깡그리 짓밟힌 유대 청년 나사렛의 예수는 권력의 음모와 계략으로 폭력 속에서희생되었고 고통과 외로움 속에 절규하며 죽어갔다. 그런데 어쩐 일일까? 그의 비참한 탄생과 삶과 그의 가르침을 보고 들었던 사람들, 그의처참한 죽음을 본 사람들은 그를 통해 하나님을 보았으며, 그를 향해 하나님의 아들이며 그리스도시며 주님이라고 고백했다. 세상이 어둠에 덮이고 어둠이 끝나며 예수께서 숨을 거두시는 모습을 보며 한 사람이 증언했다. "이 사람은 참으로 하나님의 아들이었다." 물과 피를 온몸에서 쏟아내고 십자가에서 처참하게 죽은 이를 향하여 "이 사람은 참으로 하나님의 아들이었다"라고 외친 이는 다름 아닌 십자가 처형을 책임 맡았던 백부장이었다.

골고다의 십자가, 팽목항의 십자가

"가만히 있으라"는 방송과 함께 304명의 생명을 바다 속으로 그대로 수장해버린 세월호 침몰 사건, 세월호의 침몰 사건은 그저 불가항력적이었던 우연한 사고가 아니다. 정부권력과 해양경찰, 정경유착이 만들어 낸 부도덕한 기업과 민관유착의 관료 마피아 체제, 정부 자료를 앵무새처럼 보도하는 쓰레기로 전락한 대한민국 언론의 철저한 공조, 그리고 모든 것을 방관한 국민의 합작으로 이루어진 천인공노할 살해 사건, 수장 사건이다. 21세기 전 세계를 지배하는 전지전능한 자본의 권력은 정치권력과 결탁하여 정부기관과 관청, 언론을 굴복시키고 경제와 복지의 이름으로 정치와 공공의 대의를 잠식하고 스펙과 취업의 명목으로 젊은 이의 기백과 청춘의 열정을 앗아가며 축복과 성장과 물질의 이름으로 교회를 질식시키고 급기야 304명의 꽃 같은 생명을 산채로 수장해버린 세월호 침몰로 그 모습을 드러냈다.

무소부재한 자본의 권력에 굴복한 정권 앞에는 유신 시절에도 존재했던 신성불가침의 성역도 굳게 문을 잠가버리고 정의와 민주주의의 보루도 실세와 타협하며 자유와 해방을 향한 항변도 잠잠히 입을 다물어버린다. 자본의 권력과 결탁한 정권은 국민의 안전보다는 이익이 먼저며 인간의 생명보다 기업의 실속을 챙기는 것에 더 가치를 둔다. 현실의 권력은 사실을 밝히고 진실을 규명하기보다는 모르쇠로 책임을 회피하고 선체 인양을 거부한 채 추악한 범죄를 영원히 수장하려 한다.

설렜던 나들이 길, 기대감에 밤잠 설치고 올랐던 단원고등학교 2학년 학생들 수학여행길이 다시 돌아오지 못할 긴 이별의 길 죽음의 길이 되리라 누군들 상상이나 했을까. 구조를 기다리며 안심했던 마음이 불안으로 바뀌고 불안한 마음이 절망으로 절망이 분노와 공포로 변한 그 고통스런 마지막 순간, 국가에 의해 버림받고 온 국민이 자신들을 저버렸다는 배신감이 얼마나 컸으며 얼마나 고통스러웠을 것인가. 세월호와 함께 침몰해버린 마지막 이야기는 맘몬의 비호 아래 휘두르는 권력 자본을 장악한 현실 권력에게 희생당하고 수장된 팽목항의 십자가다.

골고다 십자가에서 처형된 메시아의 죽음은 종교권력과 정치권력이 합세한 악마적 폭력과 살인에 저항할 수 없었던 힘없는 민중의 억울한 죽음들이었으며, 부당한 제국의 권력과 권위적 제도에 맞설 힘도 없으며 도움도 받을 수 없었던 사람들의 마지막 모습이다. 골고다의 십자가는 바위같이 거대한 권력의 압력 앞에 동족도, 사랑하는 스승도 떨쳐버릴 수밖에 없었던 약자들의 비굴한 현주소이며 배신 속에 외로움 속에 하나님의 부재를 느낄 수밖에 없었던 민초들의 고난이며 죽음이었다. 메시아의 골고다 십자가는 "가만히 있으라"는 죽음의 명령에 그대로 복종하도록 길들여진 힘없는 304명의 기막힌 사연이며, 진주 바다 한가운데 그대로 가라앉아버린 304개의 세월호의 이야기다. 팽목항의 십자가는 골고다의 이야기이며 골고다의 십자가는 팽목항의 이야기다.

우리는 골고다에서 팽목항까지 **빽빽**하게 늘어선 수많은 십자가의 사연을 보며 헤아릴 수 없이 많은 십자가의 이야기를 듣는다. 팽목항의 십자가에서 우리는 아직 끝나지 않은 과거, 다하지 못한 이야기, 메시아의 십자가를 기억한다. "잊지 않겠습니다." "기억하겠습니다." 때로 망각을 통해 인간은 아픔을 치유하고 때로 기억을 통해 인간은 똑같은 아픔을 반복하지 않는다. 시간을 통한 망각의 축복이 있는가 하면 망각이 저주가 되는 그래서 반드시 기억해야만 할 일도 있다. 기억하기조차 너무도 괴로운 기억, 누군가에겐 빨리 망각되어 흔적조차 없어지기를 바라는 '위험한 기억', 인류가 결코 망각해서는 안 되는 '위험한 기억'도 있다. 그러나 과거를 잊지 않는 것만으로, 역사를 기억하는 것만으로 다하지 못한 이야기, 끝나지 않은 사연이 완결되고 종결되고 새로운 시작이 되는 것은 아니다. 골고다에서 팽목항까지 점점이 박혀 있는 십자가의 이야기는 단순히 기억해야 할 과거가 아니며 망각하지 말아야 할 지나간 역사가 아니다. 팽목항에서 골고다까지 빈틈없이 서 있는 십자가는 구원되기를 바라는 망자들의 끝나지 않은 여전히 숨 쉬는 숨결이다. 지금 여기 우리를 통해 구원되어야 할 살아 있는 사건이다.

골고다에서 팽목항까지 권력의 모리배들이 폭력으로 조작하고 은폐한 가증스런 야만의 역사를 전복하여 끊임없이 이어져온 그리고 앞으로도 계속될 십자가의 이야기, 망자들의 다하지 못한 사연을 구원해야 한다. 어제도 아니고 내일도 아닌 바로 지금 이 공간에서 우리는 나사렛의 예수, 그리스도시며, 하나님의 아들이신 메시아가 자신의 삶과 교훈과 이적과 죽음을 통해, 온몸으로 온 생명을 다해 드러내 보여주신 십자가의 이야기를 구원해야 한다. 메시아의 하나님, 비밀스럽게 알려주신 그의 나라, 비유를 통해 생생하게 묘사하고 그림처럼 보여주신 하나님 나라를 통해 폭력으로 매장되고 수장된 억울한 과거를 구원해야 한다. 메시아를 통해 우리에게 계시하신 하나님의 나라를 상상하라. 애통하며 가난하며 의에 주리고 굶주리며 핍박을 받는 이들은 복이 있나니 하나님의 나라가 그들의 것이다. 하나님의 나라를 상상하고 그 나라를 사모하고 그 나라를 선포하라. 하나님 나라를 위해 살고 그 나라를 위해 죽은 그리스도시며 하나님의 아들이신 메시아가 그렇게 살고 죽으신 것처럼 말이다. 나사렛의 예수, 갈릴리의 메시아가 하나님 나라를 위해 십자가진 것처럼 바로 지금 이 공간의 우리도 메시아의 십자가 하나님 나라의 십자가를 지고 간다. 메시아가 부활한 것처럼 우리가 부활하고 하나님 나라가 부활한다. 하늘이 열리고 땅이 열리고 뭍 위에서 물 아래서 억울한 이야기가 시공에 공명되고 망자들의 애통한 주검, 끝나지 않은 이야기가 서술되며 마침내 구원의 역사 하나님 나라가 임할 것이다. 골고다의 십자가, 하나님 나라의 도래를 알리는 새로운 상상 앞에 우리 모두가 굴복한다.

말씀의 저항과 저항의 말씀, 그 이중성, 그 둘the Two의 출현에 대하여

박 일 준 ― 감 신 대 기 독 교 통 합 학 문 연 구 소

시간은 흐르고 있다?

2014년 4월 16일 이후로도 우리의 시계는 계속해서 흘러가고, 우리의
일상은 마치 그날이 없었던 듯이 무심하게 흘러가고 있다. 그 무심한 시
간의 흐름 속에서 우리는 무엇을 경험하고 있기 때문에 두려운 것이 아
니라, 오히려 아무것도 경험되지 않는 듯이 느껴지기 때문에 불안해하
고 있다. 이 일은 아무렇지도 않게 반복될 것이란 두려움 말이다. 언제나
그랬듯이. 그러한 반복이 마치 시간의 법칙인 듯이 말이다. 그들의 죽음
과 우리의 삶은 종이 한 장 차이. 딱 그렇다. 그날 그 시간에 그 배를 타고
타지 않고는 전적으로 운명의 장난이었다. 차이가 있었다면, 그들은 그
날 그 배를 타고 출항했고, 우리는 그날 그러한 시간을 만들 여력이 안
되었을 뿐이다. 이 무심한 시간의 흐름 속에서 우리는 이 사건이 그렇게

말씀의 저항과 저항의 말씀, 그 이중성, 그 둘(the Two)의 출현에 대하여 _박일준 233

또다시 '망각'되고 말 것이란 두려움을 느낀다.

그럼에도 불구하고 시간은 흐르고 있다. 그 누구도 이 시간의 흐름을 되돌릴 수는 없다. 이 시간은 누구의 편도 아니다. 단지 자신의 흐름을 따라 흐를 뿐이다. 그것은 바로 가장 자연自然스러운 일로서, "self-so-ing"[1] 즉 자기 자신의 몸짓과 연기緣起를 펼쳐내는 것이다. 이런 맥락에서 시간은 가장 자연스러운 자연의 몸짓을 체현한다고 볼 수 있다. 벌어진 사건이 시간의 흐름 속에서 지나간다는 사실을 우리가 자연스럽게 받아들이는 이유다. '이 또한 지나가리라!' 우리는 끔찍한 불행을 겪고 있는 이들에게 이렇게 말하지 않는가? 이미 2015년이 시작되어 달려가고 있는 이즈음 우리는 과거의 사건들을 부여잡고 시간의 자연스런 흐름을 거역하고 있는 것인가 아니면 우리의 자연스런 시간의 흐름에 대한 저항은 자연스러운 시간의 흐름보다 더 자연스러운 인간적인 것인가? 그 참혹한 2014년 4월 16일 진도 앞바다에서의 현실에도 불구하고 시간은 흘러간다. 이 자연스러움'self-so-ing'에 인간다움은 어떤 몸짓으로 답해야 하는 것인가? 지나가버린 시간으로 간주해야 할 것인가 아니면 여전히 진행 중인 현재로 경험해야 할 것인가 아니면 아직 도래하지 않은 미래의 시간을 보여주는 계시로 이해할 것인가?

우리는 4월 16일부터 '이후after'의 시간 가능성을 모색하기 시작했다. 전례를 쉽게 찾기 어려운 이런 엄청난 참사 '이후' 우리는 전과 같은 상태로 돌아갈 수 없다는 다짐 속에 말이다. 그런데 우리는 '이후'(after 혹은

---

1 자연(自然)에 대한 통상적인 영문 번역은 nature이지만, 이는 한자어에 담긴 동양적 사고를 온전히 담아내지 못한다. nature란 번역은 동아시아적인 자연 개념이 담지한 중요한 측면들을 잘 전하고 있지만, 다른 한편으로 중요한 측면을 동시에 탈각시키고 있는데, 그것은 바로 한자어 자체가 담지하고 있는 문자적인 뜻이다. "self-so-ing"이란 번역은 이 탈각된 측면을 부각하기 위해 영미권의 학자들이 사용하고 있는 번역어이기도 하다.

post-)를 말할 수 있는가? 물론 우리의 상식적 관점으로 2014년 4월 16일은 이미 지나간 시간이다. 그러나 누군가에게는 이미 지나가버린 시간이 또 다른 누군가에게는 아직도 도래하는 시간이 될 수 있다는 걸 우리는 알고 있는가? 아인슈타인은 시간이 공간과 분리되는 것이 아니며, 각자가 속한 관성계의 관점에 따라 시공간은 상대적이라는 것을 알려준 바 있다. 물론 우리가 보는 거시적 세계의 수준에서 아인슈타인의 상대성 원리는 뉴턴적 세계의 관점과 큰 차이를 보이지 않는다. 그래서 우리는 아직도 아인슈타인 이후의 시대를 살아가지만 여전히 뉴턴의 세계 안에서 살아가고 있는 것이다. 아직 뉴턴적 세계를 살아가는 우리에게 시간은 절대적으로 동일하게 어느 곳에서나 균일하게 흘러간다. 그래서 우리는 '이후'를 언급한다. 하지만 아직도 찾지 못한 실종자들의 가족들에게 이 시간은 동일하게 흐르고 있을 것인가? 어린 자식들을 가슴에 품고 광화문으로 안산으로 뛰어다니며 왜 이런 일이 일어났는지를 알고 싶은 부모들과 가족들의 마음에 4월 16일은 이미 지난 시간일까? 같이 수학여행을 떠난 학우들 중 다수가 함께 돌아오지 못함을 경험한 생존학생들에게 4월 16일의 시간은 여전히 진행 중인 시간이 아닐까? 그들의 마음과 몸은 안산으로 돌아왔지만, 그들의 영혼은 아직도 4월 16일 진도 앞 바다에서 헤매고 있지 않을까? 아직도 돌아오지 못한 자신들의 친구와 선생님을 찾으면서 말이다. 사사키 아타루의 말처럼, "이후라는 담론 자체가 이미 거짓 문제"[2]인 것이다.

과거와 현재와 미래는 선적으로linearly 진행되지 않는다. 왜냐하면 시

---

2 사사키 아타루, 안천 역, 『이 치열한 무력을: 본디 철학이란 무엇입니까?』, 초판 3쇄(자음과모음, 2014), 137; 사사키가 다루는 '이후'의 문제는 2011년 3월 11일 발생했던 동일본 대지진 사건, 일명 후쿠시마 원전 사고를 주제로 다룬 것이다.

간은 언제나 공간과 더불어 엮여져 있기 때문이다. 공간과 분리된 시간은 우리의 인지적 환상일 뿐이다. 우리의 시간은 언제나 구체적인 역사가 펼쳐지는 공간과 더불어 나아가는 시공간의 일부일 뿐이다. 따라서 아직도 우리에게 진도 팽목항을 떠나지 못하고 있는 가족들이 있다면, 4월 16일은 지나가지 않았다. 물론 이 멈추어버린 시간의 느낌은 상대적이다. 왜냐하면 모든 사람이 그 가족들과 더불어 동일한 관점, 즉 인식의 관성계를 공유하지는 않기 때문이다. 살아가는 매 순간, 우리의 시간은 언제나 과거로부터 유래하지만 동시에 아직 도래하지 않은 미래의 예감과 기대들을 품고 현재라는 시공간 속에서 구성되기 마련이다. '순간'을 현재로 고정하고 박제하는 습속은 시간과 공간의 복잡성과 중층성을 단순화시켜 파악하려는 추상abstraction의 몸짓이지만, 이러한 추상화가 언제나 환원불가능하고 엄연한 사실 자체가 아니라, 그것을 이해하기 위한 추상이라는 사실을 망각하게 된다면, 우리는 언제나 (철학자 화이트헤드가 지적하는) "잘못 놓인 구체성의 오류the fallacy of misplaced concreteness"를 범하게 된다. 결국 '이후'라는 시점의 제안은 그 사건을 과거의 사건으로 고정시키려는 정치적 몸짓이 되고 만다. 이 정치적 몸짓 자체가 문제가 되는 것은 아니다. 우리의 인식과 사유는 시간의 중층성이라는 구체적 경험 사실 그 자체를 그대로 제시할 수 없다. 우리는 선적인 순서에 따라 제시된 시간의 흐름을 따라서 자연을 이해하는 인과율적 인식 기제를 갖추고 있다. 좋든 싫든, 유전적이든 문화적이든, 그러한 인과율적 인식은 우리가 세계를 바라보고 구성하는 기본 구조다. 중요한 문제는 왜 우리는 '이후'로서 그 사건을 제시하고자 하느냐이다.

우리에게 '이후'를 떠올리게 만들고, 아직도 그 사건에 매여 있는 모습이 정신병적 집착으로 보이지 않을까 하는 불안감을 만들어내는 것은 그 끔찍한 사건 이후에도 우리의 일상의 삶과 세계는 아무렇지도 않은 듯이 그대로 잘 흘러가고 있다는 '냉정한indifferent' 현실 때문이다. 어떻게 이토록 아무렇지도 않은 듯이, 그렇게 물 흐르듯이 나아갈 수 있을까? 혹시 내가 피해자라는 망상 속에 있는 것은 아닐까? 아니라면 어떻게 '우리의 아픔'에 세상은 이토록 무심하게 아무 일도 없었던 듯이 잘만 돌아가는 것일까? 야속하게 느껴질 수도 있을 것이다. 하지만 이러한 무심한 흐름은 그 자체로 선한 것도 악한 것도 아니다. 그 흐름을 선하게 혹은 악하게 만드는 것은 결국 우리의 인간적인, 너무도 인간적인 몸짓의 개입이다.

많은 사람이 이 세월호 사건의 의미를 설명하고 방향성을 제시하고, 또 분석하고 진단하고 설명한다. 하지만 그 어떤 것도 우리의 마음 기저에 놓여 있는 불안을 해소해주지는 못한다. 왜냐하면 그 불안은 시간 자체로부터 오는 것이기 때문이다. 아직 도래하지 않은 시간을 포함한 모든 시간에 편만한 불안정성, 바로 그것이기 때문이다. 이는 시간의 시초에서부터 균등하게 모든 시공간에 펼쳐진 우주의 마이크로 배경복사처럼 모든 곳에 퍼져 있다. 따라서 우리의 진단과 분석과 설명과 의미 채근이 이 근원적인 불안과 뒤섞이게 되면서, 우리의 담론들은 갈 길을 못 찾고, 정치적 선동에 휘둘린다.

모든 것이 불안하고 불확실한 시대에는 언제나 목소리 큰 사람들의 말이 진리인 듯이 들리기 마련이다. 예를 들어, 나라 경제를 살리기 위해서 이제는 일상으로 돌아가야 할 때라는 선동적 외침이 그런 불안을 그대로 반영한다. 지금 흔들리고 있는 경제는 세월호 침몰 이후 벌어진 애도와 저항의 몸짓 때문이 아니다. 오히려 그 경제-지상주의라는 이데올로기가 우리의 삶을 획일적으로 삶의 다른 모든 요인을 차별하고 무시하면서 강조되어왔던 결과다. 그렇게 모든 것을 경제에 걸고, 희생을 감수하며 달려왔지만, 이 나라는 조금도 더 안전해지지 못했고, 그렇게 불안전한 삶의 상황의 근본 원인을 규명하자는 목소리에 그동안 경제를 전면에 내걸고 사람들을 미혹해왔던 경제성장 이데올로기의 정치력 영향력이 적나라하게 드러날까 봐 불안한 것이다. 그들에게 가슴 아픈 시간일지언정, 그저 흘러가는 시간일 뿐이다. 이 무심한 시간의 흐름 한복판에서 세월호 사건은 우리의 근원적인 불안과 불확실성에 대한 답을 제시해주지 않는다. 오히려 그 사건은 그 불안과 불확실성으로부터 묻는다. 이 사건 '이후'의 시간이 존재할 수 있느냐고.

아무것도 바뀌지 않는다는 철저한 무력감이 미래의 세계를 바꾼다

이것은 믿음의 문제다. 우선 '이후'를 규정할 수 있는 시공간 상의 점 혹은 경계를 정할 수 없다. 왜냐하면 한 사건은 다른 사건의 진행 속에서 내재화되면서 객관화되고, 그 사건 자체는 이미 다른 사건으로 진입하는 과정에서 주체적으로 죽음을 경험한다. 하지만 다른 사건의 진행 과정 가운데 선행 사건은 객관적으로 끊임없이 영향을 미치고 있기 때문에 한 사건의 종결 시점 혹은 시공간 경계를 구별하기란 불가능하다.

이후를 언급하고 있는 우리는 아직 '사건 이전'의 시공간에서 이 세월호 사건을 통해 어쩌면 '이후'로 일컬어질 수 있는 미래의 시간을 보고 있는지도 모른다. 미래는 과거로부터 이어져 내려온 축적의 결과가 아니라, 과거를 반복하고 있을지도 모른다는 불안감을 우리는 경험한다. 이 사건은 과거의 우리의 잘못이 축적되어 일어난 결과에 불과한 것이 아니라, 어쩌면 아직 우리가 겪지 못한 미래의 모습들을 계시적으로 예언하는 사건일 수도 있다는 생각 말이다.

우리가 이후를 말한다는 것은 곧 한 사건이 일어난 때와는 다른 상황의 전개, 즉 변혁을 체감할 때이다. 하지만 아직 이 사건이 진행되어나가는 과정 속에 있는 우리는 지금과는 다른 세상의 출현을 경험하지 못하고 있다. 사실 그 어떤 사건도 '이후after'의 시간 속에 존재할 수는 없다. 적어도 사건 속을 살아가는 주체의 입장에서 보자면 말이다. 그래서 사건의 주체에게 그 사건이 속한 세계 혹은 우주는 무한대의 공간으로 펼쳐진다. '이후'를 말할 수 있는 관점이 존재한다면, 그것은 바로 이 사건의 우주 바깥에서, 즉 전혀 다른 우주에서 우리 세계의 사건과정들을 관찰할 수 있는 외계 관찰자의 시점에서 우리의 사건의 공간들은 유한하고, 그 유한한 공간 위에서 시간들은 이전과 이후로 구별될 따름이다.[3]

4.16 이후 모든 것이 바뀌었다고 말하는 이들을 본다. 그렇게 믿고 싶을 뿐이다. 그리고 그 믿고자 하는 마음에 공감이 간다. 하지만 바뀐 것은 아무것도 없다. 단지 이 사건에 직접적인 피해자라고 여기느냐 아니면 이것은 나와 직접적인 관련이 없는 타자의 일이냐로 느끼느냐에 따라 태도만 다를 뿐, 이 사건을 통해 우리 사회가 바뀌었다는 지표는 어디에도 드러나지 않는다. 너무도 섬뜩하게 2014년 4월 16일 이후의 시간들은 무덤덤하게 흘러가고 있다. 이 무심한 흐름 속에서 이 사건은 우리의 모든 것을 송두리째 바꾸어놓았다는 선언은 이 사건을 통해 우리 모두의 책임을 공유하고자 하는 마음이 앞서고 있다. 하지만 "모든 사람이

---

3 참조. 브라이언 그린(Brain Greene), 박병철 역, 『멀티유니버스: 우리의 우주는 유한한 가?』(*The Hidden Reality: The Parallel Universes and the Deep Laws of the Cosmos*) (김영사, 2012), 121-129.

져야 할 책임은 책임이 아[니다]. 모든 사람에게 책임이 있다는 말은 책임 회피의 수단일 뿐[이다]."[4] 우리 모두의 책임을 통감하기에 앞서 구체적으로 누가 직접적인 책임을 져야 하는지 가려내는 일이 진행되지 않는다면, 우리는 결국 시간의 무심함 속에 우리 모두의 책임으로 사건을 희석시켜내는 일에 공모하는 셈이다.

바로 이 지점에서 사사키 아타루는 '치욕'과 '굴욕'을 구별한다. 치욕은 "어디까지나 '우리'의 치욕"으로서, "자신에 기인한 그 무엇"인 반면, 굴욕은 "항상 '그 누구' 때문에 생긴 것"이다.[5] 굴욕을 느끼는 사람은 자기 자신과 사회와 세계를 바꿀 마음이 없다. 왜냐하면 이 사건은 바로 그 어떤 누구 때문에 일어난 일이기 때문이다. 굴욕을 느끼는 사람은 그래서 이 사건을 일으킨 그 누구를 지명하고, 악마화시켜내고, 자신의 책임감을 덜어내려고 할 뿐이다.

치욕을 느끼는 사람은 이 사건 발생에서 '아무것도 하지 않았음'에 도리어 자신의 책임을 느낀다. 그것은 이 사건은 '내'가 아무것도 하지 않았음으로 인해 일어난 일로 받아들이는 것이다. 이러한 사건이 일어날 수밖에 없는 부패한 구조 속에서 살아가면서, 나는 아무것도 하지 않았고, 결과적으로 우리의 꽃다운 청춘들이 그렇게 속절없이 수장되고 말았다는 책임감이다. 누군가 판단해주겠지 혹은 누군가 바꾸어주겠지 라는 생각이 이러한 사건을 낳고 말았다는 것을 치욕을 느끼는 사람은 수긍한다. 따라서 "그런 '누구'는 없[다]. 우리가 우리를 바꾸지 않으면 안 [된]다. 우리의 이 세계를."[6] 그것은 곧 우리 모두의 잘못입니다 라는 자책

---

4 사사키 아타루, 『이 치열한 무력을』, 148.
5 같은 책, 149.
6 같은 책, 150.

으로 끝나는 것이 아니라, 진정으로 이 사회와 세계를 변혁시킬 행동으로 나서는 것을 의미한다.

이 세계의 변혁을 위해 무언가를 해야 한다는 말 앞에서 우리는 언제나 현실의 벽을 느낀다. 아무것도 바뀌지 않는다는 무력감. 그런데 역사 속에서 '우리'가 무력하지 않았던 적이 있었던가를 생각해보자. 언제 우리에게 시대와 세계를 전적으로 변혁해나갈 만한 능력과 힘이 주어져 있었던지를. 신학자들이 언제 시대와 세계 변혁의 주체로 섰던 적이 있었는가를. 언제 인문학자들이 시대의 혁명을 이끌고, 새로운 세계를 열어갈 수 있는 역량을 갖추고 있었는지를. 없었다. 신학은, 철학은, 문학은 그리고 인문학은 언제나 무력했다. 하지만 인문학으로서 신학이 무력하다는 것이 곧 무의미하다는 것을 의미하지는 않는다.

대혁명the Reformation[7]은 따분한 텍스트 읽기에서 시작했다

우리의 신학적 무기력이 무의미하지 않고, 변혁의 원천이 되는 것은 바로 신학이 자신의 무기력을 극복하기 위해 지속적으로 자신의 의미성을 추구하기 때문이다. '의미meaning'는 우리에게 주어진 것이 아니다. 그것은 무덤덤히 흘러가는 시공간의 흐름 속에서 불현듯, 주체가 출현하여 그 무의미성에 저항하는 몸짓을 시작하는 것을 알리는 것이다.

'말씀이 육신이 되었다'는 선포는 해방은 영적인 해방을 통해 이루어지며, 이 땅의 부정의와 고통은 육신적인 것이니, 무가치한 것에 탐닉하

---

7 사사키 아타루는 우리가 통상 '종교개혁'이라고 번역하는 the Reformation을 "대혁명"으로 번역한다. 왜냐하면 이 혁명은 이후 유럽 지역의 문명만이 아니라 오늘을 살아가고 있는 우리 모두에게 영향을 미친 말 그대로 '거대한' 혁명이었기 때문이다.

지 말고, 보다 더 가치 있는 것을 사모하며, 참고 기다리라는 영지주의적 복음 해석에 대한 강력한 저항의 메시지를 담고 있다. 그래서 육신이 말씀을 통해 영적인 해방의 상태나 해방의 영으로 승화되는 것이 아니라, 오히려 이 세상의 고통과 절망의 한복판으로 하나님이 내려오신다. '말씀'으로. 말씀은 무엇인가? 그것은 문자로 기록되어 박제된 문자만을 의미하는 것은 아니다. 쓰여진 문자들이 살아 있는 말씀이었을 때 그것들은 나름 그 시대의 고통과 좌절에 대한 복음이었다. 따라서 텍스트를 읽는다는 것은 기쁨과 환희와 감격에 겨운 경험이라기보다는 현실에 대한 좌절과 분노 그리고 설움을 달래기 위한 도피책에 가깝다. 그 무기력의 느낌이 강하면 강할수록 우리는 현실로부터 눈을 돌려 텍스트를 읽는다. 마치 거기에 답이 있는 듯이. 하지만 루터도 경험했듯, 읽으면 읽을수록 텍스트는 현실에서 경험한 좌절과 고통을 설명하고 위로하기보다는 도무지 세계를 더 이상 이해할 수 없는 지경으로 몰고 간다. 세상의 삶 속에서 겪은 좌절과 고통과 분노는 이제 세상으로 투사되는 것이 아니라, 텍스트로 투사된다. 이해가 안 되는 것은 세상인데, 텍스트를 읽으며 도무지 세상이 이해가 안 되니, 이제는 텍스트를 붙들고 성깔을 부린다. 도무지 이 텍스트는 이해가 되지 않는다고.

당대 교회의 현실을 바라보면서, 루터는 깊은 위기와 좌절에 빠져들었다. 교회에 "환멸"[8]을 느낀 것이다. 도무지 자신의 텍스트 경험으로는 이해가 되지 않는다. 왜 이렇게 되었는지를. 그래서 읽는다. 그리고 또 읽는다. 읽다가 이제 텍스트에다 대고 성을 낸다. 도대체 이런 텍스트가

---

8 퀜틴 스키너(Quentin Skinner), 박동천 역, 『근대 정치사상의 토대 2: 종교개혁의 시대』 (*Foundations of Modern Political Thought 2: The Age of Reformation*)(한국문화사, 2012), 45.

나의 현실적 고통과 좌절에 무슨 의미가 있다고. 그래서 결국 당대의 교회의 현실 앞에서 루터는 하나님을 저주하고 증오하는 신성모독의 지경에 이르기까지 한다. "인간에게 지킬 수도 없는 법을 내려주고서 법을 지키지 못한다고 정의正義에 따라 정죄"[9]하는 하나님의 정의는 결코 정의롭지 못하다고 판단했기 때문이다. 그 부정의한 신에 루터는 저항했다. 하지만 그 저항은 결국 '순종'일 수밖에 없었다. 저항하는 텍스트를 붙들고 다시 또 읽었다. 텍스트를 읽고 또 읽고 강의를 준비하는 "학자의 따분한 작업"을 반복함으로써 저항했다. 그렇게 저항하면서도 루터는 끝까지 텍스트를 붙들었다. 그러니 철저한 저항은 결국 순종이 되고 만 것이 아닐까. 결국 텍스트[10]가 루터에게 말을 걸었다. 정의는 죄지은 사람을 처벌하는 것이 아니라, 하나님의 정의는 죄와 불의에 빠진 사람들을 그것들로부터 건져내어 정의롭게 만드는 것이라고. 바로 그 텍스트. 이제 텍스트의 말씀이 루터의 육신의 삶이 된다. 바로 이것이 성육신이다. 그리고 성육신의 시간이고 공간이다: 말씀이 육신이 되었다. 누군가 그러지 않았던가. 가장 철저한 신앙은 바로 무신론이라고. 신을 부정하기까지 텍스트에 저항하면서도, 끝까지 포기하지 않고 텍스트에 대한 저항을 해나갈 때, 말씀은 우리의 미래 삶을 결정하는 사건 속으로 육신이 되어 도래한다.

우리 시대 복음은 어떻게 들려지는가? 오늘 우리의 세상에 말씀이 육신이 되신 사건은 '가만있지 말라!'는 언표되지 않은 음성으로 들려온다. 세월호 침몰 당시 학생들에게 전달된 방송은 '안전한 실내에 가만히 앉

---

9 같은 책, 45.
10 여기서는 구체적으로 시편 31편에 "주의 의로 나를 건지소서(*in justitia tua libera me*)"라는 구절에 대한 완전한 재해석이 떠오른 것을 가리킨다(같은 책, 45-46).

아 기다리라'는 말이었다. 우리에게 들려진 말은 그랬다. 그리고 그들은 우리 품으로 돌아오지 못했다. 바로 이 사건 속에서 우리는 성육신의 말씀은 '가만히 있으라'는 것이 아니라, 오히려 '가만히 있지 말라' 그리고 '더 이상 침묵으로 순종하지 않겠다'는 말씀이다. 말과 말씀은 그렇게 다르다. 동일한 언어라는 기표들을 매체로 사용하지만, 우리 시대 성육신의 말씀은 우리 귀에 감각적으로 직접 들려지는 방식을 통해서만 전달되지 않는다. 우리는 매주 수없이 많은 교회에서 선포되는 소위 '말씀'을 듣는다. 전해지는 소리들이 다 말씀은 아니다. 진정한 말씀은 오히려 소리 없이, 가시적인 물리적 효과 없이도 우리 마음과 영혼 속에 전해진다. 그 음성은 우리 시대가 정의를 향해 가고 있는가 아니면 부정의한 구조 속에서 침묵과 복종을 강요하는가에 따라 다르게 들릴 것이다.

"우리는 혁명으로부터 왔"고, 그 혁명은 "책을 읽는 것"이었다

사사키 아타루는 '우리'는 "혁명으로부터" 왔다고 주장한다.[11] 그리고 그 혁명은 "책을 읽는 것"[12]이었다. 오늘의 우리는 일련의 혁명으로부터 유래하는데, 그 혁명의 시초는 바로 중세 해석자 혁명이었다. 중세 해석자 혁명은 11세기 말 피사의 도서관 구석에서 발견된 '유스티니아누스 법전' 혹은 로마법 대전을 읽고, 고쳐 읽고, 고쳐 쓰는 과정을 가리킨다. 이 혁명은 중세 말 이래 인간 삶의 근본을 정초하는 혁명이었는데, 그중 핵심은 교황은 절대 권력이 아니라 공의회의 선거를 통해 선출된 자로

---

11 사사키 아타루, 송태욱 역, 『잘라라 기도하는 그 손을: 책과 혁명에 관한 닷새 밤의 기록』 (자음과모음, 2012), 67.
12 같은 책, 75.

규정한 것이었고, 이를 통해 주권자는 선거를 통해 권력을 위임받는다는 것을 확고히 확립한 혁명이었다. 이제 권력은 하나님으로부터 주어진 신성불가침이 아니라, 선거를 통해 정당성을 획득해야만 하는 것으로 바뀐 것이다. 선거를 통한 근대 민주주의 체제의 기본이 이 혁명을 통해 확립된 것인데, 이 혁명은 곧 텍스트를 읽고 다시 읽고, 고쳐 읽고 그리고 고쳐 쓰는 과정이었다.

텍스트를 읽는다는 것, 그것은 곧 "고쳐 읽는 것"이고 그래서 그것은 다시 "고쳐 쓰는 것"이라고 사사키는 말한다.[13] 읽는 것이 쓰는 것으로 전환되는 과정은 얌전하고 조용한 성찰의 시간이 아니라, 모든 것이 뒤집어지고, 모든 경계가 희미해지고, 무엇을 믿는지 무엇을 불신하는지조차 확신할 수 없는 시공간으로 진입하는 것이며, 그 막막한 시공간에서 해석의 전투를 통한 혁명이 일어난다.

책을 제대로 읽는다는 것은 자신과 세계가 동시에 믿을 수 없게 되는 것이었습니다. 마찬가지로 쓴다는 것에 대해서도 '신앙'은 사라집니다. 그 한 행을 믿지 않는다면 쓸 수 없습니다. 그러나 '쓰는 것'은 지우고 고쳐 쓴다는 것을 전제로 합니다. 그것을 지우고 고쳐 쓸 수 있다는 것은 믿지 않는다는 것입니다. 한 행을 쓸 때 자신은 그것을 정말 믿는 것일까요? 한 행을 지울 때 자신은 그것이 정말로 믿을 수 없는 것일까요? 믿지 않는다면 고쳐 쓸 수 없지만, 고쳐 쓸 수 있다는 것은 믿고 있지 않다는 것입니다. 그렇다면 여기서 신(信)과 불신의 이분법은 다 같이 완전히 사라집니다. 거기에 무한한 회색의 투쟁 공간이 출현합니다. 버지니아 울

---

13 같은 책, 236.

프가 말했습니다. '최후에는 고독한 전쟁이 우리를 기다리고 있다'고. 그
것은 쓰는 것에 대해서도 마찬가지입니다. 여기가 혁명의 장소입니다.
혁명의 시간입니다. 이 시공은 끝나지 않습니다. 정의상, 끝날 수 없는
것입니다.[14]

중요한 핵심 중 하나는 '글을 읽는다'가 아니라 '텍스트를 읽는다'는
것이다. 텍스트text란 언제나 컨텍스트context를 가리킨다. 하나의 단어
를 이해한다는 것은 곧 그 단어가 쓰여진 문장의 앞뒤 맥락에서 읽는다
는 것이고, 하나의 문장을 이해한다는 것은 곧 그 문장이 쓰여진 전후
문장들의 맥락에서 읽고 이해한다는 것을 의미한다. 따라서 단어나 문
장을 이해한다는 것은 곧 그 단어나 문장이 속한 '맥락context'을 이해한
다는 것이다. 맥락을 의미하는 context는 접두어 'con'과 'text'라는 단
어가 결합한 것인데, 여기서 접두어 'con'은 본래 '함께'라는 의미를 담고
있다. 따라서 맥락이란 언제나 텍스트들이 함께 있는 것, 그것들이 형성
하는 흐름을 가리킨다. 말씀the Word은 바로 그 컨/텍스트con/text로부
터 일어난다. 읽고 또 읽고, 고쳐 읽고 그리고 고쳐 쓰는 과정에서 '말씀'
은 읽는 자에게 주체를 불러일으킨다. 행동을 촉구하는 주체 말이다. 그
래서 황제 카를 5세가 장악하고 있는 보름스 국회에 출석하여 자신의
주장을 철회하라는 요구에 루터는 이렇게 답한다.

… 나는 계속 내가 든 성구를 따르겠다. 나의 양심은 [하느님의] 말에 사
로잡혀 있다. 나는 내 주장을 철회할 수 없고 그럴 생각도 없다. 양심에

---

14 같은 책, 236.

반하는 일을 하는 것은 확실하기는 해도 득책得策은 아니기 때문이다.

신이시여, 저를 도와주소서. 아멘.

나, 여기에 선다. 나에게는 달리 어떻게 할 도리가 없다.[15]

그렇다. 루터는 대답한다. "나는 내가 든 [성경 말씀을] 계속 따르겠다"고. 그래서 "나 여기에 선다. 나에게는 달리 어떻게 할 도리가 없다." 바로 이것이 텍스트를 읽는 경험이 가져오는 주체의 출현이다. 그 주체는 기존의 내가 살아오던 방식에 결정적인 분열을 가져오며, 평화가 아니라 불화를 그리고 검을 가져온다. 그 말씀을 붙들고, 루터는 "불법자the outlaw"가 된다.

이 텍스트 혁명에서 가장 근원적인 핵심은 "양심의 준거점"을 어디에 둘 수 있느냐의 문제였다. 성서 본문이 기록된 글자가 아니라 '텍스트'라고 말하는 것은 바로 텍스트란 언제나 컨텍스트 속에 있어서, 그의 이해를 위해서는 언제나 '해석의 개입'이 요구된다는 것을 의미한다. 텍스트를 읽는 과정에서 해석적 주체의 개입이 이루어질 때, 결국 주체의 해석적 개입을 정초하는 확실한 토대는 이제 '개인의 양심'에 있는 것이다. 이 양심은 다른 누군가의 것이 아닌 읽고 있는 독자 자신의 것이다.

모든 컨/텍스트con/text는 텍스트text이다.

컨텍스트는 맥락이라는 뜻을 넘어서서 '상황'과 '흐름'이라는 의미도 담

---

15 같은 책, 91.

고 있다. 그리고 이미 텍스트는 컨/텍스트임을 언급한 바 있다. 그렇다면 우리는 모든 컨/텍스트를 '텍스트'라 볼 수 있는가? 텍스트text 자체가 이미 그 내부에 그보다 작은 컨/텍스트들을 담지하고 있는 '텍스트들'이다. 한 현실적 존재는 원칙적으로 온 우주를 파악을 통해 담지한 소우주로서, 존재의 기본 단위이지만, 그러나 모든 현실적 존재는 이미 그 독자적으로 독립된 원자적 존재가 아니라 다른 현실적 존재와 엮인 '결합관계nexus'로 존재한다고 철학자 화이트헤드는 말한다. 존재와 마찬가지로 그 어떤 텍스트도 홀로 고립되어 존재하는 것은 없다. 텍스트를 이해한다는 것은 이미 텍스트의 구조에 참여한다는 것이고, 구조는 구성단위 하나로 구성된 것이 아니라, 그 구조에 포함된 모든 구성요소가 만들어내는 구조로서 구조이기 때문이다. 따라서 모든 텍스트는 이미 그리고 언제나 컨/텍스트일 수밖에 없다. 그 컨/텍스트는 텍스트들이 흘러가는 맥락을 의미할 수도 있지만, 그 텍스트가 회람되는 현실일 수도 있다.

우리는 텍스트를 읽어야 한다. 모든 혁명은 바로 텍스트를 읽고 또 읽고, 고쳐 읽고 고쳐 쓰는 과정에서 일어났다. 문제는 무엇을 텍스트로 삼느냐다. 무엇이 우리의 텍스트인가? 우리의 텍스트란 결국 '우리가 경험하는 사실'이다. 이 사실은 완고하고 환원불가능하다. 그렇기 때문에 우리는 텍스트를 읽는 과정에서 도무지 말이 되지 않는 상황을 접한다. 논리적인 단어들의 조합이 일관성 있게 다가오지 않을 때, 우리는 텍스트가 읽히지 않는 경험을 하게 된다. 이 경우, 내가 텍스트로 향한 해석적 개입이 텍스트가 담지한 해석의 구조와 맞지 않는 경우이다. 다른 말로 텍스트의 패러다임이 해석자의 패러다임과 맞지 않는 경우 말이다. 때로는 텍스트의 모든 문장이 너무도 이해가 되는데, 문제는 그 텍스트가 지시하는 현실의 사실은 도무지 텍스트와 들어맞지 않는다. 전자의 경우는 중세 해석자 혁명의 경우이고, 후자의 경우는 루터의 종교개혁 경험이다. 말하려는 요지는 텍스트가 지시하는 '사실fact'은 우리에게 그대로 아무런 장치 없이 모습을 드러내거나 파지되지 않는다는 것이다. 엄연하고 환원 불가능한 사실을 접할 수 있으려면, 우리는 우리의 해석을 가능케 하는 해석적 이해구조 혹은 추상적 개념의 장치들을 가져야 한다. 하지만 우리가 해석적 장치를 갖고 사실에 다가가기 때문에 우리는 해석적 개념장치들이 제거된 사실이 무엇인지 도무지 알 수 없게 된다. 이를 '해석적 불확정성의 원리'라고 불러도 될 듯하다. 하이젠베르크의 불확정성 원리는 본래 전자의 위치를 확정하면 속도를 알 수 없고, 역으로 전자의 속도를 확정하면 그 위치를 정확히 알 수 없다는 것을 가리킨다. 이는 사실을 알려면 추상적 해석 개념이 필요하고, 추상적 해석 개념을 도입하면 해석이 배제된 원초적인 사실은 알 길이 없어지는 해석적 순환성과 유사하다. '텍스트'란 사실과 해석 사이에 개념적으로 설치되는 독해의 기제인 것이다.

우리가 삶에서 경험하는 사실로서의 텍스트는 결코 우리에게 순수하게 도달하지 않는다. 우리는 세월호 사건에서 '진상규명'을 부르짖으면서, 근대의 잘못 놓여진 구체성의 오류에 근거한 순수한 사실로의 퇴행적 귀환으로 빠져 들어서는 안 된다. 이미 데리다가 "텍스트 밖에는 아무 것도 없다"고 선포하지 않았던가? 세월호 침몰 사건은, 모든 것을 노출시켜놓았을 때 그 사건이 마치 현장의 동영상을 보는 듯이 원래대로 재구성되는 그런 류의 것이 전혀 아니다. 인간이 자신의 인식을 가지고 세상을 보는 한, 그런 일은 결코 일어날 수 없다. 오히려 그 사건은 우리에게 읽혀지지 않는 텍스트와 같다. 어떤 사건이 일어났는데, 우리는 그 사건의 텍스트를 전혀 읽어낼 수가 없다. 왜? 이미 언급한 대로 두 가지

가능성이다. 그 사건 텍스트의 구조가 우리의 인식적 혹은 해석적 구조와 전혀 다르거나 혹은 그 텍스트가 지시하는 현실의 사실이 우리의 삶의 구조와 조화를 이루지 못하거나. 세월호 사건은 어떤 경우이기에, 도무지 이해가 되지 않는 것일까? 본 저자는 둘 다라고 생각한다. 어느 경우를 통해 텍스트가 우리의 삶의 이해 가능한 사건으로 변환되지 못하건, 중요한 것은 이 사건-텍스트가 전혀 이해되지 않는다면, 우리는 그 사건-텍스트를 읽고, 또 읽고, 또 읽고, 그리고 고쳐 읽고, 수정해 읽고, 변조해 읽고 하는 경험을 반복해야 한다는 것이다. 우리가 고쳐 쓸 수 있을 때까지. 그 고쳐 씀을 통해서 우리의 텍스트 혁명이 이루어질 때까지.

실종자의 귀환을 염원하며 실종자 유가족이 팽목항에서 광화문까지 삼배일보를 하며 나아가는 영상을 보았다. 이해가 되는가? 이런 일이 벌이지고 있는 현실이? '진상규명'을 위한 소위 사실 관계를 시간순서대로 복구하면, 왜 이 어처구니없는 일이 일어났는지 우리는 알게 될까? 모든 혁명은 바로 이 사실-텍스트의 도무지 이해할 수 없음의 경험으로부터 시작한다. 이해할 수 없기 때문에 또 읽게 되는 것이다. 2014년 4월 16일은 날짜가 아니라, 우리가 계속해서 읽어야 할 사건-텍스트이다. 쉽게 이해에 굴복하는 사건-텍스트가 아니다. 그래서 또 읽어야 한다. 고쳐 쓸 수 있을 때까지.

이야기를 통한
세월호 사건 분석

권진관 ― 성공회대학교

이야기는 우리의 삶과 철학 그리고 신학을 위한 가장 중요한 기능이요 방법이다. 정치·사회적인 문제를 다룰 때 개념적으로 접근하기보다 이야기적으로 접근하는 것이 적합하다는 걸 한나 아렌트, 발터 벤야민을 비롯한 많은 정치·사회 사상가들이 이미 설파하였지만, 한국의 민중신학도 1970년대에 이미 신학을 하는 데 있어서 이야기가 중요할 뿐 아니라 신학하기에서 중심적인 위치를 차지해야 한다는 것을 설파한 바 있다. 필자는 약 16년 전에 『우리 구원을 이야기하자』라는 책을 썼는데, 그것은 "이야기신학 시론"이라는 부제를 달고 있다. 하지만 그동안 이야기를 버리고 개념과 담론으로 신학을 해왔다. 이제 와서 다시 이야기로 돌아가야겠다고 생각하게 된 것은 신학은 현실의 사건들에 뿌리를 내려야 한다는 너무나 평범한 깨달음을 얻었기 때문이다.

이야기가 사회·정치적 사건을 분석하고 처방에 이르게 하는 데에 정말 유용한 도구라는 것을 일깨워준 것은 2014년 4월 세월호 사건이었다. 세월호 사건에 대한 정부와 보수 측의 이야기는 무성했던 반면, 당사자들의 이야기는 언론의 무관심과 왜곡 속에 묻혀가고 있었다. 그리자 저항하는 움직임이 드세졌고, 유가족들은 천막 농성, 삼보일배 투쟁, 온갖 집회에 참여하면서 자신들의 억울한 이야기를 호소했다. 이러한 상황 속에서 정의에 기반을 둔 바른 이야기, 즉 피해자들의 처지에 굳건히 선 이야기가 좀 더 체계적으로 나오고 들려야 하며, 이것이 공공적 공간의 확장 속에서 이루어져야 한다. 옳은 이야기가 들리는 것이 공공적 공간과 우리 사회의 민주주의를 위해 중요하다. 하지만 피해 당사자들은 자신들의 사건에 너무 몰입되어서 자신들의 사건을 이야기로 제대로 엮어내지 못하는 것을 눈앞에서 보아야 했다. 하여, 직접적인 사건으로부터 약간 거리를 둔 사람들이 이야기를 좀 더 조리 있게 해낼 수 있을 것이라는 결론에 이르게 되었다. 그러나 당사자들의 이야기가 사회적 공공의 공간에서 들려야 한다. 그들의 소리가 들리는 사회적 공간, 특히 언론의 공적 공간이 필요하다. 그러나 우리나라는 언론이 재벌과 맘몬의 지배를 받고 있어서 자기 역할을 못 하고 있다는 사실은 우리가 넘어야 할 장벽이기도 하다. 그 속에서도 우리는 다중들이 만드는 공간, 이야기들의 소통의 공간을 대중적 운동 속에서 만들어나가야 한다. 민주주의를 위한 우리의 열망이 이러한 과제를 충실하게 감당할 정도로 책임적이고 실천적이어야 한다.

이야기는 사건을 일정한 틀로 엮어내는 담화speech이다. 그 틀은 플롯plot이다. 이야기narrative가 개념concept과 다른 점은 이야기에는 이야기의 주체, 즉 화자가 있다는 것이다. 화자는 이야기의 등장인물이 될 수도 있지만, 대체로 화자는 등장인물들과 다르다. 개념은 보편적인 것이어서 개념은 주체를 갖지 않는다. 주체는 항상 특별하고singular 유니크하기 때문이다. 반면 개념의 주체는 일반적이다. 이야기와 담론dis-course의 차이는 무엇인가? 담론은 논리적(연역, 귀납, 추론적)이나 이야기는 논리를 포용하지만 플롯plot에 의해 엮어진다. 플롯은 사건들을 구슬처럼 꿰는 역할을 하는데, 이 플롯이 사건들을 꿰어서 이야기로 만든다. 내러티브narrative로서의 이야기는 스토리와 약간 차이가 있다. 여기에서 필자는 내러티브를 말하고자 한다. 내러티브는 화자narrator가 있는 스토리이다. 스토리는 사건을 그대로 표현presentation하는 성격을 갖고 있지만, 내러티브에서는 사건이 화자에 의해서 재현representation된다.

화자는 사건과 그 등장인물들에 대해 이야기한다

화자narrator는 대체로 등장인물과는 다르다. 그리고 화자는 등장인물들보다 이야기의 원자료인 사건(스토리)에 대해 더 많은 것을 알고 있다고 가정하고 이야기를 하는 인물이다. 플롯은 이 화자에 의해서 의식적으로 정해진다. 화자는 등장인물들이 하지 못하는 일을 하는데 그것은 사건의 전후관계를 플롯으로 엮어내는 일이다. 그리하여 화자는 사건이 어떤 의미meaning와 메시지message를 가지는지를 드러내준다. 이러한 것을 화자가 해낸다. 이러한 일을 등장인물들이 직접 할 수는 없다. 화자는 사건과 등장인물의 밖에 서서 사건과 등장인물에 대해서 이야기를 하는 것이다. 화자는 사건을 이야기적으로 구조화하여 재현하는 사람이다. 그렇다면 화자는 사건에 대해 일정한 선험적 판단이나 지식을 가지고 사건에 접근하여 그것을 이야기화한다고 말할 수 있다. 사람들마다 이러한 사전적인 판단이나 지식을 가지고 이야기를 하기 때문에 한 사건을 놓고 다른 이야기들이 나타날 수 있는 것이다.

구상 혹은 줄거리라고 하는 플롯은 이야기하기 전에 의식적으로 정해진다. 한편, 화자가 자기 의식적인 플롯을 가지고 이야기를 전개하는 것은 그것으로 의미를 창출해내기 위해서이다. 그런데 같은 사건을 놓고 다른 이야기들이 나올 수 있다. 부자와 가난한 자, 사회적인 지위의 높고 낮음에 따라서 같은 사건을 놓고 다른 이야기를 할 수 있다. 즉 자기가 어떤 위치에 있고 어떤 경험을 해왔는가에 따라 같은 사건을 다르게 이야기할 수 있다. 이렇게 이야기들이 서로 다른 의미를 창출하는 각각 다른 플롯이 있기 때문이다. 약자에게는 강자와는 다른 줄거리, 즉 플롯이 있는데 그것은 그의 삶의 정황이 그렇게 만들기 때문이다.

만약 우리 안에 회개와 같은 변화가 일어난다면 그것은 이러한 플롯에 변화가 생겼음을 의미한다. 대개의 경우, 획기적인 사건에 참여하면서 이러한 변화를 입는다. 사도 바울이 다마스쿠스 길 위에서 예수를 만나 회심하는 큰 사건big event(일상 속의 작은 사건들과 구별하여 평생에 한 번 겨우 올 수 있는 획기적인 사건)과 같은 것을 말한다. 사도 바울은 이 사건을 경험하면서 이제까지의 유대적·바리새적인 초월론적 관점을 버리고 새로운 관점과 눈을 갖는, 새로운 주체로의 변화를 입었다. 다른 말로 하면 그의 이야기 내용이 변화했고 특히 플롯에 변화가 일어난 것이다.

사도 바울은 자신의 주체의 변화가 가져온 엄청난 질적인 변화를 경험하고 그것을 선교여행을 통해 이방인들에게 전했다. 문제는 이러한 이야기의 내용과 질을 결정하는 것이 플롯이라는 것인데, 이 플롯들의 싸움이 오늘 우리 현장에서 벌어지고 있다. 세월호 특별조사위원회가 구성되었지만, 그 위원회에 적어도 두 개의 플롯이 부딪치고 있다. 정부 여당 측의 이야기 플롯과 희생자의 이야기 플롯이 있다. 이 두 개의 플롯 중에 어느 것이 더 진실한truthful 것인가?

아래의 이야기는 극우 일베 쪽에서 나온 이야기인 것 같다. 모순투성이 이야기인데 인터넷에서 검색하여 줄여서 여기 싣는다. 같은 사건도 다른 플롯으로 전개하면 전연 다른 이야기가 된다는 것을 보여준다.

지금 대한민국은 세월호 침몰사건 이래, 정치적으로 이를 이용하려는 불순 세력과, 또한 너무도 염치없는 막가파식의 일부 유족들에 의해, 발목이 잡혀 아무것도 못하고 표류하고 있다. 이대로 이렇게 계속 끌려가서는 안 된다. 대통령이, 정치권이 할 수 없다면, 깨어 있는 국민들이 일어나, 힘을 합쳐 무언가 특단의 조치, 단호한 결단이 이루어지도록 해야 한다. 매 맞을 각오로, 쓴소리, 바른 소리 한다. "제발 이제 그만하라!" 그동안 국민들도 당신들과 함께 '아픔'에 동참했었다. 당신들의 그 고통을 누가 대신해주겠는가? 하지만 이제 '한풀이'는 그만해야 한다. 좀 냉정해질 때다.

당신들이 지금 단식 농성까지 하면서 집요하게 요구하는 것은, '진상을 밝히라'는 것이고, 또 당신들의 뜻에 맞는, '세월호특별법'을 통과시키라는 것이다. 지난번 교황을 만났을 때도 같은 소리를 했다. 영어로 "We want truth!"라는 플래카드를 모두 들고 있었다. '진실'이라고 했는가? 세월호 침몰 참사에 무슨 숨겨진 음모, 비밀이라도 있다는 것인가? 이미 여러 수사기관 및 각종 조사 담당자들에 의해 세월호 사건 진상은 이미 만천하에 다 밝혀지지 않았나? 관련 범법자, 책임자들은 지금 모두 재판을 받고 있다.

'침몰' 원인은, 첫째로, 유병언과 그 일당의 탐욕에 의해: (1) 배 상층부에 선실을 더 증축, (2) 적재 한도의 2-3배 넘는 초과 화물 적재 등, 그래서 배의 '복원력'이 없어지게 된 것이 '세월호 침몰'의 주원인이 아닌가? 다음으로 '해경'의 초동대응 실패 및 재난 대비체계의 미비 등, 정부 쪽의 잘못도 일부 들 수 있는데, 그런 것들은 이전以前 정부들로부터 내려온 잘못이지 왜 박근혜 정부만의 잘못인가?

세월호 유족 측에 서 있는 소수의 '종북, 좌익, 반대한민국 세력' 측을 위해서인가? '5·18특별법'처럼, 비헌법적인, 비합리적인, 비이성적인, '세월호특별법'은 제정되어서는 안 된다. 시급한 민생 관련 법안부터 빨리 처리하라.

위 이야기의 화자는 세월호 사건을 인간의 실수와 자연적 사고가 엮인 단순한 사고로 이해하면서 세월호 피해당사자들과 그들을 지지하는 집단 및 개인들을 무차별적으로 공격한다. 화자는 복잡한 사건을 이데올로기적인 입장에서 이해하여, 그 이야기의 진실성을 상실하고 있다. 그렇다면 어떤 이야기가 진실하지 않고 거짓된 이야기인가를 가르는 기준은 무엇인가? 이야기의 중심이 플롯이라고 한다면 이야기의 진실성은 플롯에서 나타나야 한다고 할 수 있지 않은가? 플롯 즉 줄거리는 다양한 재료들을 엮고 짜깁기 하여 이야기를 만들어주는데, 줄거리 즉 플롯은 그냥 있는 것이 아니라 그 속에 윤리적인 판단, 가치관, 세계관이 이미 내포되어 있어 이야기의 내용과 질을 결정한다. 이 이야기 속에 적어도 인간을 사랑하는 안타까운 마음이 보이는가? 이 속에 정의가 보이는가? 안타깝게도 이 이야기 속에는 강자의 자기변호, 현재의 보수적 국가 권력의 매몰참, 국가의 책임 회피, 약자에 대한 무관심, 피해자에 대한 회오 없는 무조건적인 희생의 강요가 절절히 묻어나오고 있지 않은가? 마지막 부분인, "'세월호특별법'은 제정되어서는 안 된다. 시급한 민생 관련 법안부터 빨리 처리하라"에서 맘몬의 섬뜩한 눈빛이 보이지 않는가?

다음의 이야기는 작가 박민규의 글인 "눈먼 자들의 국가"로 「문학동네」 2014년 가을호에 실린 것이다. 긴 글이므로 되도록 줄여서 핵심만을 부각시키려고 하였다.

타서는 안 될 배였다.

일본에서 십팔 년이나 운항된 낡은 배였고 무분별한 규제 완화를 통해 수입된 선박이었다. 수리는 늘 땜빵으로 이뤄졌고 무리한 개조와 증축이 배의 무게중심을 높여놓았다. 더 많은 화물을 싣기 위해 배의 균형에 절대적 영향을 미치는 평형수가 상당량 빠져 있었다. 선장은 비정규직이었고 일등 항해사와 조기장은 출항 전날 채용된 직원이었다. 선사 직원의 증언에 따르면 출항 직전 선박직 선원들이 출항을 거부하며 애걸복걸했다고 한다. 이유는 알 수 없지만 선장의 상태도 평소와 달리 불안해 보였다. 세월호는 국가보호장비로 지정된 배였고 국내 이천 톤급 이상 여객선을 통틀어 유일하게 유사시 국정원에 우선 보고를 해야 하는 배였다. 안개가 많이 낀 밤이었다. 다른 여객선의 출항이 모두 취소된 상황에서 그날 밤 인천항을 출발한 배도 세월호가 유일했다. 다음날 배는 침몰했다. 예견된 사고였다고, 가라앉을 수밖에 없는 배였다고 모두가 말했지만 침몰해가는 배에서 제일 먼저 빠져나온 것은 선장과 선원들이었다. 해경 123정은 기울어가는 배 주위를 돌기만 하다가 딱 한 번 접안을 하고 그들을 옮겨 태웠다. 승객들의 출입구가 있는 선미로는 가지 않았다. 옷을 갈아입어 몰랐다고는 했지만, 일반인의 출입이 원천적으로 통제된 선수 쪽 조타실이었다. 아니, 그마저도 나중에 거짓임이 드러났다. 선원임을 알았고, 그들은 족집게처럼 476명이 타고 있는 배에서 선원들만 빼내왔다. 그리고 두 번 다시 접안하지 않았다. 승객들은, 또 아이들은 배 안에 갇혀 있었다. 가만히 있으라는 선장의 명령을 따랐기 때문이다. 승객들이 있다는 걸 뻔히 알면서도 선장과 선원들, 또 해경은 탈출하라는 말 한마디를 하지 않았다. 오로지 스스로의 힘으로 배를 빠져나온 승객들만이 가까스로 헬기와 보트에 오를 수 있었다. 엄밀히 말해 구조가 아닌 탈출이었다. 해경은 끝내 선내에 진입하지 않았다. 의자로 창문을 두드리는 아이들의 외침도 외면했다. 그리고 배는 물속으로 가라앉았다.

보다 잔혹한 일은 그 뒤에 일어났다. 배가 침몰한 상황에서, 일 분 일 초가 아쉬운 그 상황에서도 구조는 이뤄지지 않았다. 현장에 집결한 수백 명의 실종자 가족들이 애원하고 오열해도 해경은 구조를 하지 않았다. 아니, 하는 척만 했다. 항의하는 유가족들에게는 거짓말을 둘러댔다. 결코 사실이어선 안 될, 괴담이라 치부되던 소문들이 대부분 나중에 사실로 드러났다. 언론은 종일 가능성과 희망을 떠들었다. 에어포켓이며 골든타임, 정부가 구조에 최선을 다하고 있다는 속보들이 매체를 장악했다. 전부 거짓말이었다. 구조대원 726명과 함정 261척, 항공기 35대가 집중 투입된 사상 최대 규모의 수색작전을 벌인다는 기사도 있었다. 사상 최대 규모의 거짓말이었다. 구조는 없었다. 아니, 한 걸음 더 나아가 현장을 통제한 해경은 적극적으로 골든타임의 구조를 가로막았다. 해군과 119구조단, 각지에서 모여든 민간잠수사들 … 어느 누구도 아이들을 살리기 위해 바다에 뛰어들 수 없었다. 심지어 해군참모총장이 두 번이나 명령을 내린 통영함도 현장에 투입되지 못했다. 이는 감히 해경이 저지할 사안이 아니었다. 구조를 전담한 것은 한 민간업체였다. 선사와 계약을 맺었으며 이런 일은 민간업체가 더 전문적이란 설명이 뒤따랐다. 그렇게 골든타임이 지나갔다. 그리고 더는, 누구도 구조될 가능성이 사라진 어느 날(한 달 후) 논란이 불거지자 그 민간업체의 이사가 TV에 나와 말했다. 우리는 사실 구조업체가 아니라고. 우리는 인양을 하러 온 업체라고, 그가 말했다. 그럼 구조는 누가 맡은 거냐는 질문에 '구조는 국가의 업무죠'라는, 너무나 당연한 답을 우리에게 들려주었다. 그럼 여태 국가는 무얼 했단 말인가? 가라앉은 배보다 더 무거운 의혹이 우리를 짓눌렀다. 무엇 하나 이상하지 않을 게 없었다. AIS 항적이며, 교신 기록이며, CCTV며… 아무튼 침몰한 배에 관련된 기록들은 없거나, 불분명하거나, 조작되거나, 공개되지 않았다. 도대체, 왜? 아무도 그 의문에 답하지 않았고 누구도 이 일을 이해할 수 없었다.

　이것이 과연 나라인가? 기울어가는 배의 갑판에 모두가 서 있는 기분이었다. 일찌감치 제일 먼저 배를 빠져나간 것은 대통령과 청와대였다. 청와대는 재난 컨트롤타워가 아니다, 라는 말로 일찍 못을 박았고 이 말은 감사원의 입을 통해 또 국정조사에 임한 대통령 비서실장의 입을 통해 수차례 언급되었다. 아니, 그보다 청와대는 TV 뉴스를 보고 사고소식을 처음 접했다고 했다. 안전행정부 상황실도 국정원도 YTN뉴스를 보고 사고를 알았다고 했다. 같은 시각 나는 세탁소에 맡긴 옷을 찾으러 갔다가 뉴스를 보았는데, 말인즉슨 나와 세탁소 김씨와 김씨의 부인인 안씨와 정부가 동급이란 얘기였다. 국정원의 말은 거짓으로 드러났다. 그리고 이것은 실은 매우 이상한 거짓말이다.

여론이 악화되자 대통령이 대국민 사과를 했다. 대통령은 모든 걸 바꾸겠다고 했고 이번 사고에 제대로 대처하지 못한 최종 책임은 대통령인 자신에게 있다고 했다. 그리고 마치 결백(청와대가 컨트롤타워가 아니었다는)이라도 증명하듯 최종 책임이 아닌 최우선 책임을 져야 할 해경을 해체했다. 이래도 되나 싶을 정도의 독단적이고 강렬한 처벌이었다. 그리고 울었다. 막 울었다. … 대통령이 사과를 한 이상 이 참혹한 사고의 진상이 곧 규명될 거라 막연히 생각했다.

'세월호 침몰사고 진상규명을 위한' 국정조사가 시작되자 이를 가로막은 것은 정부였다. 국회의 거듭된 요구에도 청와대는 자료 제출을 거부했다. 청와대 담당자는 "자료제출을 하지 말라는 지침을 받았다"고 했고, 지침을 내린 자가 누구인지도 끝내 밝히지 않았다. … 이미 버린 몸(해체) 해경이 제출한 사고 당시 청와대와의 통화내역을 통해 당시의 정황을 알 수 있었고 어렵게 모셔온 비서실장의 입을 통해 사고가 있은 당일 대통령의 행적에 문제가 있다는 사실이 밝혀졌다. 무엇보다 476명이 탄 선박이 침몰한 참사가 일어났는데 아무런 대책회의가 없었으며, 그 위중한 일곱 시간 동안 비서실장은 대통령이 어디 있었는지 "모른다"는 답변을 했다. 그날 국가는 없었다는 가설이 사실이 되는 순간이었다.

세월호는 사고다. 즉 사고-보상의 프레임이다. 이미 여러 의원들이 같은 맥락의 말을 이어왔고, 이 말은 또 여러 갈래의 뿌리를 내리고 또 내렸다. 누가 놀러가서 죽으라 했어요? 그만큼 했음 됐지, 왜 사고로 죽은 걸 가지고 정부를 물고 늘어지냐. 유가족이 벼슬이냐? 사고 원인은 죽은 유병언한테 물어봐라. 차타고 가다 죽으면 대통령한테 가서 항의하냐? 세월호는 기본적으로 교통사고다. 아무튼 또… 기타 등등.

세월호는 애초부터 사고와 사건이라는 두 개의 프레임이 겹쳐진 참사였다. 말인즉슨 세월호는 선박이 침몰한 '사고'이자 국가가 국민을 구조하지 않은 '사건'이다.

위의 글은 필자가 세월호 참사 후 새길교회에서 설교한 내용과 매우 상통하고 있다. 필자의 설교의 일부는 다음과 같다.

"세월호 참사는 우리가 그 참사가 일어날 수밖에 없는 구조를 만들어놓았기 때문에 일어난 사건이었습니다. 이 참사는 예정되어 있었던 참사였습니다. 우리가 미리 알지 못하였을 뿐입니다. 세월호 사태는 예정된 일이었다고 말하면 아마 여러분 중에는 이런 오해를 하실 수도 있겠다 생각합니다. 세월호는 하나님이 예정해놓으신 일이라고. 그러나 이것은 하나님이 예정하여놓은 것이 아니라, 우리의 잘못이, 우리 사회의 구조가 그것을 예정해놓았다고 말해야만 합니다. 하나님은 세월호 사건을 통해서 아파하시고 고통당하신 분입니다. 이 사건을 일으킨 장본인은 이 사회의 잘못된 구조이고 그 권력자들인 것입니다.

세월호 사태의 책임을 선장에게만 돌린다면 그건 무책임하기 짝이 없는 일일 것입니다. 회사 측에서는 은퇴 후에 아파트 경비로 일하고 있는 사람을 불러들여서, 선장으로 삼았습니다. 그런데 정식 선장이 아니라, 200여만 원 월급을 받는 비정규직이며, 임시직으로 허울만 좋은 선장이었습니다. 이러한 사람에게 왜 배와 함께 가라앉아 죽지 않았냐고 몰아칠 수 있겠습니까? 이 사람에게 다른 선진국의 버젓한 선장의 잣대를 들이댈 수 있겠습니까? 이러한 사람이기 때문에 승객들을 구조하는 일은 하지 않고, 허둥대다가 자기만 살자고 속옷 차림으로 빠져나온 것입니다. 정말 어처구니없는 일입니다. 그런데 이 사람에게 모든 책임을 묻고 있는 것이 우리 사회의 실상이요, 민낯입니다. 우리 사회는 돈의 담론, 맘몬의 담론에 의해서 지배되고 있습니다. 이러한 맘몬의 구조는 자신의 정체를 드러내지 않으려고 희생양들을 마녀사냥 하듯이 찾아내고 있습니다. 그리고 그 희생양에게 모든 책임을 덮어씌우고, 그 뒤에 자신의 더러운 모습을 숨기고 있습니다.

가장 큰 주범은 우리 사회의 구조요, 특히 이러한 담론을 통용시키는 이 사회의 권력자들이요, 그들과 발을 맞추는 언론들을 비롯한 담론의 생산자들이요, 이러한 담론 구조를 활용하는 맘몬의 자식들이라고 말하지 않을 수 없을 것입니다. 우리 사회는 맘몬이 매뉴얼이 되었고, 육신의 욕망에 의해 지배된 사회, 윤리적 책임을 저버리고 오직 자기 입신 출세와 물질적인 축복만을 추구하는 사회가 되어버렸습니다. 여기에 교회가 책임이 없다고 말할 수 없습니다. 교회가 이러한 사회를 만들어놓았다고 말할 수 있는 것입니다. 이러한 사회와 교회에서는 죽음밖에 기다리는 것이 없습니다."

이야기는 사람들을 동원하고 일정한 방향으로 끌고가는 데에 강력한 효과를 주는 도구이다. 그러므로 잘 엮어지고 다듬어진 이야기는 힘이 있고 설득력이 있다. 그런데 그게 올바른 이야기인지는 생각해보아야 한다. 좋은 사람이 좋은 방향을 위해 이야기를 할 수 있지만, 히틀러와 같이 악한 이들이 이야기를 사용하면 세상이 혼탁해지고 죽음이 많아진다. 우리 사회에는 이렇듯 거짓 이야기꾼들, 거짓 예언자들이 창궐할 수 있다.

모든 이야기꾼은 과거의 사건들을 현재 상황의 필요에 따라서 새롭게 재구성한다. 그런 면에서 과거는 항상 재구성되어 새롭게 탄생한다. 예를 들어, 지금의 권력자들은 과거를 새롭게 재구성하거나 재생하여 자신들의 이해관계를 보장한다. 이것은 권력자들만이 아니라 약자들도 이에 저항하기 위해서 과거를 재구성할 수 있다는 것을 배제하지 않는다. 그렇다면 과거의 역사적 사실들이나 사건들 그리고 현재의 다양한 현상들과 사건들을 어떻게 재구성하여 하나의 이야기가 되게 하느냐가 문제가 되는데 나는 이렇게 다양한 과거적·현재적 (더 나아가서 미래 예측적) 자료들 엮어나가게 하는 것을 플롯이라고 생각한다. 알랭 바디우는 이것을 경험 이전의 아프리오리하고 초월론적인 것이라고 보았다. 그리하여 그의 책『세상들의 논리들Logics of worlds』은 초월론적인 것의 분석으로 가득 차 있다.

이야기 화자는 한 문화와 역사로부터 전달되어오는 사건들과 이야기들을 재구성하여 새로운 이야기를 창조해낸다. 그리고 그 이야기들이 한 사회를 규정할 수 있는 힘을 가질 수 있다. 어떤 이야기들이 한 사회를 지배하고 있느냐에 따라 한 사회의 문화적 질, 정의의 정도가 결정된다.

이러한 이야기의 줄거리, 즉 구상을 결정하는 요소들은 무엇일까? 즉 이야기의 사건의 해석과 연결을 결정하는 선험적이고 초월론적인 지식은 무엇이며 어디에서 오는 것인가? 필자는 여기에서 마르크스주의적인 방식으로, 즉 부자와 가난한 자에 의해서 사물과 세상을 보는 눈이 달라질 수 있다고 하는 결정론을 택하지 않고, 자크 라깡Jacques Lacan의 '욕망이론'과 '대타자이론' 즉 우리의 욕망은 결국 대타자Big Other에게 인정받고자 하는 욕망으로 나타나는데, 따라서 대타자의 욕망이 바로 나의 욕망인 것처럼 믿는다는 이론을 택한다. 냉전 시기에는 미국이 대타자 즉 'Big Other'이었다. 오늘날의 우리에게 대타자는 돈문화와 경제발전을 인격화한 박정희가 아닐까 생각한다. 현재의 대통령 박근혜의 부친인 박정희가 이젠 미국 대신 Big Other의 역할을 하고 있다. 박정희가 나라를 부강케 하고, 강력한 지배, 안정, 북한에 대항할 힘으로 상징되고 있다. 이러한 상황 속에서 유신과 일제 지배를 오히려 찬양하기까지 하는 뉴라이트들이 득세하고 있다. 이들을 등에 업은 집권세력은 강력하다. 이런 대타자에의 종속적인 관점을 약자, 빈자들이 가질 수 있다는 점에서 나는 마르크스주의적 결정론이 항상 적합한 것은 아니라고 생각한다. 빈자나 부자 모두 같은 세상 속에 살고 있고 이들은 대타자의 욕망을 함께 욕망하려 하는 속성이 있다. 그러므로 이 대타자의 욕망과 그것의 수용이 사람들에게 선험적으로 주어져서 그에 맞게 이야기가 엮어진다. 그렇다면 어떤 이야기의 선험적인 것이 더 진정한 것인가? 그것은 사건 속에서의 피해자와 사회적 약자들의 것이다. 그러나 이 약자나 피해자들도 다른 자, 특히 기존질서의 대타자의 욕망을 자기 것으로 가질 수도 있다는 것을 염두에 두어야 한다.

플롯은 이야기 안에 들어올 다양한 자료들 특히 작은 이야기들, 사건들, 요소들을 일정하게 엮어 이야기로 엮어내는 역할을 한다. 이야기 안에서 작동하는 통합적인 구성능력, 힘이다. 이러한 것은 이야기를 말하기 이전에 이미 이야기꾼narrator에 의해서 정해진다. 이야기는 상황, 삶, 사건 들을 통하여 표현하고 묘사하는 것인데 이 묘사를 위해서 작동하는 통합적인 기능을 플롯이라고 하며, 플롯은 이러한 통합을 형성하는 도구이다. 그렇다면 어떤 이야기가 바른 이야기인가를 알아내기 위해서는 이렇게 엮어내고 기워내는 플롯 안에서 작동하고 있는 선험적인, 초월론적인 지식이나 가치관이 무엇인가를 분석해야 한다. 진정한 플롯은 어떤 성격을 가져야 하는가? 이야기를 이끌어갈 플롯은 어떤 것이어야 하는가? 이야기를 엮을 사전 지식인 초월론적인 지식은 어떻게 진실한 것이 될 수 있는가?

플롯은 사건들의 선택, 그것들의 해석을 통한 사건들의 연결을 행하는 일련의 종합적이고 복합적인 작업이다. 이것은 일정한 관점, 가치판단, 윤리 도덕, 해석을 동반하는 체계이며, 진정한 플롯은 사람들 사이의 정의를 안으로 품는 것이어야 한다고 본다. 이처럼 좋은 이야기, 바른 이야기는 정의와 진리를 품는 것이어야 한다. 그렇다면 무엇이 정의이고 진리이며, 이야기는 어떻게 이러한 정의와 진리를 품는 것이 될 수 있는가?

왜 같은 사건의 스토리가 다른 이야기로 소통되고 있는가?

왜 같은 사건을 놓고 이야기들은 서로 다른 것인가? 세월호 사건을 놓고 나오는 이야기들은 서로 다르다. 왜 그러한 일이 벌어지는 것일까? 우리는 이야기를 다음 세 가지로 나누어 생각해보아야 한다. 그것은 스토리, 이야기narrative 그리고 화자narrator이다. 스토리가 이렇게 다른 이야기들로 둔갑하여 들려질 때 우리는 그것을 이야기적 담론, 혹은 거꾸로 말해서 담론적 이야기라고 말한다. 스토리에 플롯이 첨가되어 일종의 담론적인 역할을 하는 내러티브를 말한다. 위에서 두 가지 세월호 이야기를 소개하였는데 이것은 세월호 사건의 스토리를 연대기Chronicle적으로 그대로 사진 찍듯이 보도한 것이 아니라, 자기의 관점에서 일정한 구조를 가지게 된 이야기이다. 정부의 협조자들로부터 나온 이야기는 세월호 사태의 스토리를 일정하게 자기 식으로 담론화한 이야기라고 하겠다. 작가 박민규의 이야기도 세월호 스토리를 나름대로 담론적으로 푼 것이다. 화자는 사전적事前的인 자기 지식을 가지고 스토리를 재구성한다. 플롯에 의해서 재구성된 서사 즉 내러티브는 그 안에 사전적 지식이나 신념을 내포하고 있으며, 중요한 것은 이러한 사전적 지식과 신념이 공적인 소통공간에서 공개되어야 한다는 것이다. 그렇지 않고 그것이 숨겨진다면 그러한 사회는 음모적인 사회요 자유하지 못한 사회가 된다. 플롯을 형성하는 사전적 지식이 공적으로 공개되지 않는다면 이야기들의 난무만 있게 될 뿐, 공적인 합의는 불가능해진다. 사회는 갈등만 있게 되고 합의와 통합은 불가능해진다.

즉 일방적인 이야기들만이 외쳐지는 곳에서는 갈등만 있을 뿐이다. 공적인 공간에서는 모든 이야기가 들릴 수 있어야 한다. 그러한 이야기들 속에서 진실한 것이 등장할 수 있도록 자유로운 공간이 형성되어야 한다. 한쪽의 이야기만 허용되는 일방적인 공간이 아니라, 서로 다른 다양한 이야기들이 그 속에서 들려져야 한다. 그리고 그것이 일정한 공적인 이야기가 될 수 있도록 이야기 뒤에 숨어 있는 사전적인 지식이나 신념들이 함께 나누어져야 하고 공개되어야 한다. 이러한 것들이 드러나는 영역이 바로 공공적인 공간public space(다중의 공간, 즉 다중이 모인 곳도 이러한 공적인 공간의 역할을 한다)이라고 하겠다.

그렇다면 어떻게 진실에 도달하게 되는 것일까? 약자들의 이야기를 따르면 되는 것인가? 아니면 권력의 이야기를 채택해야 하는가? 무엇보다도 사회적인 합의consensus라는 것을 상정해야 한다. 약자들을 존중하고 보호하는 것은 필수적인 일이다. 그리고 약자들을 배제해선 안 된다. 지금의 정부나 그의 협력자들처럼 약자들을 배제하려고 한다면 거기에는 정의나 진실이 존재할 수 없다. 희생자 유가족 당사자들도 사회의 다양한 이야기들이 나올 수 있다는 것을 인정해야 한다. 그리고 희생자들은 자신들의 억울함을 다 이야기하고 그것에 대한 사과와 잘못을 정부나 해당 권력으로부터 받아낼 수 있어야 하며, 억울한 죽음에 대한 배상과 보상에 대한 권리를 보장받아야 한다. 그러기 위해서는 그들의 이야기가 전달되고 소통될 수 있어야 한다. 스토리를 구성하는 사전적이며 초월론적인 것이 사랑과 정의와 진리를 중심에 두는 것이어야 하며, 모든 화자는 공적인 공간에서 자신의 플롯을 형성하고 있는 초월론적인 지식이나 신념이 사랑과 정의를 중심에 둔 것이라는 것을 정당화할 수 있어야 한다. 그러할 때 그 이야기는 진실한 이야기가 될 수 있다.

세월호 사건을 정의롭게 해결하기 위해서는 무엇보다 세월호 사건에 대한 정의롭고 진실한 이야기가 나타나야 한다. 그리고 그 이야기에 기초하여 세월호 사건의 아픔을 치유하고 사건을 해결할 뿐 아니라, 이 사건을 우리 사회가 새로운 사회로 거듭나게 하는 기회로 만들어야 한다.

고통

하느님을 만나는 장소

참사

: 인간의 언어와 신의 언어로 말하기

송순재 ─ 감리교신학대학교

애통하는 자는 복이 있나니 저희가 위로를 받을 것임이요(마 5:4).

참사

그건 빡빡하고 때로 틀에 박혀 돌아가던 학교의 일상에서 벗어나 자유롭게 지저귀면서 잠시나마 이 세상이 주는 즐거움을 만끽하며 희망에 들떠 있던 아이들을 한 순간에 침묵시켜버린 참사였다. 그건 나이 들어 기력이 쇠한 노인의 죽음도 아니요, 죽을병에 걸려 신음하다 꺼져간 환자들의 죽음들도 아니요, 전쟁 통에 스러져간 병사들의 죽음도 아니요, 그건 앞날이 창창한 우리 아이들의 죽음이었다. 그것도 한둘이 아니라 대여섯이 아니라 일일이 그 수를 헤아리고 그 주검들을 확인해야 하는 떼죽음이었다.

사건 직후 초동 단계에서는 일단 드러난 현상만을 두고 비난과 질타가 이어졌으며, 곧 이어서 실상을 파헤치기 위한 논란이 뜨겁게 달아오르기 시작했다. 그 과정에서 선장을 비롯한 선원들과 해경과 관계 부처 공무원들이 도마 위에 올랐으며 아울러 여기에 이 선박회사의 실소유주라 하는 유병언이라는 존재가 수수께끼처럼 출몰했다 어둠 속으로 사라졌다. 급기야 선장은 '살인자'로 지목되었다. 하지만 그것은 아직 법적 규정에 의한 것이 아니라 특정한 주장이나 여론으로 단정 지어진 것이었다. 수사는 신속하게 이루어져야 했지만 그 마땅해야 할 조치는 전혀 이해할 수 없게도 오랫동안 이리저리 좌초하면서 미궁을 헤매었다. 그리고 특별법을 둘러싼 지리한 공방이 시작되었다. 처음부터 지금까지 이 상황을 과연 어디까지 이해할 수 있으며 납득할 수 있는가?

　그런가 하면 이 참사를 두고 그러한 위기 상황에서 독자적 판단에 따라 능동적으로 대처해야 할 때 대처할 줄 모르는, 묵종하는 게 몸에 배이도록, 제대로 가르치지 못한 학교와 그러한 재난을 제대로 예방하거나 대응하지 못하는 교육체제에 대해 자성하거나 질타하는 목소리도 비등했다. 과연 정말 그러할까? 그냥 선실에 남아 있으라 하니 남아 있었고 의아한 상황이 계속되었는데도 이의나 마땅한 물음을 가지고 행동하지 않도록 가르쳤기 때문이었던가? '나'라면 어떻게 했을까? 꽤 훌륭한 선박 운항시스템을 갖춘 것으로 보이는 여객선에 승선하여 뜻하지 않은 사고에 직면했을 때 여객들이 취할 수 있는 최상의 방책은 무엇인가? 이건 지하철을 탔을 때도 마찬가지고, 여객기에 탑승했을 때도 마찬가지다. 비행기를 탈 때마다 듣는 소리가 있다. "승무원의 지시를 따라 행동하십시오." '당신'이라면 어떻게 했겠는가? 하지만 항공기의 경우 재난에 대비할 수 있는 시간이 극히 짧은 반면 세월호 같이 대형선박의 경우 대비할 수 있는 시간은 상대적으로 길어서 승무원의 안내와는 별도로 독자적으로 행동할 수 있는 여지가 존재할 수도 있겠다. 그래서 물음은 또 다른 차원에서 가능하다. "당신이라면 어떻게 했을까?"

떼죽음

세월호 참사는 자연의 대재난, 그러니까 번창하던 폼페이를 일시에 불바다로 만들어버린 화산 폭발이나 인도네시아 반다 아체를 일시에 쓸어버린 쓰나미 같은 게 아니라 인간의 손에 의해 초래된 재해다. 재해는 늘 있어온 것이기는 하나 가속화되어가는 과학기술문명 시대를 살아가면서 맞닥뜨리게 되는 재해는 가공할 만한 수준에서, 즉 한 번 발생했다 하면 대규모로 때때로 상상을 초월하는 고통을 유발하는 식으로 발생한다는 점에서 과거의 그것과는 질적인 차이를 보인다. 저개발국가로 산업화에 매진하지만 아직 수준 높은 통제기술을 갖추지 못한 나라들일수록 그렇지만, 첨단산업국가라 할지라도 예외는 아니다. 가까운 일본 후쿠시마 원전 참사와 그 희생자들은 이것을 잘 대변해준다.

모든 재해는 참혹하며 견디기 힘든 고통을 유발한다. 하지만 이러저러한 재난이 빚어낸 상황에도 불구하고 세월호 참사는 또 다른 차원의 고통을 지시한다. 그것은 불가해한 자연의 힘 앞에서 전적으로 무력하게 노출되어 초래된 인간의 고통이 아니라, 인간이 인간에게, 그것도 아이들에게 가해진 위해이자, 그것도 하나의 멀쩡한 기업과 엄존하는 국가의 후안무치한 행위에 의한 것이었기 때문이다.

모든 수단과 도구를 가지고 있었음에도 불구하고 멀쩡하게 눈앞에서 수장해버렸기 때문에 이를 보고 너무도 어처구니없는 충격적인 일이라고 말하는 사람도 있지만, 그런 말로는 전혀 표현하기 힘든, 그러니까 명백히 의도적으로 (은닉하지 않으면 안 될 어떤 이유 때문에) 자행된 '학살'이라 말하는 사람들까지 있다. 충분히 구할 수 있었는데도 구하지 못했고, 나아가서 여러 정황으로 미루어보아 구하지 못한 게 아니라 구하지 않은 것이 아니냐는 의구심 때문이다―그래서 많은 이에게 이 참사는 무엇보다도 '괴이한 일'로 여겨졌다.

순식간에 종료되는 여객기 사고에 비해 세월호 같이 대처할 수 있는 시간이 있었던, 그 시간을 해경과 정부당국은 그냥 무작정 흘려보냈다. 당시 중국 언론에서는 "한국처럼 현대화된 나라에서 어떻게 그런 일이 일어날 수 있는지 의아하다"는 보도를 내보낸 적이 있다. 괴이하지 않은가? 그런 일이 지난해 4월 16일 일어났는데 정부와 책임 있는 당국자들, 국회 그리고 소위 메이저 언론에서 이 사건에 대해 취했던 태도는 또 어떠했는가? 참 괴이하지 않았던가? 충격과 슬픔과 분노에 휩싸여 아무리 부르짖어도 그 한을 달랠 길 없었던 유가족에 대해 정부는 마땅한 위로와 사죄를 하기는커녕 그분들을 혹한기의 팽목항과 광화문과 청운동 거리로 내몰았다. 그분들이 요구한 건 보상이 아니라 '진실'이었다. 어처구니없게도 이를 두고 어떤 이들은 하나의 교통사고로 규정하였는가 하면, 조롱을 퍼붓고, 심지어는 종북 좌파로 몰기까지 하였다. 참 괴이하지 않은가? 심지어 일부 한국교회 목회자들의 발언은 참으로 가관이었고 해괴하기까지 하였다. '학살'! 지나친 말일까? 우여곡절 끝에 그리고 지루하고 힘겨운 투쟁 끝에 타결되었다고 하는 특검법이 사건의 진상을 과연 어느 정도 밝힐 수 있을까?

정부 당국이나 주요 언론이 그러고 있는 사이 시민사회와 학계에서는 사고 직후 바로 이 문제를 밝히기 위한 행동을 시작했다. 사람들의 눈이 온통 선장과 선원, 해경과 정부 당국자들에게 가 있을 때, 또 다른 차원으로 시선을 돌리도록 한 견해가 소개되었다. 그것은 한마디로 현재 비난의 대상이 되어 있는 그들보다는 그들을 그렇게 행동하도록 한 원인, 즉 '신자유주의'라는 원인에 초점을 맞추어야 한다는 주장이었다. 그 주요인으로 선박의 수령을 20년에서 30년으로 늘릴 수 있도록 한 규제완화조치나 해양사고 구조업무를 부분적으로 사유화할 수 있도록 한 유연화 정책, 그리고 세월호 승무원 대부분이 비정규직으로 매우 낮은 임금에 1년 임기 단기 계약직 노동자로 일하고 있었으며, 이런 노동 조건하에서는 어떠한 의무, 배에 대한 강한 구속과 책임감을 가질 수는 결코 없었으리라는 점 등을 지적했다.[1] 이어서 새해 들어 1월에는 1993년 발생한 서해 훼리호 참사와 금번 세월호 참사를 비교하면서 신자유주의를 지목하는 글 한 편이 학술 논문으로 발표되었다.[2]

이 견해들은 일단 설득력 있게 회자되었지만 반박들도 뒤따라 나왔다. 노동자의 직장 충성도가 고용 안정화에 비례할 수 있다는 점에서 이번 참사에서 선장과 선원들의 직장에 대한 충성도가 낮았음을 추정할 수는 있겠지만, 바로 그 점을 그들이 책임감 있게 행동하지 않도록 한 이유로 볼 수는 없지 않은가? 그것은 논리적 비약이다. 그렇다면 고 박지영 씨는 비정규직 노동자였음에도 어떻게 그렇게 뛰어난 희생정신을 보여주었는가? 반면 세월호 1등 항해사나 청해진 해운 육지 사무직 근로자들이 배가 침몰하려 하자 승객 안전 보호가 아니라 직장의 손해를

---

1 한병철, 독일 〈프랑크푸르터알게마이너차이퉁(FAZ)〉 기고문 "Das Schiff sind wir alle" (2014. 4. 26). ―〈참세상〉 정은희 기사, "재독 철학자 한병철, 세월호 살인자는 선장 아닌 신자유주의"(2014. 4. 29) 참조.
2 지주형, "세월호 참사의 정치사회학: 신자유주의의 환상과 현실", 『경제와 사회』 104 (2015), 14-55.

최소화하기 위해 화물 물량을 조작하는 데 우선권을 두고 행동한 점은 어떻게 설명해야 하는가? 높은 직장 충성도가 반드시 높은 직업윤리를 보장하지는 않는다. 그들이 그렇게 행동할 수밖에 없었던 것은 저들의 허술한 직업윤리 때문이지 고용조건에 따른 직장 충성도와는 별 상관이 없다. 물론 선박연령이나 부실감독 등 신자유주의와 무관하지 않은 문제들이 있을 것이나 신자유주의의 첨병이라 할 수 있는 미국에서 배가 뒤집어졌다면 미국 정부는 어떻게 했을까? 또 우크라이나에서 격추된 말레이시아 항공기의 자국 희생자들에 대해서 네덜란드 정부가 보여준 태도와 한국 정부의 태도 사이의 차이는 하늘과 땅 차이로 이건 어떻게 설명해야 하나? 그 나라는 노동정책이 유연하기로 이름난 나라가 아니던가? 정부와 대통령의 한심하기 이를 데 없는 행동(무능력한 위기 대응 태세나 유족들과의 소통 부재, 참사 이후 문제해결 방식. 예컨대 해경을 해체하고 국가안전관리처를 신설하는 식의 어처구니없는 해법 제시 등에서 드러나고 있듯이)을 신자유주의라는 거창한 이념적 프로젝트에 의한 기획과 연관 짓는 것은 실제 상황을 지나치게 단순화할 뿐 아니라 문제를 왜곡할 소지가 있다는 주장이다.[3]

이러저러한 분석들이 나름 설득력을 가질 수 있으려니와 나로서는 신자유주의 같은 큰 이야기보다는 한국 사회에서 이 직업현장이 오래전부터 배태해왔던 모순점들에 초점을 맞추어 보는 편이 더 옳지 않겠나 하는 생각이다. 한 인간으로서 갖추어야 할 인간성, 일을 올바르게 추진하고 세상을 건강하게 만드는 직업윤리, 공직자로서 갖추어야 할 덕목 같은 기초 소양도 제대로 갖추지 못한 사람들이 그런 자리에 앉아 있었던

---

3 백승연, 한겨레 오피니언 '왜냐면'(2015. 1. 15).

데에 문제의 소지가 있었던 것이다. 한 기업이나 국가를 운영하는 데 필요로 하는 기본 체제를 정비하고 기초 능력을 연마하는 노력의 부족은 신자유주의 이전부터 우리 사회 도처에 산재해왔던 문제로, 다시 말해서 이 참사는 일부 신자유주의와 관련이 없지는 않겠지만, 거대 악덕기업과 부패한 정부의 이러저러한 당국자들이 칡넝쿨처럼 얽히고설켜 은밀히 지내오다 필연적으로 만들어낼 수밖에 없었던 가공할 만한 합작품이다. 오래된 문제들이 신자유주의 세상을 만나 더욱 힘을 받아 미친바람이 되어 불어 닥쳤던 것이다.

일단 여기까지. 이런 분석들이 상황을 어느 정도 해명해주는 건 사실이다. 하지만 해명했다기보다는 여전히 어떤 불투명한 막에 가려져 있다는 느낌이 더 강하다. 이유는 이러저러한 논의들이라는 게 모두 지금까지 시점에서 드러나 있는 현상만을 가지고서, 다시 말해서 아직은 '사실의 전모'를 붙들지 못한 상태에서 논의한 정도이기 때문일 것이다. 한가지 분명한 건 아이들이 무자비한 폭력에 노출되었었다는 사실이다.

인간이 인간에게 가한 폭력이라는 점에서 세월호는 전쟁터가 보여주는 양상과 흡사할지 모른다. 인간사에서 전쟁처럼 참혹한 것이 또 있을까? 전쟁은 명분을 앞세우고 일어나며 명예롭게 죽은 병사들이 전면에 부각되지만 아울러 그 이면에는 무고하게 죽음을 맞은 사람들이 줄지어 나타난다. 전쟁은 늘 학살이라는 현상을 동반한다는 점에서 악마적이다. 그런 점에서 전쟁은 끔찍하기 이를 데 없다. 고대에서 중세를 거쳐 근현대사의 무수한 전쟁들에서, 스페인인들의 침공으로 전멸하다시피한 남미의 원주민들의 역사에서, 사회주의 노선을 둘러싼 러시아 내전에서, 1·2차 세계대전에서, 나치의 유대인 학살에서, 일제의 만행에서, 한국전에서, 베트남전에서, 미국의 대 이라크와 아프가니스탄 전에서 학살은 예외 없이 나타났다. 이런 현장들과 세월호를 비교하는 건 무리다. 하지만 세월호가 몸서리쳐지는 것은 그것이 국가의 가해행위였기 때문이다. 이 참사는 우리 모두를 "국가란 무엇인가"라는 모진 질문에 봉착하도록 했으며, 그것은 내내 지울 수 없는 물음으로 남아 있다.

운명

부모 품에서 예쁘게 사랑스럽게 싱싱하게 키워오고 자라오던 아이들과의 돌연하고도 무자비한 결별. "하나님, 왜 아이들을 그렇게 데려가셨나요?"

"왜 무고한 아이들이 하필 그렇게 희생되어야 했는지" 또 "왜 내 아이가 그 배에 탔어야 했는지" 우리는 되묻지만, 그리고 그 점에 대해서는 일단 설명 가능한 부분도 있지만(그건 후안무치한 사람들 때문이었다는 식으로), "한 인간적 존재로서 순진하고 무고한 사람들이 왜 꼭 그렇게 죽어야 했는지"라는 근본 물음에 대한 해명은 여전히 어둠 속에 잠겨 있다. 우리는 이런 물음을 인간의 손으로 밝히려는 시도가 늘 허사로 돌아갔음을 알고 있다. 그것은 늘 불가해한 문제로 남아왔으며 이 불가해성에 대해서 우리는 '운명'이라는 정황을 설정해왔다.

그런 운명의 가혹함을 나는 청년시절 가장 가까운 친구를 잃었을 때 처음 겪었다. 박광식, 40여 년 전 백혈병으로 죽은 친구다. 한 번 사귀면 깊이 사귀는 버릇이 있던 내게 그는 고등학교 때 둘도 없는 친구였다. 전교에서 1, 2등을 다투었던 광식이는 여러 면에서 나보다 뛰어났다. 그 친구는 삼선교 시장에서 구멍가게를 하던 홀어머니를 모시고 단 두 식구로 외롭게 살았는데 그 집에 가끔 놀러갈 때면 어머님께서 언제나 밥을 고봉으로 담아 정성껏 저녁상을 차려주셨다. 지금도 그 얼굴, 그 목소리가 생생하다. 대학에 진학한 후 몇 년이 지났을까. 하루는 그가 찾아와 불쑥 진단서를 내밀었다. 한동안 침묵이 흘렀다. 죽음의 그림자가 분명한 진단서였다. 광식이는 안간힘을 쓰며 투병생활을 했지만 몇 달 살지 못하고 숨을 거두었다. 어느 날 아침결에 소식을 받고 뛰어간 나는 얼굴이 퉁퉁 부어서 죽은 광식이의 시신을 부여잡고 꺼억꺼억 울었다. 광식이 어머니는 같이 찾아간 내 어머니의 옷깃을 붙잡고 미친 듯이 통곡하셨다. 광식이는 벽제 화장터에서 한 줌의 재로 뿌려졌다. 광식이의 죽음 앞에서 나는 하늘에 주먹을 휘두르며 소리쳤다. "당신, 이렇게 잔인하실 수 있나요?" 목청을 다해 소리소리 질러댔다. 광식이보다 어머님이 더 가련했다. 그 이후 난 차츰 교회 가는 걸 멀리하기 시작했고 청년시절을 그렇게 한동안 방황하면서 지냈다. 나는 당시 광식이가 그렇게 죽을 수밖에 없었던 이유와 홀어머니로 살면서 하나밖에 없던 아들을 그렇게 떠나보내신 광식이 어머니의 삶에 대해 두고두고 물었지만 하늘은 공허하기만 했다.

그 이후 지금까지 신으로부터 명쾌한 대답은 들을 수 없었지만 한 가지 알게 된 건, 무고하게 목숨을 잃은 수많은 사람에 관한 이야기였다. 상상을 뛰어넘는 자연재해로 인한 떼죽음, 우발적 사고, 교통사고, 비행기 추락사고. 몰사에 관한 보도들은 잊을 만하면 일어나거나 사흘이 멀다 하고 연속적으로 일어나기도 했고 예외 없이 충격을 안겨주었다. 그런가 하면 평생 고생하며 남편 뒷바라지를 하면서 자식들을 키워 이제 살 만하게 되었을 즈음 암에 걸려 몇 달 살지 못하고 죽음을 맞이한 선량하기 이를 데 없던 한 여성도 있었다. 평생 성실하게 살아온 가게의 주인이 철부지 강도들이 휘두른 칼에 터무니없게도 목숨을 잃은 경우도 있었다. 고속도로에서 고장 난 차를 돕기 위해 잠깐 정차해서 돕던 사람을 대형트럭이 받아버려 현장에서 즉사한 사고 같은 것도 있었다.

인간의 악행으로 인한 고통들에 대해서도 알게 되었다. 많이 거론되는 나치의 만행에 비해 일제의 악행도 결코 덜하지 않았다. 전쟁터로 끌려가 숱한 일본군 병사들에게 정조를 유린당하고 목숨을 잃은 조선의 여인들에 관한 이야기, 하루에도 수십 명의 남자에게 몸을 내주고 산산조각 난 몸이 병에 걸리면 총살을 당한 실태 등 그 잔혹상은 아직도 충분히 드러나 있지 않다. 이렇게 알게 된 수많은 사연은 내가 청년시절 하늘에다 대고 주먹을 휘둘렀던 그 행위를 여러 면에서 지속적으로 강화하기에 충분하였다. 하지만 그렇게 강화하는 동시에 약화하는 면도 있었다. 시간이 지나감에 따라 친구의 죽음을 그 수많은 불가해성 중 하나로 천천히 체념적으로 받아들였기 때문일까? 아니면 신앙으로 철이 든 때문이었나?

그런데 이제 돌연히 그 억울한 죽음들에 관한 이야기에 세월호 참사로 차디찬 바다 깊이 수장된 숱한 아이들의 충격적인 이야기가 더해졌다. 세월호의 죽음은 앞에서 소개한 이런저런 죽음들과는 분명 그 양상이 다른 것이었지만 무고하고 설명이 되지 않는 죽음이라는 점에서는 차이가 없다.

왜? 이유를 묻는 건 지극히 당연하다. 그것이 늘 벽에 가로막힌 질문이라는 점을 인간사를 통해 충분히 경험해왔음에도 질문은 여전히 그치지 않는다. 고초를 겪는 인간이 자기에게 주어진 운명에 대해 자문하는 것은 불가피한 인간의 조건이기 때문이다.

그런 운명, 그런 고통에 답하기 위해 지금까지 종교적으로나 철학적으로 수많은 시도가 있었고, 드물지만 공감을 자아내는 것들이나 통찰력 있는 안목도 있었다. 구약성서의 욥기는 고대에서 현대에 이르기까지 이 물음을 가지고 씨름한 가장 심오한 책 중 하나로, 이 이야기는 끊임없이 새로운 해석을 추동했는가 하면 또 다른 현대적인 욥 이야기들을 출현시켰다.

유대교 랍비인 쿠쉬너는 『착한 사람이 왜 고통을 받습니까』라는 책[4]을 썼는데, 그 자신이 혹심한 난관에 내몰렸기 때문이었다. 그 불행이라는 것은 방금 세 돌을 지난 아들 아론에게서 시작되었다고 한다. 명철했던 이 아기가 8개월이 지나면서부터 몸무게가 늘지 않고 돌이 지나면서 머리가 빠지기 시작하는 이상한 증상에 시달리기 시작한 것이었다. 그 증상은 쉽게 밝혀지지 않았고 그래서 여러 병원을 전전한 끝에 마침내 조로증早老症이라는 진단을 받았다. 그 병으로 인해 아론은 키가 80cm 이상 크게 자라지 못할 것이고, 머리나 몸에는 털이 없을 것이며, 아이인데도 작은 노인과 같은 모습을 하게 될 것이고, 십대 초반에 죽고 말 것이었다. 나름 성실하고 착하게 살고자 했으며 존경받는 유대교의 큰 선생으로서 많은 사람들의 고통을 위로하고 가르침을 주었건만 그는 정작 자기 자신에게 닥쳐온 이 불행을 결코 순순히 받아들일 수 없었다. 설령 자신이 스스로 알지도 못한 채 지은 무관심이나 교만의 죄를 지었을지라도 이 천진난만한 아이 아론이 일생의 모든 날을 육체적 · 정신적 고통으로 시달려야 하는 이유가 무엇인지, 왜 아기가 가는 곳마다 눈총을 받고 손가락질을 당해야 하는지, 왜 이 아기가 사춘기에 이르러 다른 소년 소녀들이 데이트를 시작하는 것을 보고도 자신은 결혼을 할 수도, 아버

4　Harold S. Kushner, *When Bad Things Happen to Good People*(1981), 김쾌상 역, 『착한 사람이 왜 고통을 받습니까』(심지, ⁴1990). 다음 이어지는 글은 서문과 1장, 3장, 5, 7장 내용에 주로 의거했으며 세세한 쪽수 인용은 생략한다.

지가 될 수도 없다는 사실을 깨닫게 되는 고통을 받아야 하는지, 이런 물음을 붙들고 쿠쉬너는 아내와 함께 절규했다.

그는 그런 곤궁 속에서 그에게 닥쳐온 예기치 않은 불상사 앞에서 난관에 처한 많은 사람을 찾아다니며 고통스럽게 문제에 매달렸다. 그것은 15년이나 되는 기나긴 여정이었는데 그렇게 하여 마침내 얻게 된 통찰을 가지고 한 권의 책을 집필하게 되었다. 이 책에서 쿠쉬너는 보통 교회나 회당에서 회자되는 교훈이나 위로의 말들—혹 신이 벌을 내리신 것은 아닌가, 지금은 알 수 없지만 결국 알게 될 신의 섭리가 아닌가, 인간의 눈으로 보면 불공평하지만 신의 눈으로 보면 전체를 이루기 위한 사건이 아닌가—과는 사뭇 다르게, 그것은 아직 진행 중에 있어서 완전한 질서에 이르지 않은, 따라서 아직은 혼돈을 내포하고 있는 창조 과정의 불가피한 결과로 보았다. 사고나 불치병 같은 재난은 그러한 혼돈에 의한 것으로, 한 번 닥치면 착한 사람은 빼놓고 악한 사람만 골라 '선택적으로'가 아니라 한꺼번에 '무작위적으로' 작용한다는 이야기다. 이런 정황에서 신이 인간에게 기대하는 것은 신에게 모든 책임을 돌리고 그와 시시비비를 가리려 하는 것이 아니라, 그러한 고통과 불행에 용기 있게 맞섬으로써 그 사람만이 의미 있게 도달하게 될 진정한 인간적 가능성이라 보았다. 그리고 순교자를 그러한 물음을 가장 치열하게 보여주는 사례로 제시했다. 이때 신은 고통과 불행을 초래한 장본인이 아니라, 오히려 그렇게 투쟁하는 인간을 홀로 두지 않으시고 함께 고통당하며 힘과 용기를 주시는 분으로 이해하고자 했다.

쿠쉬너는 고통에 절규하던 사람이었다. 그리고 그가 오랜 고통의 여정 끝에 들려준 이야기는 분명 어떤 점에서 통찰력 있어 보인다. 하지만 그것도 한 사람의 체험에 따른 견해이기는 마찬가지여서 누구나 공감할 수 있는 생각인지는 여전히 불확실하다. "인간에게는 겪어야 할 운명과 투쟁적 신앙의 태도를 요구하고 있지만, 신의 영역은 왜 건드리지 않고 고원한 곳에 남겨두었나?"라고 반론을 제기할 여지가 남아 있기 때문이다. 그것은 여전히 나와 상관없는 생각일 수 있다. 즉 이 견해들은 어디까지나 고통에 '관한' 여러 심오한 생각들 중 하나인 것이지, 그것이 '나의' 고통을 대신하거나 해법을 자처할 수는 없다. 결국 최종 몫으로 남게 되는 것은 우리 각자 스스로 잉태하고 고통하며 낳아야 할(깨달아야 할) 생각이다.

이렇게 나는 어수선하게나마 세월호 참사를 상기하며 간략히 되돌아보고 설명을 시도해보았다. 하지만 설명된 부분보다는 그렇지 못한 부분이 더 많고, 알 수 없는 부분은 구구한 설명 후에 다시금 겹겹이 증폭되어 나타났다. 태양이 선인과 악인에게 미치는 것처럼, 대규모의 재앙도 악인뿐 아니라 선인과 무죄한 이들에게도 미친다. 이것을 어떻게 보아야 하나? 또 인간의 악행으로 인한 참사에 대해 신앙의 언어는 어디까지 해명할 수 있는가? 이 지점에 도달해서는 더 이상 앞으로 나갈 수 없다. 항의해야 하는가, 침묵해야 하는가? 이러한 불가해성이 이 세상에 존재한다는 것은 무엇을 뜻하는 것일까? 그것은 이 세상은 전체를 보여주는 곳이 아니며, 그 전체는 '은폐'되어 있음을 뜻하는 것일까? 말할수록 말할 수 없게 되고, 보고자 할수록 볼 수 없게 되는 이 지점에 와서는 모든 것이 투명성을 상실해버리고 만다. 비록 이 문제가 신학에서 '부정신학'이나 '숨어 계신 하나님'에 대한, 혹은 '우리와 함께 고통당하시는 하나님'에 관한 여러 견해로 다양하게 논의되어왔지만 말이다.

참사 이래 나는 이 사건의 참혹함과 괴이함 때문에 유가족들에게 어떻게 다가가야 할지 몰랐고 또 줄곧 그래 왔다. 우리는 과연 다시 시작할 수 있을까? 이토록 처참하고 잔인하고 부당한 상황에도 불구하고, 그리고 세상이 이토록 불완전하다는 사실을 운명적으로 골수에 사무치게 겪었음에도 말이다. 하지만 한 가지 분명한 것은 이러한 고통이 아니면 볼 수 없는 세상의 한 진상眞相을 마주했다는 것이다.

그 혹심하고 기나긴 겨울을 통과한 끝에 이제 새 봄이 움트고 있다. 하지만 이 봄은 그 어느 때보다 새롭고 깊이 있다. 깊은 고통이 인생의 진상을 깊이 드러내듯이 그렇게 새 봄이 깊이 있게 찾아오고 있다. 헤르만 헤세는 이렇게 썼다.

"정원에서는 생명체의 덧없는 순환을 다른 어느 곳에서보다 분명하고 명확하게 볼 수 있다. 생명이 움텄는가 싶으면 벌써 쓰레기와 시체들이 널린다. 그것들은 시들고 썩고 사라지겠지만 결코 하찮은 게 아니다. … 볼썽사나운 쓰레기 더미는 햇빛과 비, 안개와 공기, 냉기가 분해할 것이다. 그리고 1년이 미처 지나기 전에 … 화려한 꽃을 피울 것이다. 시체였던 모든 것이 어느새 썩어 땅에 스며들어가 땅을 검고 비옥하게 만들 테니까 말이다. 얼마 안가서 우중충한 쓰레기와 죽음을 뚫고 새싹들이 솟아오를 것이다. 썩어 분해되었던 것들은 그렇게, 새롭고 아름다우며 다채로운 모습으로 힘차게 다시 되살아난다. 이러한 자연의 순환은 단순하고 명징한 것이다. 그것은 인간을 깊은 생각에 빠뜨리며, 모든 종교는 예감에 가득 차 경배하듯 거창하게 그 의미를 해석해 낸다. 이 작은 정원에서는 조용한 가운데 빠르고 명확하게 일어나는 일을 두고 말이다. … 아주 이따금, 씨앗을 뿌리고 수확하는 어느 한순간, 땅 위의 모든 피조물 가운데 유독 우리 인간만이 이 같은 사물의 순환에서 제외되어야 한다는 것이 얼마나 이상한 일인가 하는 생각이 떠오른다. … 한 번뿐인 인생인

양 자기만의 것, 별나고 특별한 것을 소유하려는 인간의 의지가 기이하
게만 여겨지는 것이다."[5]

여기 천태만상, 갈래갈래 찢어져 조각난 무수하고 불가해한 인간 세
상의 고통과 주검들 앞에서 한 걸음 물러나 고요히 명상하는 이 사람의
생각은 또 다른 희망을 지시하고 있다. 오늘은 구름이 좀 걷히긴 했어도
여전히 검은 하늘 아래서 이렇게 기도를 바쳤다.

이제는 고요함을 주십시오.
이제는 마음에 평화를 내려주십시오.

나의 손을 들고
당신이 계신 산을 향해 나의 손을 듭니다.
그리고 이렇게 눈을 똑똑히 뜨고 바라봅니다.
모든 도움의 근원이시여
천지를 지으신 당신의 이름을 이렇게 간절히 부릅니다
(시 12:1-2).

---

5   Hermann Hesse, *Freude am Garten. Betrachtungen, Gedichte und Bilder*(1908),
    두행숙 역, 『정원 일의 즐거움』(이레, 2001), 16-17.

묻혀진 고통과
그 고통 속에 계신 하나님

박지은 ― 이화여자대학교

"하느님 세계의 정의에 대해 강하게 믿고 살아왔는데…." ―김건우 학생
의 어머니 노선자 씨[1]

선한 마음으로 최선을 다하여 살아가다가 이 세상이 살 만하다는 믿
음이 깨어질 때가 있다. 제정신을 가지고 이해하려고 해도 도저히 이해
할 수 없는 일이 나에게 일어날 때이다. 이치를 가지고 설명하려고 해도
도저히 설명할 수 없는 세상사가 바로 내가 사랑하는 사람들에게 일어
날 때이다. 타당한 이유를 찾으려 해도 '왜'라는 의문을 떨쳐버릴 수 없는

---

1 416 세월호 참사 시민기록위원회 작가기록단, 『금요일엔 돌아오렴: 240일간의 세월호
유가족 육성기록』(창비, 2015), 37. 글 중간중간에 인용하는 유가족의 목소리는 긴 인용
을 제외하고 각주를 달지 않고 유가족의 이름만을 명시하나, 모두 이 책에서 인용했음을
밝힌다.

일이 착하게 살아온 사람들에게 일어나는 것을 지켜보고 있는 무력한 나를 발견할 때이다. 2014년 4월 16일이 바로 그런 날이었다. 세상을 바르게 산다는 것이 오히려 잔인한 결과를 가져온 날이었다. "저만 삐뚤어지지 않게 열심히 살면 된다고 생각했어요." 여느 세월호 참사 유가족이나 실종자 가족들처럼 김제훈 학생의 어머니 이지연 씨도 그렇게 믿고 살아왔다. 그런데 그렇지 않았다. 세상에 정의는 살아 있는지 또다시 의문을 제기해보지만, 자신 있게 '그렇다'고 답할 수 없었던 날이었다. 유가족과 실종자 가족은 어떻게 남은 날들을 살아야 할지 자신이 없다고 한다. 노선자 씨처럼 종교를 가지고 있는 유가족에게는 또 다른 질문이 떠나지 않는다. 하나님은 정의로운 하나님인지, 참혹한 고통의 시간 속에 하나님은 어디에 계셨는지… 그리고 왜 이런 일이 일어났는지 원인을 알고 싶었다. 김건우 학생의 어머니 노선자 씨는 "'하느님'께 대답을 얻고 싶었고 그래서 자신이 믿는 종교에서도 무관심하고 있을 그때에 '하느님하고 싸움을 하고 있었다'"고 한다. 유가족과 실종자 가족의 외로운 사투는 이렇게 시작되었다.

무고한 사람들의 고통을 접할 때면 떠오르는 성서 이야기가 있다. 욥의 이야기이다. 욥은 "온전하고 정직하여 하나님을 경외하며 악에서 떠난"(욥 1:1) 사람으로 묘사된다. 그런데 어느 날 갑자기 닥친 재난으로 욥은 그가 가진 모든 것을 잃는다. 욥의 모든 자녀도 한날한시에 죽음을 맞는다. "…자녀들이 그들의 맏아들의 집에서 음식을 먹으며 포도주를 마시는데 거친 들에서 큰 바람이 와서 집 네 모퉁이를 치매 그 청년들 위에 무너지므로 그 청년들이 죽었나이다"(욥 1:18-19). 이유 없이 욥에게 고통이 시작된 것이다. 그러나 어릴 적 들었던 욥의 이야기에는 우리만이 아는, 하지만 욥은 모르는 고통의 이유가 있었다. 하나님이 사탄과 내기를 했던 것이다. 욥이 가진 모든 것을 빼앗을 때 욥은 하나님을 원망할 것인가? 나의 기억 속의 욥은 이렇게 엄청난 고통 속에서도 끝까지 하나님을 원망하지 않고 인내함으로써 이전에 잃었던 것보다 갑절의 재산을 받고 새롭게 자녀들도 얻는다. 하나님의 시험을 잘 이겨낸 인간 승리의 전형적인 이야기가 내가 기억하는 욥 이야기의 전부였다.

그러나 어른이 되고 이유 없이 고통이 찾아올 때나 선하고 약한 사람들이 고통을 겪을 때, 어린 시절 만났던 욥은 나에게 큰 위안이 되지 못했다. 비현실적이었고 욥처럼 인내하지 못하는 나의 믿음만을 탓하게 되었다. 그런데 알게 되었다. 인내하는 욥의 모습은 책의 극히 일부분, 즉 서론에 불과하다는 것을. 욥의 이야기 본론에 묘사된 욥은 이유 없이 부당하게 겪는 자신의 고통에 오열하고 항변한다. 고통을 겪으며 삶의 중심이 흔들리는 우리의 모습과 전혀 다를 바 없는 평범한 인간의 모습이 욥 이야기의 중심부에 놓여 있었다. 욥은 끊임없이 묻는다. 왜 이유 없이 고통을 겪어야 하는지. 욥은 끊임없이 하나님을 향해 질문하며, 자신이 고통을 겪는 이유를 알고 싶어 한다. 그는 태어난 날도 저주할 만큼 자신이 얼마나 힘들게 아픔의 시간을 보내고 있는지 토로한다. "…어찌하여 내가 태에서 죽어 나오지 아니하였던가 어찌하여 내 어머니가 해산할 때에 내가 숨지지 아니하였던가"(욥 3:11). 욥은 자신의 아픔을 하나님에게 그대로 표현하며 하나님에 대해, 그가 믿었던 신념에 대해 의문을 제기한다. 하나님은 정의로운 분인지, 세상에 정의라는 것이 존재하는지, 욥은 하나님을 만나 대답을 듣고 싶었다. "내 얼굴은 울음으로 붉었고 내 눈꺼풀에는 죽음의 그늘이"(욥 16:16) 있을 만큼 욥은 고통스럽다. 그리고 침묵하고 계신 하나님을 만나기까지 욥은 끝없이 외로운 싸움을 계속한다.

욥 이야기의 대부분을 차지하는 이러한 지극히 인간적인 모습을 어릴 때 나는 왜 듣지 못했을까? 부당하게 겪는 고통 속에서 하나님을 향한 분노와 고통의 이유에 대한 질문은 왜 정당하지 않은 것처럼 여겨졌을까? 왜 인내하는 욥만이 종교적으로 올바르다고 믿고 살았을까? 욥의 고통에 찬 부르짖음은 왜 대부분 표현되지 않고 묻혀야만 했던 것일까? 욥의 고통 속에 하나님은 도대체 어디에서, 왜 침묵하고 계신 것일까? "내가 어찌하면 하나님 발견할 곳을 알꼬 그리하면 그 보좌 앞에 나아가서 그 앞에서 호소하며…"(욥 23:3). 욥은 하나님을 만나 알고 싶다. 자신이 고통 받는 이유를.

"하느님의 정의"를 믿어왔던 김건우 학생의 어머니 노선자 씨가 "하느님과 씨름하며" 힘들었던 것은 사건이 일어난 뒤 한 달이 지나도 자신이 믿는 종교인들의 침묵이었다고 한다. 그래서 노선자 씨는 고통 가운데 "내가 계속 하느님 믿고 살 건지 모르겠다"는 지극히 인간적인 고백을 하기도 한다. 그러나 프란체스코 교황의 방문 미사를 들으며 노선자 씨는 자신의 싸움이 정당하다는 것을 확신했다. 정의를 찾기 위해 사투를 벌이는 것, 무고한 아들의 죽음의 원인을 알고자 하는 것이 정의를 찾는 첫 발걸음임을 알고 지금도 노선자 씨는 '하느님'과의 씨름을 계속하고 있다. 인내하는 욥으로 인해서 고통의 이유를 알고자 하나님께 울부짖던 욥이 묻혔던 시간들. 자녀들의 죽음의 이유를 알고자 부르짖는 세월호 유가족과 실종자 가족의 아픔의 시간들. 얼마나 더 긴 시간이 필요한 걸까? 얼마나 오랜 시간을 그들이 더 아파해야 하는 것일까? 그들의 고통의 목소리가 묻히기를 우리도 침묵으로 동조하고 있는 것은 아닐까? 이제는 우리의 귀를 열고 그들의 목소리를 들어야 하지 않을까?

묻혀진 고통, 묻혀지기를 원하는 고통의 한가운데서

"이게 하나님의 뜻이다. 그렇게 말하는 사람도 있는데 난 절대로 그렇게 생각하지 않아요. 그래도 나는 기독교인이니까 우리 아들이 먼저 천국으로 간 상황에서 하나님하고 내가 풀어야 할 숙제가 있는 거지요. 제가 어떻게 살아야 해요? 도대체 저한테 어떻게 하라고 이러세요? 이 부분에 대한 답을 얻어야 해." —이창현 학생의 어머니 최순화 씨[2]

세월호 유가족과 실종자 가족은 차가운 바다에서 공포와 두려움으로 마지막 시간을 홀로 보낸 자녀들을 생각할 때면 가슴이 미어진다. 그래서 세월호 참사의 원인을 꼭 밝혀내고 싶어 한다. 자녀들과 함께해주지 못한 미안함. "마지막의 그 공포, 무슨 생각 하고 갔을까. 그걸 함께해주지 못해서 미안하고…." 신승희 학생의 어머니 전민주 씨처럼 유가족은 자녀들의 죽음의 원인, 그저 진실이 알고 싶을 뿐이다. 나의 사랑하는 자녀가 왜 그런 일을 겪게 되었는지 그것이 궁금할 뿐이다. 그러나 사람들은 하나님의 뜻으로 받아들이라고 한다. 그만하라고 말한다. 이들의 아픔에 대해 우리가 도대체 무슨 말이 있을 수 있을까?

고통의 원인을 찾아가는 한가운데서 욥은 다양한 사람들을 만난다. 자녀 잃은 슬픔을 동일하게 겪고 있는 욥의 아내, 욥을 위로하기 위하여 찾아온 그의 친구들, 욥처럼 고통 한가운데 있는 사람들. 먼저, 함께 고통을 겪고 있는 욥의 아내는 욥이 모든 것을 잃고 병까지 얻자 욥에게 "어리석은"(욥 2:10) 말을 퍼붓고 이야기 속에서 사라진다. "당신이 그

---

2 같은 책, 140-141.

래도 자기의 온전함을 굳게 지키느냐. 하나님을 욕하고 죽으라"(욥 2:9). 자녀를 잃은 욥의 고통과 달리 욥 아내의 아픔은 이야기에서 표현되지 않는다. 오히려 "하나님을 욕하고 죽으라"는 아내의 유일한 말은 고통 속에서도 평정을 유지하며 인내하는 이야기 서론의 욥과 비교되면서 폄하되기도 한다. 자녀를 잃은 어머니의 분노를, 그 아픔을 누가 종교적인 잣대로 평가할 수 있을까? 욥 아내의 아픔은 이야기를 듣고, 읽는 사람들에게 그동안 잊히고 묻혀왔던 것이다. 욥의 아내의 표현되지 못한 아픔을 생각하면서 우리 사회에서 커다란 아픔을 겪고도 타의에 의해 혹은 사회에 의해 잊도록 강요된 아픔을 생각해본다. 욥이 무고하게 고통을 겪는 인간의 대표적인 모습이라면, 욥의 아내는 어쩌면 사회적인 약자의 위치에서 아픔을 겪고도 표현하지 못하도록 강요받고 있는 사람들의 모습을 대변하는 것은 아닐까? 누구의 아픔은 왜 크게 알려지고, 누구의 아픔은 왜 그만 듣고 싶다는 것일까?

욥의 아내의 말은 어리석은 말이 아니라 하나님을 향한, 사회를 향한 분노의 말이다. 욥의 아내야말로 고통에 직면한 인간의 진솔한 말이다. 간과하지 말아야 할 것은 아내의 말 이후 인내하던 욥이 자신의 고통을 솔직하게 표현하며 하나님께 도전하기 시작한다는 것이다. 그리고 아내는 사라진다. 어쩌면 욥의 항변을 일깨운 것은 아내의 분노의 말인지도 모른다. 고통을 직시하고 원인을, 진실을 찾아나가도록 욥을 깨우친 말인지도 모른다. 고통의 정당한 이유를 찾도록 욥을 일으켜 세우는 말인지도 모른다. 그리고 욥의 분노와 아픔은 이제 더 이상 욥만의 것이 아니다. 아내의 목소리가 그 속에 깊이 응축되어 있을지도 모르기 때문이다. 비록 이야기에 표현되지는 못했으나 욥의 아내는 욥 이상으로 하나님과 사투를 벌이며 자녀들의 죽음의 원인을 찾고 있었는지도 모른다. 정당하지 못하다고 느낄 때 분노하고 하나님에게 솔직하게 자신의 아픔을 이야기하는 그 목소리에 하나님은 더 귀를 기울이시지 않을까?

욥이 고통의 원인을 찾아 사투를 벌이는 가운데 욥의 친구들이 그를 위로하기 위해 찾아온다. 그러나 친구들은 저마다 나름대로 욥의 고통의 원인을 해석하며 욥에게 진정한 위로자가 되지 못한다. 친구들은 말한다. "하나님께 징계를 받는다"(욥 5:17). "네 자녀들이 주께 득죄하였으므로 주께서 그들을 그 죄에 붙이셨다"(욥 8:4). 욥의 친구들은 자신들이 살아오면서 배웠던 삶의 법칙들, 당시 사람들이 널리 수용하던 원칙들, 종교적인 신념들로 욥의 고통을 정죄한다. 하나님의 대변자라도 된 듯 욥의 고통을 죄로 치부한다. 특히 인과응보의 원칙을 욥에게 적용하여 고통에는 분명 이유가 있을 것이라며 욥을 더 아프게 한다. "생각하여 보라 죄 없이 망한 자가 누구인가 정직한 자의 끊어짐이 어디 있는가"(욥 5:7). 부당하게 고통을 겪는 욥에게 이보다 더 잔인한 말이 어디 있을까? 욥은 외친다. "너희가 어찌하여 하나님처럼 나를 핍박하느냐. 내 살을 먹고도 부족하냐"(욥 19:22). 후에 하나님이 욥에게 나타나셨을 때 욥의 친구들은 하나님으로부터 질책을 받는다. "너희가 나를 가리켜 말한 것이 내 종 욥의 말같이 정당하지 못함이니라"(욥 41:7). 욥은 정당했다. 욥의 친구들의 모습에서 너무 쉽게 하나님의 뜻을 운운하는 종교인들의 모습을 본다. 친구들의 모습에서 우리의 모습을 본다.

욥은 고통의 한가운데서 자신처럼 정당하지 못하게 고통 받는 사람들에게 시선을 돌리게 된다. "어떤 사람은… 고아의 나귀를 몰아가며 과부의 소를 볼모로 잡으며… 의복이 없어 벗은 몸으로 밤을 지내며 추위에 덮을 것이 없으며 산중 소나기에 젖으며 가릴 것이 없어 바위를 안고 있느니라. 어떤 사람은 고아를 어미 품에서 빼앗으며 가난한 자의 옷을 볼

모 잡으므로 그들이 옷이 없어 벌거벗고 다니며 주리면서 곡식단을 메며… 인구 많은 성중에서 사람들이 신음하며 상한 자가 부르짖으나 하나님이 그 불의를 보지 아니 하시느니라"(욥 24:2-12). 욥은 이유 없이 겪는 자신의 고통을 통하여 고통 받는 사람들의 아픔을 보게 된 것이다. 세월호 유가족도 자신들의 아픔을 통해 이웃의 아픔을 보는 경험을 나눈다. 그들의 고통을 통해 이제까지 사회에서 외면당했던, 그리고 외면당하고 있는 사람들의 아픔을 생각한다. "그래도 이 일을 겪고 나서 남의 일을 돌아보게 된 것 같아요. 밀양이든 쌍용자동차든 사회문제가 됐던 것들. 나는 그들의 외침에 하나도 관심 없었는데… 지금은 내가 사건의 한가운데 있지만, 내가 그랬던 것처럼 남들도 똑같이 그렇겠구나 싶어요. 너무 많은 사람들이 희생되었는데 변한 게 별로 없고."[3] 외쳐도 아무도 들어주지 않는 외로움, 정당한 외침이 외면당하는 고통, 진실을 알고자 하는 외침을 비웃는 현실, 변한 게 없어서 계속 희생되는 사람들, 이들의 고통의 한가운데서 우리는 어디에 서 있을까? 부끄럽다.

그 고통 속에 계신 하나님

"하나님의 존재에 대해서도 어떻게 평가해야 하는지 모르겠어요. 하느님의 자비가 느껴지지 않는 상황이 벌어진 거니까 처음에는 하느님을 부정하게 되잖아요. 저는 갈 데가 없어서 결국 하느님한테 다시 돌아갔어요. 천국이라는 희망조차 없으면 우리 채원이는 그저 암흑일 뿐이니까요." ─길채원 학생의 어머니 허영무 씨[4]

---

3 같은 책, 231.
4 같은 책, 218.

그런데 도대체 하나님은 어디 계신 것일까? 욥이 고통을 겪는 동안, 무죄한 사람들이 억울하게 고통을 받는 동안 하나님은 어디에 계셨던 것일까? 차가운 바다에서 자녀들이 신음하는 동안 하나님은 어디에 계셨던 것일까? 지금은 어디에 계신 것일까? 대답 없는 하나님을 향한 욥의 탄식은 치열했고 하나님은 마침내 폭풍 한가운데서 욥에게 나타나신다(욥 38-41장). 하지만 하나님은 욥이 왜 그런 고통을 겪어야 했는지, 세상에는 왜 불의가 존재하는지 욥에게 대답하지 않으신다. 하나님은 오히려 우주의 질서를 이야기한다. 하나님은 오히려 창조세계에 대해 욥에게 반문하신다. "내가 땅의 기초를 놓을 때에 네가 어디 있었느냐 네가 깨달아 알았거든 말할찌니라"(욥 38:4). 하나님은 오히려 인간 세상과는 무관한 곳에 비를 내리고 들짐승들을 자유롭게 돌보시는 분임을 이야기한다. "사람 없는 땅에, 사람 없는 광야에 비를 내리고…"(욥 38: 26), "누가 들나귀를 놓아 자유하게 하였느냐?"(욥 39:5). 하나님은 누군가에 의해 제한될 수 있는 분이 아니며, 인간을 위해서만 역사하는 분이 아닌 자유로운 분임을 드러내신다.

어찌 보면 욥이 생각한 하나님도 욥 자신이 만든, 자신이 배우고 알던 하나님, 종교인들에 의해 만들어진 하나님, 자신의 경험으로만 알던 하나님이었다. 죄가 없는데 내가 왜 고통을 받아야 하는지 하나님께 항변했던 욥도 인과응보의 논리에 의해 자신의 고통을 이해한 것이었음을 깨닫는다. 착한 사람은 착한 대로, 악한 사람은 악한 대로 보응을 받는다는 인과응보의 법칙. 의롭게 살았던 욥은 인과응보의 법칙대로라면 당연히 좋은 보상을 받아야만 한다. 하나님이 정의의 하나님이라면 당연히 착한 사람에게 마땅한 보응을 해주셔야만 한다. 악한 사람을 과감하게 처벌해야 한다. 이것이 욥이, 그리고 어쩌면 우리가 이해한 정의의 하나님이고, 세상의 법칙이다. 그러한 하나님의 모습을 우리는 원한다. 하지만 폭풍 속에서 욥에게 나타난 하나님은 말씀하신다. 그것은 욥이 규정한 하나님이란 것을. 하나님은 우리의 생각대로, 인과응보의 법칙대로, 인간이 예측 가능한 하나님이 아닌 분이라는 것을 욥은 하나님을 만나고 깨닫게 된다. 하나님은 인간이 표현할 수 없는 분이라는 것이다. 인간의 생각대로 움직이시는 분이 아니라는 것이다. 자유로운 분이라는 것이다. 인간의 법칙과 관념으로 제한될 수 없는 분이라는 것이다. 이유 없이 고통을 겪는 사람을 그냥 보고 계신다고 해서 하나님이 정의롭지 못하다고 말할 수 없다는 것이다. 하나님이 자유로우시듯 인간도 자유롭게 행한다. 악한 사람이 악하게 행할 수 있는 자유가 있다. 그러나 악한 사람이 빠르게 벌을 받지 않더라도 언젠가 하나님은 이들을 통제하실 것이라는 믿음이 있다. 폭풍 속에서 나타난 하나님은 혼돈과 사악한 세력의 상징인 베헤못과 레비아단을 통제하고 계심을 드러내신다.[5]

이런 하나님이 답답하게 느껴질 수도 있다. 하지만 욥에게 나타난 하나님은 욥의 탄식과 슬픔, 그의 아픔을 모두 듣고 계셨다. 하나님은 욥의 고통 속에 함께 계셨다. 그리고 욥에게 새로운 하나님의 모습을 깨우쳐주셨다. 우리가 규정한 하나님이 전부가 아님을 보여주셨다. 고통의 원인을 죄에 대한 벌로, 하나님의 뜻으로 해석하는 것도 타당하지 않음을 욥은 보여주었다. 세상에 역사하시는 하나님은 또한 인간과 함께 일하신다. 불의하고 악한 세력에 맞서 싸워야 할 것은 우리 인간의 과제로 남겨두신다. 정의를 이루는 것은 우리 인간의 역할이며 이 과정에 하나님은 함께하신다. 우리가 정의롭지 못하다고 느낄 때, 진리가 아니라고

---

5   구스타보 구티에레즈, 제3세계신학연구소 번역실 역, 『욥기: 무고한 자의 고난과 하느님의 말씀』(나눔사, 1989), 172-176.

생각될 때 우리는 아니라고 부르짖어야 한다. 그 속에 하나님은 함께하신다.

자신의 정당함을 끝까지 외침으로 새로운 하나님, 전통적으로 알던 하나님의 새로운 측면을 욥이 보았다면, 그는 또한 끝까지 원인을 찾아 항변하고 외로운 싸움을 계속할 때 이야기의 결말에서 모든 것의 회복이 있었다. 이것은 인내의 결과로 얻어진 회복이 아니다. 이유 없이 겪는 고통을 인내로 이겨낸 사람들에게 행복이 보장된다는 말씀도 아니다. 욥이 정당했음을 보여주는 하나님의 옹호이다. 하나님과의 싸움을 통해 드러난 욥의 무고함의 표현이다. 욥을 비난하는 친구들에게 끝까지 자신의 결백함을 주장하며 원인을 찾아나간 결과이다. 욥의 이야기는 또한 선한 사람도 이유 없이 고통을 받을 수 있다는 것, 인과응보의 원리로만 세상을 설명할 수 없다는 것, 하나님을 우리가 다 알 수 없다는 것, 인간은 무언가 더 큰 힘에 의해 고통을 받을 수 있다는 것을 보여준다. 사탄과 하나님의 내기로 시작된 고통. 욥의 이야기에서 사탄은 악마의 세력이 아니라 세상을 돌아다니며 하나님에게 세상사를 보고하는 임무를 맡고 있는 하늘의 존재다. 그럼에도 인간을 고통에 빠뜨리는 세력이다. 그러나 욥의 이야기를 통해 우리는, 독자들은 욥이 당하는 고통의 원인을 알고 있다. 욥의 정당함도 알고 있다. 그렇다면 우리는 무엇을 해야 할 것인가? 욥의 자녀들의 억울한 죽음은 단지 한 줄로 묘사된다. 욥의 자녀들의 마지막을 우리는 자세히 모른다. 표현되지 않았기 때문이다. 그러나 묻힌 자녀들의 목소리는 사라지지 않았다. 이제는 우리가 묻혔던 욥의 자녀들의 목소리를 찾아주어야 한다. 세월호 참사로 왜 자녀들이 죽어야만 했는지 밝히기 위한 노력도 정당하다.

길채원 학생의 어머니는 말한다. "하나씩 하나씩 퍼즐 조각 찾듯이 평생 알 수 없는 아이의 마지막에 대해서 늘 생각했어요…. 그 기다림의 순간에 아이가 얼마나 고통스러웠을지 생각하는 게 너무 무섭고 미안해요." 유가족과 실종자 가족에게 미안하기 그지없다. 무섭고 외로울 때 곁에 함께 있어주지 못했다. 아이들의 마지막을 어쩌면 평생 모를 수도 있다. 그러나 적어도 '왜'라는 퍼즐 조각이 맞춰지도록 이제는 우리가 함께해야 하지 않을까? 함께 이 퍼즐 조각을 맞추기 시작할 때 그 속에 하나님도 함께 계시리라.

말할 수 없는 하나님과
말할 수 없는 고통

: '불가능한 가능성'으로 만나는 하나님과 이웃

최순양 ― 이화여자대학교

나의 하나님 나의 하나님 어찌하여 나를 버리셨나이까?(마 27:46).

내 하나님이여 내 영혼이 내 속에서 낙심이 되므로 내가 요단 땅과 헤르
몬과 미살 산에서 주를 기억하나이다. 주의 폭포소리에 깊은 바다가 서
로 부르며 주의 모든 파도와 물결이 나를 휩쓸었나이다. 낮에는 여호와
께서 그의 인자하심을 베푸시고 밤에는 그의 찬송이 내게 있어 생명의
하나님께 기도하리로다. 내 반석이신 하나님께 말하기를 어찌하여 나를
잊으셨나이까 내가 어찌하여 원수의 압제로 말미암아 슬프게 다니나이
까 하리로다. 내 뼈를 찌르는 칼 같이 내 대적이 나를 비방하여 늘 내게
말하기를 네 하나님이 어디 있느냐 하도다. 내 영혼아 네가 어찌하여 낙
담하며 어찌하여 내 속에서 불안해하는가! 너는 하나님께 소망을 두라
나는 그가 나타나 도우심으로 말미암아 내 하나님을 여전히 찬송하리로

다(시 47:6-11).

'신정론'적 설명으로부터 생각해봄

예수가 외쳤던 절규는 무엇을, 어떤 하나님을 향한 것이었을까? 예수도 우리처럼 '어느 때나' '어디서나' 늘 지켜주시는 하나님이 죽음의 고통을 피할 수 있게 해주기를 바랐던 것일까? 아니라면, 적어도 그 고통을 이겨낼 힘을 주시기를 원했던 것일까?

살아가면서, 더 이상 앞으로 나아갈 수 없을 때, 하나님을 믿는다는 것은 하나님께서 나에게 '나타나'주시기를 바라고, 내 고통과 울부짖음에 응답해주시기를 바라는 것일 터이다. 시편 47편에서 시편 기자는 하나님을 폭포소리로, 그리고 파도와 물결로 이해하였다. 그리고 그것은 때로는 나를 휩쓸 정도의 무시무시한 힘으로 보이기도 한다. 오히려 깊은 바다를 부르는 폭포소리 같은 하나님이라면, 나를 안전하게 보호해주시는 하나님의 이미지로 그려지고 있지는 않다. 한편으로는 하나님을 '깊이'로 '신비'로 폭포소리로 이해하지만, 또 마음 한편으로는 내가 고통에 처해 있을 때, 나를 보호해주고 회복시켜주실 하나님을 바라고 있는 것이다. 그렇기 때문에 이러한 믿음이 오히려 시편 기자가 노래하는 것처럼, '원수들이 나를 비웃고' '너의 하나님은 도대체 계시기라도 하는가?'라고 묻게 만든다. 믿는 이 또한 '하나님은 나를 버리신 것인가?'라는 의문을 떨칠 수 없고, 하나님과 깊이 씨름하기 마련이다.

나의 고통에 응답하지 않는 하나님, 내가 도움을 요청하였지만 나타나주시지 않는 하나님, 우리는 이런 침묵의 하나님을 계속해서 하나님이라고 고백할 수 있을 것인가?

지난해 4월 16일, 우리는 우리의 눈을 믿기 어려울 정도로 아무런 대책과 구조도 실현해내지 못한 채, 무고한 목숨을 304명이나 떠나보내야 했다. 그리고 더 무력하게 만드는 사실은 304명의 세월호 희생자들 중 9명은 아직도 시신을 찾지 못하였다는 것이다. 유가족의 가슴은 다 타들어가서 나날이 힘든 일상을 살고 있다. 그리고 부끄럽게도 남겨진 우리는 희생자들이 왜 죽어야만 했는지의 이유조차 시원하게 밝혀내지 못하고 있다.

> 저는 거꾸로 이야기해서 진상규명이 2퍼센트도 안 됐다고 생각해요. 선원들의 재판 과정에서 나온 이야기 중에서도 덜 밝혀진 부분이 많고요. 예를 들어 15명의 선원이 있었으면서도 일사분란하게 자기들만 퇴선을 했는데, 그 사람들이 어떻게 그런 결정을 내렸고, 과정은 어떻게 진행됐는지 재판 과정에서 규명이 잘 안 됐어요… 해경 차장은 죄가 있다고 기소가 됐는데, 해경 청장은 죄가 없다고 하고… 책임 소재조차 명확하게 안 밝혀졌는데, 그게 무슨 진상규명입니까? —박수현 학생의 아버지 박종대 씨 이야기[1]

유가족이 답답해하는 이 글에서 읽혀지듯이, 남겨진 우리가 해냈어야 할 일들은 산적하지만, 그저 무력하게 아파하고만 있는 게 먹먹하기만 하다. 그러면서도, 세월호 사건을 잊으려 하고, '이제 할 만큼 했다'는 식으로 여기는 사람들도 있을 뿐 아니라, 며칠 전에는 지금까지 세월호 사건을 알리고 단식을 하고 했던 광화문광장 사용 장소를 제공한 사람들

---

[1] 416 세월호 참사 시민기록위원회 작가기록단, 『금요일엔 돌아오렴』(창비, 2014), 205-206.

(서울시장을 비롯한 공무원들)에게 책임을 묻겠다는 말도 안 되는 뉴스까지 접했다. 나라가 아이들을 지켜내지 못한 것에 대해서, 국민을 구조도 해주지 않고, 물속에서 수장시킨 현실에서 그 사람들이 자신들을 알려내고, 함께 싸울 것을 요구하는 것이 도대체 무엇이 잘못된 일일까?

세월호 유가족이 겪는 고통에 대해서 사람들은 참 자기 멋대로의 해석도 많이 내리고, 섣부른 판단도 서슴지 않았다. '신학적'으로 설명을 해주는 시도도 많았는데 그중 하나가 어떤 목사님이 내린, 하나님이 뜻이 있으셔서 사람들을 데려갔다는 말도 안 되는 해석이다.

많은 신학적 논의들이 '인간에게 왜 이유도 없이 고통과 슬픔이 생겨나는가?'에 대한 질문에 답하려 할 때, '하나님이 선하시다' 혹은 '하나님은 고통을 일부러 주시지 않았다'라는 것을 논증하기 위해서 중요한 것을 포기한다. '하나님'을 변호하기 위해서 피해자에게 지금 누구보다 더 깊은 고통을 겪는 사람들에게 상처를 주는 일이다. 하나님이 '악'을 만들었다고 할 수는 없더라도, 적어도 피해자에게 그것에 무슨 신적인 이유가 있어서 그러한 일이 일어났다고 표현하는 것은 너무 지나친 것이 아닌가! 그렇게 옹호해야 할 하나님이란 대체 어떤 하나님인가! 전통적인 기독교 신앙을 가진 사람들은 누구나, 세상에 일어난 악과 고통이 하나님 책임이라고 말하기를 두려워한다. 다시 말해서, '하나님은 선하시고 무엇이든지 할 수 있는 분이다'고 하는 사실을 옹호하기 위해서, '왜 선한 사람에게 까닭 없이 고통이 발생하는가?'의 문제에 대해서 솔직하고 설득력 있는 답을 해주지 못하고 있다.

이런 종류의 신앙인들은 "고통을 당하는 사람에게는 그럴 만한 이유가 있다"라는 식의 비난을 불러일으킬 만한 진단을 내리지는 않는다 하더라도, "하나님께서 각자에게 맞는 뜻이 있기 때문에 고통과 슬픔도 주시는 것이다"라거나, "고통을 받고 있을 때는 모르지만, 나중에는 그것 또한 하나님의 계획과 섭리 안에 있다"고 설명한다. 혹은, "하나님께서 는 감당할 만큼의 시련만 주시기 때문에 이겨낼 것입니다"라고 위로와 격려를 하기도 하지만, 정작 고통을 겪고 있는 사람들은 아마 이런 생각 을 할 것이다. "그렇다면 내가 더 약한 사람이었다면, 이러한 잔인한 고 통을 겪지 않을 수도 있었단 말입니까?"

따라서, 이러한 하나님의 전능하심이라든가, 선하심을 옹호해야 한 다고 생각하는 사람들에게서는 "왜 하나님께서는 선한 사람들에게 악이 일어나도록 방치하시는가?"에 대한 답을 들을 수가 없다. 반대로, 하나 님의 전능함을 포기하는 사람들도 있다. 쿠쉬너라는 사람은 욥기에서 욥에게 "폭풍우 가운데서 들려주셨던" 하나님의 말씀으로부터 답을 얻 게 되는데, 그가 얻은 답은 하나님은 사랑이 많고 선하시지만 세상의 악 과 고통을 제거할 만큼 전능하고 강력하지는 않다는 것이었다. 40장에 나오는 "네가 하나님처럼 능력이 있느냐 하나님처럼 천둥소리를 내겠느 냐?"라는 말을 보통의 성서학자들은 "욥, 너는 네가 나와 대등하다고, 네 가 가진 보잘것없는 인간의 힘으로 악과 싸우고 네 자신을 구원하는 것 이 가능하다고 생각하느냐? 그렇다면 네가 한번 해보아라"라고 해석하 지만, 쿠쉬너는 이렇게 이해한다. "욥, 나는 내가 할 수 있는 최선을 다하 고 있지만, 내가 이 모든 것을 주관하는 것은 아니다. 악을 다스리는 것 도 쉬운 일이 아니다. 그러니, 네가 세상을 바로잡고 악을 없앨 수 있거 든 네가 한번 해보아라."[2] 결국, 쿠쉬너는 악을 미워하지만 그렇다고 악 에 대해 전능한 해결을 해줄 수는 없는 하나님이 전통적 하나님보다 더

---

2 토마스 G. 롱, 장혜영 옮김,『고통과 씨름하다』(새물결플러스, 2011), 113-115.

설득력이 있다고 생각하였고, 이 세상에 일어나는 이유를 찾을 수 없는 악과 고통은 하나님께로부터 오는 것이 아니라 차라리 '운명'의 장난이라고 하는 것이 낫다고 설명한다. 하나님이 악을 미워하지만, 무력하더라도 '선하시다'라고 하는 것을 놓지 않으려고 이제는 '운명'이라고 하는 제3의 원리에 기대면서까지 하나님의 선하심을 지켜야만 할 정도로 사람들은 '하나님은 선하시고 악을 미워하신다'라는 생각을 붙들고 있다.

한편, 과정신학에서는 하나님은 악이 생겨날 가능성을 주시기는 하였지만, 모든 창조된 존재가 '선'을 향하도록 늘 '유혹'하신다고 설명한다. 따라서 악은 하나님의 책임이라기보다는 인간의 선택에 달려 있고, 따라서 우리는 하나님의 지향성(만족)을 따라서, 악을 물리치지 위해서 끊임없이 싸워나가고 인생을 최선을 다해 살아가야 한다고 설명해준다. 신정론 논의 중에서 가장 설득력 있는 설명이 아마도 과정신학의 답변이라고 생각한다. 그러나 하나님의 도우심을 더 강하게 바라는 사람들에게 과정신학은 조금은 세련되고, 쿨한 하나님의 모습을 선사하는 면도 없지 않다. 하나님이 함께하신다는 것도 역설적으로 차갑게 느껴진다. 이렇게 볼 때, 하나님의 전지전능함을 옹호하려는 사람에게서도, 하나님이 무력하기 그지없다고 하는 사람에게서도 우리는 만족할 만한 답을 찾을 수가 없다. 때로는 하나님은 우리와 함께 아파하고 계시다는 말들도 '하나님의 나타나 도우심'으로 느껴지지 않는다.

부정신학적 하나님 이해를 적용해 생각해보는 신정론

신정론에서 제안한 여러 가지 설명은 하나님의 존재를 옹호하기 위해, 혹은 하나님의 선하심을 증명하기 위해, 여러 가지 대책과 설명을 내놓고 있다. 그러나 어느 논리도 하나의 명제만큼은 양보를 할 수밖에 없고 결국엔, 선하시고 무엇이든지 할 수 있는 하나님이 아니면, 선하시지만 무력한 하나님을 생각한다든가, 선을 지향하면서 인간을 위로하는 하나님을 이야기한다. 그러나 우리는 우리의 논리대로 이해를 하고, 원인을 파악하는 것이 정작 중요한 것이라고 생각해야 할까? 이름을 지어주고, 정의를 내리는 것이 대상을 더 이해하는 데 도움이 되기도 하지만, 역설적이게도, 그 이름이 그 대상을 제한하고 왜곡할 수 있는 가능성도 더 증가한다.

예를 들어, 기독교에서는 하나님을 '하나님 아버지'라고 이해하는 사람들이 많다. '아버지'의 누구든 무찌를 것 같은 힘과 통솔력 그리고 따뜻한 부성 등등이 신과 닮았다고 사람들에게서 유추된 상징이자 명칭이기는 하지만, 오히려 그 명칭이 신이 가지고 있는 다른 특성을 가리게 되고, 남성적인 특성이 마치 신의 전부인 양 생각하게 만든다. 따라서 기독교인들은 하나님을 아버지가 아닌 다른 상징으로 이해하기가 여간 어려운 것이 아니다. 그중에서도 가장 상상하기 어려운 이미지가 하나님의 여성 이미지라고 사람들은 말한다. 따라서 여성신학자 엘리자베스 존슨은 그녀의 책, *She who is*에서 풍부한 신비로서 만나가야 하는 하나님을 한 가지 이미지로만 그려내었기 때문에 하나님을 남성으로 이해하는 현상은 신의 신비와 깊이를 가리는 '우상숭배'라고까지 할 수 있다고 주장하였다.

하나님의 신비는 많은 명칭과 상징으로 이해되어야 하지만, 그만큼 많은 이미지 또한 신을 가리키는 손가락(지시어)에 불과하다는 것을 인식해야 한다. 결국엔 그 이미지 자체를 극복하고 넘어가야만 신의 신비와 깊이에 한 발짝 더 다가갈 수 있는 것이다. 그리고 하나님의 신비에 대해서 가장 우리가 이해하기 어려운 부분이 '하나님은 악과 무슨 관계인가?'라는 질문이다. 세월호 사건처럼 '만약, 전지전능한 하나님이 존재한다면, 저렇게 무고한 목숨이 한꺼번에 희생되는 일이 왜 일어났어야 했는가?'에 대한 답을 과연 어느 누구가 시원스럽게 내려줄 수 있을 것인가? 이렇게 처참한 사건을 겪으면서, 우리는 이제는 차마, '하나님도 함께 거기서 고통 받으셨을 것이다'라는 말조차도하기 힘든 '침묵'의 시간을 보내야 했다. 아직도 여전히 무엇이라고 대답을 해야 할지 모르겠는 슬픔과 아픔 속에 잠식되어 있다. 하나님께서 어떤 방식으로 인간의 고통에 관여하는지 우리가 알 수 없듯이, 인간의 고통에 대해서도 우리는 섣불리 설명하고 위로하려 해서는 안 된다. 영성적 차원에서 보자면, 인간의 언어와 생각 너머에 존재하는 신만큼이나 인간 개개인이 가진 독특성은 신비로울 정도로 그 심연이 깊다. 따라서 부정신학에서 바라보는 신에 대한 신비만큼이나 인간이 각각의 삶의 고통의 깊이 속에 감추어진 신비 역시 가늠할 수 없음을 기억하면서, 그렇다면 우리가 무엇을 해야 할 것인가에 대해 조심스럽게 생각해보고자 한다.

이러한 생각은 단순한 물음, 바로 "인간의 고통을 다른 사람이 이해한다는 것이 과연 가능할까?"라는 문제제기에서 시작되었다. 그 사람만이 가지고 있는 고통이라는 것은 보편적이고 상식적인 시각 너머에 있을 수밖에 없다. 왜냐하면, '나'는 그 사람의 신경구조와 심리상태, 그리고 성격과 환경을 공유하고 있지 않기 때문이다. '나'는 그 사람이 살아온 여러 아픔에 대해서, 그 사람이 벅차게 기뻐하는 것에 대해서 전혀 무지하기 때문이다.

장례식장에서 엄마가 마지막으로 동생 얼굴 보라고 그랬는데 무서워서 못 봤어요. 부어 있는 동생 모습이 다시 보기 싫어서… 장관이나 그런 사람들이 장례식장으로 보낸 화환을 집어던졌어요. 부하들 시켜 꽃 보낸 것도 싫고 슬픈 마음도 없는 것 같은데 그냥 꽃만 냅다 던져주고 힘내라고 그러는 것 같아서 기분 나쁘고. 또 "이제 네가 큰언니니까 엄마 아빠 잘 돌보고 잘해야 한다"라는 말들도 싫고. 어쩌다가 이런 날에만 오는 사람들이 그런 말을 하니 자기들이 뭔데 나한테 그러나 싶고. 저한테 무책임한 말들을 하는 게 싫었어요. 힘내라는 말도 짜증났어요. 위로도 안 되고. ―신승희 학생 언니 승아의 이야기[3]

동생이 더 이상 살아 있지 않다는 현실을 받아들여야 하는 슬픔 앞에서, 언니가 느꼈을 분노와 슬픔을 과연 사람들이 짐작이나 하는 것일까? 조금이라도 이 언니가 느끼는 감정을 짐작하려고 애써보려는 노력이나 해봤을까? 어떤 생각으로 '위로' 아닌 분석을 하고 있는 것일까?

우리는 다른 사람이 겪는 고통에 대해서 이렇다고 할 분석을 하거나 '담론'을 만들어낼 수 없다. 논리적으로 설명하거나 이 고통이 왜 일어났는지를 묻는 '인과응보'의 시선으로는 타인의 고통을 이해하게 되는 것이 아니라 오히려 그(녀)를 더 깊은 상실감과 외로움에 처하게 만들 뿐이다. 대개의 경우, 그(녀)가 지금 겪고 있는 고통은 다른 사람이 이해하거나 설명할 수 없는 개별자가 가진 '단 하나의' 고통이기 때문이다. 때로는 '섭리의 총체성'이라든가 '고통의 이유'를 따지기 위해서 고통을 '약'이나 '성장'의 도구로 설명해주는 방식 또한 고통을 겪고 있는 이들에게는 오히려 상처가 되기도 한다. 게다가 하나님께서 이러한 일을 계획하셨

---

3 『금요일엔 돌아오렴』, 89.

다고 하는 문제로 들어갈수록 더욱더 힘들어지게 된다. 고통을 설명하고 해명하고, 안다고 할수록, 원인이 무엇인가를 따질수록, 그것이 지니고 있는 부정적 결과는 눈덩이처럼 더욱 더 커지게 되는 일이 많다.

신이 세상의 악과 무슨 관계인지 이해하기 어려운 것처럼, 개별자가 겪는 고통, 특별히 사회적 보편성이나 권력의 논리로 읽어낼 수 없는 이들의 '고통'은 우리가 알고 있는 지식과 경험으로 판단하는 것은 '불가능'하다. 하나님에 대해서 이름 짓고, 규정짓고, 속단할 경우 하나님을 바로 이해하기보다는 어긋나거나 오해하게 된다고 하는 부정신학의 명제는 신에게만 적용되는 것이 아니라, 사회적 약자의 고통에 대해서도 적용되어야 한다. 신에 대해서 설명할수록 신에게서 멀어지는 것과 같은 이치가 개개인의 고통을 이해하는 현실 속에서도 적용 가능하다. 우리가 아는 언어로 언어화할수록, 우리가 기대고 있는 상식과 이분법으로 설명할수록 오해와 거리감을 주게 된다. 하나님에 대해서 안다고 할수록 왜곡되듯이, 개개인이나 '약자'들의 고통에 대해서 자꾸 정의하고 판단하고 전달한다는 것이 오히려 더 그들의 심정을 헤아리지 못하고 생채기를 남기게 된다. 그저 쉽게 우리가 알고 있는 말로 판단하고 정의 내리려 할 게 아니라, '이해할 수 없다', '나의 이해는 한계가 있다'는 자각을 통해 닿을 수 없는 곳을 향한, 그러나 닿으려 하는 끊임없는 노력이 필요하다. 신의 섭리를 다 이해하지 못한다고 깨닫는 순간, 우리는 신에게 더 가까이 있는 것인지도 모른다.

이것을 우리는 '불가능한 가능성impossible possibility'의 측면으로 이해해볼 수 있다. 다다르려 노력하지만, 끝내 도달할 수 없기 때문에 가까워지려고 노력만 할 뿐이다. 그러나 불가능하다고 그냥 그 자리에서 포기하자는 것은 아니다. 불가능하다는 것을 알지만, 그 한계를 인식하면서도 끊임없이 다가가려고 하는 그 과정 속에 살아 있자고 하는 것이 바로 불가능성에 대한 우리의 자각이라고 할 수 있다.

신정론적으로 생각해보면, 하나님이 뜻이 있어서 이런 고통을 주셨다는 말도, 하나님이 이 고통의 순간에 함께 계신다고 하는 말도, 때에 따라서는 듣는 사람에게 더 상처가 될 수도 있다. 그저 모르는 상태에서 이해할 수 없는 하나님에 대해서 설명하려 할 필요 없이, 내가 그들과 함께함으로써, 하나님의 지향성—그것이 선이든 정의이든—을 같이 추구해나갈 뿐이다.

하나님에 대해서 우리가 설명하는 방식들은 잠깐 우리가 타고 가는 돛단배에 불과하다. 무어라고 하나님을 이해한다고 해도 그 이미지를 해체하고 다시 성숙시켜가는 것처럼, 알았다가도 주춤할 수 있어야 하고, 잘 가는 것 같다가도 또다시 멈추어야 하는 끊임없는 노력의 몸짓이 있어야 한다. 과정적으로 만들고, 부수고, 또 세우고, 그것을 다시 허물고 과정적으로 진행을 하지만 완전한 이해에는 도달할 수 없다. 마찬가지로 개별자의 '고통'이라는 것에 대해서도 어렴풋이 짐작을 할 수는 있겠으나, 우리가 가지고 있는 생각과 이해가 전부라고 결론짓는 순간 '공감'과 소통은 사라지고, 차디찬 단절과 소외만이 생기게 되기 때문이다. 그런 의미에서 개별자의 '고통'을 이야기한다는 것 또한 불가능한 가능성이라고 볼 수 있다. 나의 이해와 판단 너머에 있는 그(녀)의 고통에는 그러한 불가능한 지점이 있다고 하는 것을 우리가 겸허히 받아들일 수밖에 없다. 나의 이해와 경험으로 공감하기가 불가능하다면, 나의 사랑과 연결되고자 하는 마음만으로 다가갈 수밖에 없다. 나의 이해와 판단—그것이 하나님에 관한 것이든, 나의 앞에서 아파하고 있는 사람이든—은 내려놓고, 그 존재와 연결되고자 하는 마음만 가지고 만날 때, 어쩌면 불가능함을 꿰뚫는 쾌속적인 가능성의 세계가 열리는 것인지도 모르겠다.

말할 수 없기에 그저 함께할 수밖에 없는 일

하나님과 악과 고통을 연관시키는 일에서 우리가 자유로워질 수 있으면 좋겠다. 신정론의 논의로도, 인과응보의 논리로도 찾아낼 수 없이 복잡한 일들이 많이 일어나고 있는 현실을 생각해본다면, 신의 선하심을 옹호하기 위해서, 혹은 피해자들에게 섣부른 답을 주기 위해서 신학적 논의를 세우는 일은 이제 그만둬야 할 때가 아닌가 하는 생각을 해본다.

자식을 칠흑 같은 어둠 속에 묻어야 했고, 왜 그렇게 죽어가야만 했는지 원인조차 밝히지 못하고 있는 현실 앞에서 우리가 할 수 있는 일이 무엇일까? 그저 그 가능할 수 없는 고통 옆에서 눈물 흘리고 함께 싸우고 지지해주는 일 외에 우리에겐 입이 열 개라도 할 말이 없어야 맞다. 그 고통이 너무나 깊고, 억장이 무너져 내리는 슬픔이 너무나 짙어서, 그 현실에다 감히 신이 어떻다는 둥, 선이 어떻다는 둥, 무슨 기도를 해야 한다는 둥… 그런 말들을 우리는 차마 할 수가 없다는 생각이 든다.

시편 42편에서 "내 뼈를 찌르는 칼 같이 내 대적이 나를 비방하여 늘 내게 말하기를 네 하나님이 어디 있느냐"(10절) 하는 비방 속에서, 여전히 '하나님이 계시다'고 할 수 있는 방법은 무엇일까? 그것은 하나님을 믿는 사람들이 하나님의 역사하심이 되어드릴 때 가능하다. 하나님이 왜 고통을 있게 했는지, 왜 무고한 목숨이 그렇게 죽었어야 했는지 그 이유를 알 수 없지만, 가족들을 잃고 깊은 슬픔을 간직하고 사는 사람들에게 무어라 위로의 말을 할 수 없지만, 아직도 '사랑'이 있다. 하나님은 고통 받는 이들의 하나님이라고 말해줄 수 있는 방법은 '함께하는' 것뿐이다.

> 이번 일로 정말 잔인하고 몹쓸 세상도 경험했지만, 사회를 지탱해주는 좋은 사람들도 많이 만나게 되었어요. 국민들 다수가 돌아가는 상황에 대해 잘 모르잖아요. 언론이 다 조절하고 검열하니까. 그런데도 잠깐잠깐 분향소든 '이웃'이든 시국미사든 가보면 소수는 알고 있고 움직이더라구요. 아, 소수라도 이렇게 힘써주시는 분들이 있으니 덜 억울하구나. 내가 덜 바보구나. 내가 덜 외롭구나 싶어요. ─길채원 학생 어머니 허영무 씨[4]

미사를 드리다가도 내 아이는 왜 죽었을까? 왜 하필 내 아이가 그렇게 수장되어야 했는가?에 대해 답을 찾지 못하고 실의에 빠진 어머니를 위로하는 사람들은 자신의 판단대로 말하고 원인파악을 하고 해결책을 내리는 사람들이 아니라, 그저 묵묵히 '함께하는 이들'이었다.

팽목항에서 광화문까지 삼보일배를 하시는 이수현 군의 아버지 이호진 씨와 누나 이아름 양에게 찾아와서 온종일 200kg이 넘는 배를 끌고 함께 앞서가는 청년을 이호진 아버지는 '오늘의 예수님'이라고 불렀다.

> 내 영혼아 네가 어찌하여 낙담하며 어찌하여 내 속에서 불안해하는가! 너는 하나님께 소망을 두라 나는 그가 나타나 도우심으로 말미암아 내 하나님을 여전히 찬송하리로다(시 42:11).

---

4 『금요일엔 돌아오렴』(창비, 2014), 232.

하나님이 여전히 살아 계시다고, 우리의 하나님은 정의의 하나님이라고, 억울한 이들의 호소를 외면하시지 않는 분이시라는 것을 말할 수 있는 방법은 무엇인가? 그것은 그들과 함께 싸우고, 함께 울고, 함께 지탱하고, 함께 소망하는 것밖에 없다. 하나님이 왜 이런 고통을 주셨는지, 우리는 설명할 방법도 없고, 우리의 말은 너무 짧고 얄팍하다. "하나님이 나타나 도우심"을 말하는 방법은 부족한 우리 몸이나마 움직여서 고통의 현장에 함께하는 것이다. 하나님의 선하심을 바라는, 하나님의 '정의'가 살아 계심을 믿는 사람들이 서로서로에게 기대어 그 하나님의 뜻을 나타내는 것 외에 우리가 하나님을 말하는 것이 무엇이 있을까 생각해보게 된다. 하나님의 손과 발이 되어, 우리 옆에 있는 사람들의 고통을 끌어안는 것, 그것이 하나님의 역사하심을, 하나님의 도우심을 말하는 유일한 언어가 아니겠는가.

고통에 대처하는
기독교 신앙의 두 양상

김희헌 ㅣ 성공회대학교

근본적인 물음을 던진 세월호 참사

304명의 꽃 같은 생명을 몰살시킨 세월호의 참사가 벌어진 지 1년이 되어간다. 이 참혹한 사태를 맞고서도 우리 사회는 안타깝게도 치유의 시간도 성찰의 시간도 제대로 갖지 못했다. 오히려 기괴한 장면들이 현실에 거머리처럼 달라붙어 있다. 거대했던 애도의 물결은 지탄과 반감의 밀물로 바뀌어 우리 사회를 덮치고 있으며, 마치 정권의 운명이 거기에 달린 듯이 정부 관계자들은 진실규명을 집요하게 방해하고 있다. 진실을 밝혀달라는 유가족들의 호소는 몸의 절규가 되어 이 강토를 긁고 있다. 참사 314일째가 되는 날, 고 이승현 군의 아버지와 누나는 몇 달이 걸릴지 모르는 삼보일배를 팽목항에서 시작하여 서울로 향하고 있다. '유가족이 되는 것이 소원'인 9명의 가족은 아직도 배와 함께 갇혀 있는

가족의 뼈라도 건질 수 있게 되기를 바라고 있다. 슬픔을 중단하라는 강요 앞에서 슬퍼하는 일마저 '권리'로서 주장되어야 하는 이 기막힌 세상에 대해서 우리는 차라리 설명을 포기하게 된다.

'양심이 이익에 팔려가고 진실이 효율에 내팽개쳐지는' 이 신자유주의적 문화 속에서, 기독교 신학은 제 자신이나마 설득할 수 있는 길을 열어갈 수 있을까? 안타깝게도, 세월호 참사라는 거대한 고통과 비극에 대해서 대다수의 한국교회는 침묵해왔다. 그 침묵은 두 가지 사실과 이어져 있다. 하나는 기존의 신학적 사유가 무능하다는 자각이요, 다른 하나는 오늘날 교회의 신앙이 잘못된 욕망에 사로잡혀 있다는 자책이다. 이 자각과 자책은 역설적이게도 일부 기독교인들의 망발을 통해서 드러났다. 어떤 목사는 "어린애들을 침몰시키면서 대한민국에 기회를 준" 하나님의 뜻을 설명했고, 또 다른 목사는 "가난한 집 애들이 수학여행을 경주로 가지, 왜 하필 배를 타고 제주로 갔냐"고 힐난했다. 이 막말을 들은 유가족은 "초라함이 오히려 더 짓밟아도 되는, 먹잇감이 되는 이유"로서 작동되고 있는 이 사회와 교회에 대해서 치떨었다.[1]

기독교 신학은 이제 세월호 이전과는 다른 길을 걸어야 한다는 요청을 받고 있다. 우리는 참사의 고통에 대한 하나님의 대답을 들어야 한다. 새로운 대답을 들어야 한다. 그러나 그 대답을 얻기 위해서는 먼저 더 깊이 물어야 할 것이 있다. 대답을 듣고자 하는 '그 우리'가 과연 무엇을 원하고 있는가 하는 문제이다. 우리는 우리에게 참으로 있어야 할 것을 아는가? 탐욕을 교리로 포장해온 신학을 버리고, 고통 속에서 만들어진 질문에 진지하게 대답해야 한다. 이 심정은 아들을 잃은 어머니 최순화

---

1 416 세월호 참사 시민기록위원회 작가기록단, 『금요일엔 돌아오렴: 240일간의 세월호 유가족 육성기록』(창비, 2015), 229.

씨를 통해서 이렇게 표현되고 있다.

> 이게 하나님의 뜻이다. 이렇게 말하는 사람도 있는데, 난 절대로 그렇게 생각하지 않아요. 그래도 나는 기독교인이니까 우리 아들이 먼저 천국으로 간 상황에서 하나님하고 내가 풀어야 할 숙제가 있는 거지요. 제가 어떻게 살아야 해요? 도대체 저한테 어떻게 하라고 이러세요? 이 부분에 대한 답을 얻어야 해.[2]

종교의 두 체계, 힘인가 사랑인가, 탐욕인가 공감인가?

침몰한 배에서 구조 활동을 하다가, 구명조끼를 함께 묶고 세상을 떠난 아이들을 발견한 잠수사 장형채 씨는 인터뷰에서, "힘 있는 사람들, 돈 있는 사람들이 이 사회를 자신들의 잇속을 챙기는 공간으로 여겨온 점을 반성해야 한다"라고 말한 바 있다. 우리는 오늘 권력의 힘, 돈의 힘을 숭배하는 문화가 지배하는 세계를 살아가고 있다. 이 문화는 공기와도 같아서, 그것을 마시고 살아가는 것을 당연한 것처럼 생각하게 된다. 우리는 야만적인 이 사회에 너무도 잘 적응되어 있다. 가난한 사람들을 위한 정책과 배려는 외면당하고 거대한 독점자본의 무한증식이 가능한 이 사회의 질서와 문화를 당연시한다. 너도나도 힘을 숭배하는 문화에 중독된 채 '인간 사회란 원래 야만적인 거야'라고 말한다. 약자와 가난한 자의 편을 드는 정의로운 행위를 위험하게 여기며, 고통 받는 사람들의 곁을 지키는 공감의 행위를 한가한 사람들의 사치라고 조롱한다. 어리

---

2 같은 책, 140.

석음, 두려움, 욕망을 이용하여 강력한 힘을 발휘하고 있는 '힘 숭배의 문화'가 조장하는 거짓 정신이다.

기독교 신앙과 교회 역시 예외는 아니다. 교회는 욕망을 부추기고, 두려움을 조장하고, 생각이 없는 어리석음을 신앙의 이름으로 용인하고 심지어 그것을 가르쳐왔다. 성공을 향한 욕망과 어우러진 대교회주의, 두려움에 기초한 타계주의 신앙, 지성을 잃은 교리주의가 한국교회에 범람했다. 교회가 '힘을 숭배하는 신앙'에 중독되었기 때문이다. 하나님 역시 힘의 절대치를 가진 '힘의 신'으로 숭상된다. 힘의 신을 믿고 그 신의 힘을 빌려서 성공하려는 통속적인 신앙이 대세를 이루고 있다. '힘의 신'에 사로잡힌 이 신앙은 경건의 이름으로 종교적 광기나 동물적 정욕을 배설하고 있다.

'힘의 신'이 통속적으로 숭상되어온 것은, 신이 현실에서 그런 존재로 경험되었기 때문이라기보다는, 그런 신이 존재하기를 바라는 대중들의 종교적인 욕구가 관념적인 신학과 결합되어 널리 유포되어왔기 때문이다. 이들의 종교적인 욕구는 '자기 보존'(또는 성공이라는 적극적인 욕망)이라는 목표를 중심으로 움직인다. 그럴 때 종교영성은 신의 '의지'를 살피는 방편으로 계발된다. 신이 과연 나의 보존에 대한 의지를 갖고 있는가, 없는가. 이런 관심이 만들어내는 종교적인 행위는 전능한 힘을 가진 신이 자신을 지켜주도록 만들려는 '외교나 거래'가 되지 않을 수 없다. 제물을 바치든지, 율법을 지키든지. 결국 신은 바쳐지는 공물의 크기를 판단하는 심판자가 된다. 냉정하게 말하면, 그 신은 외부에서 나를 파괴할 수도 있는 잠재적인 적enemy이다. 그것이 '힘의 신'의 본질이요, 힘의 문화에 중독된 정신에 깔려 있는 두려움이다.[3]

오래전 종교가 움틀 때 생겨난 이 부족주의적 신앙(자기 부족을 지키는 데 관심하는 신앙)은 그 단위가 개인으로 변화되었을 뿐 그 내용은 변화되지 않고 오늘날까지 전해져 내려오고 있다. 부족을 지켜야 할 신에게 필요한 것은 '전지전능'이요, 그렇지 못한 신은 폐기되고 만다. 따라서 이런 부족주의적 종교정신이 지속될 때 살아남게 되는 신은 '힘의 신'이다. 문제는, 욕망하는 개인(부족)들이 숭상하는 이 '힘의 신'은 경배의 대상이 되는 만큼, 또한 심판의 대상으로 전락하기 쉽다는 점이다. 경배에서 심판으로 전환되는 계기는 고통과 시련이다. 힘의 신은 고통을 모르는 신이요, 자기를 섬기는 백성들에게 고통과 시련을 주어서는 안 되는 숙명을 지닌 신이다. 그 숙명을 감당하지 못하는 신은 자신의 백성에 의해서 폐위를 당한다. 그리고 보면, '힘의 신'이란 실상 고통에 가장 취약한 신인 것이다. 고통당하는 사람들에게 '힘의 신'은 결코 해답이 되지 못한다.

우리는 여기서 왜 한국교회가 세월호 참사에 대해서 침묵했는지, 그 가장 깊은 신학적 문제를 보게 된다. 한국교회가 숭배해온 '힘의 신'은 세월호의 비극에 대해서 결코 의미와 해답을 줄 수 없는 근본적인 한계를 지니고 있기 때문이다. 그 신학적 한계는 결국 전지전능한 '힘의 신'이 참사의 궁극적인 원인이라고 말하지 않을 수 없는 점에 있다. 어떻게 그것이 신학적 해명이라고 할 수 있겠는가? 세월호 이후의 신학의 출발점은 그렇다면 분명하다. '힘의 신'이라는 관념의 폐기이다.

그 출발은 성경이다. 예수의 삶은 '힘의 신'을 향하지도, 증언하지도 않는다. 하나님과 하나 된 그분의 삶의 끝은 십자가였다. 힘의 신을 숭상하던 당시의 사람들은 십자가에 못 박힌 예수를 보고, "자기를 구원하고

---

3   A. N. 화이트헤드, 김희헌 역, 『진화하는 종교』(대한기독교서회, 2012), 1부 참고.

십자가에서 내려오라"고 요구했다. 그들에게는 그것이 신의 아들이라면 응당 할 수 있을 법한 행위였다. 그러나 예수는 고통 속에서 오직 몇 마디를 외치고 숨졌다. "나의 하나님, 어찌하여 나를 버리셨습니까?"(막 15:34). 이 외침은 고통 속에 있는 자가 경험하는 '버림당함'에 관한 부르짖음이다. 정말 하나님은 그를 버리셨는가? 최초의 복음서 기자는 당시의 종교적 세계관에서 가장 멀리 있다고 여겨진 로마군인의 입술을 빌려서 이 질문에 대답한다. "참으로 이분은 하나님의 아들이셨다." 복음(유앙겔리온)이란 십자가에서 뛰어내리는 힘에 있지 않고, 십자가를 지는 것에 있다는 마가복음서 기자의 고백이자 그가 속한 교회의 증언이다. 마가를 통해 증언된 예수의 하나님은 힘의 신은 아니었다. 아들마저 구하지 못했으니. 그러나 그 신의 힘은 '힘의 신'을 압도한다. 그것이 성서가 말하고자 하는 신앙의 비밀이다.

바울 역시 동일한 고백을 한다. 그는 당시의 종교정신을 유대인, 헬라인, 부르심을 받은 사람, 이렇게 세 부류로 나눠서, 그 차이를 이야기한다. 유대인은 기적을 좇기 때문에 십자가를 거리끼는 것으로 여겼고, 헬라인은 지혜를 구하기 때문에 십자가를 어리석은 것으로 여겼다. 그러나 부르심을 입은 사람에게는 십자가에 달리신 분이 하나님의 능력이요 지혜라고 말한다(고전 1:22-24). 바울은 사람들이 숭상하는 '기적과 지혜' 대신에 십자가를 구한다. 십자가는 분명히 기적과 지혜를 구하는 사람들에게는 걸림돌(스칸달론, 갈 5:11)이다. 그러나 바울은 역설적으로, 하나님께서 강한 자들과 지혜 있는 자들을 부끄럽게 하시려고 어리석고 약한 자를 선택하셨다고 고백한다. 바울에게도 하나님은 '힘의 신'이 아니다. 그런데 바로 그 하나님이 오히려 참된 힘을 갖고 있으며, 어떤 역경도 이겨내는 힘을 주는 존재였다.

바울은 이렇게 고백한다. "나에게 능력을 주시는 분 안에서, 나는 모든 것을 할 수 있습니다"(빌 4:13). 그 능력은 성공의 능력이 아니라, 어떤 상황 속에서도 그리스도를 따를 수 있는 능력이었다. 그것이 바로 앞에서 그가 말한 믿음의 비결이다. "나는 비천하게 살 줄도 알고, 풍족하게 살 줄도 압니다. 배부르거나 굶주리거나, 풍족하거나 궁핍하거나, 그 어떤 경우에도 적응할 수 있는 비결을 배웠습니다"(빌 4:12). 세월호 이후의 신학은 바울이 가진 이 믿음의 비결을 회복하도록 돕는 것이어야만 한다. 고통의 상황 속에서 기소되고 결국 폐기되고 마는 관념적인 '힘의 신'이 아니라, 어떠한 상황(고통) 속에서도 모든 것을 할 수 있도록 능력을 주시는 분, 그분에 관한 믿음을 증언해야 한다. 신자유주의적 욕망과 탐욕을 보증하는 '힘의 신'이 아니라, 예수의 십자가를 통해서 드러난 '사랑의 신'을 증언해야 한다.

'힘의 신'이 욕망하는 종교정신과 어울리는 존재라면, '사랑의 신'은 고통당하는 자들을 향해 깨어 있는 종교정신에게 알려지는 존재이다. 사랑의 신은 피조물의 고통에 민감한 분이다. 그분을 향한 믿음 역시 그분을 닮는 마음, 고통에 공감하는 영성으로 채워진다. 이 '공감의 신앙'은 다가오고 있는 하나님의 나라를 향해서 열린 마음으로 좁은 길을 걷는 신앙이다. 좁은 길을 걷는 삶에는 역경이 있기 마련이지만, 그것은 이 세상의 그 어떠한 것으로도 "끊을 수 없는 하나님의 사랑" 안에서 걷는 길이다(롬 8:39). 이 믿음의 길은 멀리 있는 하나님을 숭배하는 삶이 아니라, 하나님 안에서 사랑의 길을 걷는 삶이다. 이 공감의 신앙 구조 속에서는, 하나님이 종교적 외교를 통해서 내편이 되어야만 하는 잠재적인 적이 아니라, 어떠한 고통 속에서도 동행하시는 동반자이다. 그분과 동행하기 위해 필요한 믿음은 교리적인 맹신이 아니라, "사랑으로 역사하는 믿음faith working through love"이다(갈 5:16).

세월호 이후의 교회는 세월호 이전의 믿음을 지속해서는 안 된다. '힘의 신앙'을 버리고 '공감의 신앙'을 세우기 위해 영적인 모험을 벌여야 한다. 시대의 욕망이 세월호 참사를 불러왔다면, 참사 이후의 삶은 과거를 참회하고 새로운 부르심을 향해 열려야 한다. 성경이 들려주는 말씀 앞에 굳게 서야 한다.

사랑하는 여러분, 어느 영이든지 다 믿지 말고, 그 영들이 하나님께로부터 왔는가를 시험해 보십시오. 거짓 예언자가 세상에 많이 나타났기 때문입니다. … 그들은 세상에서 생겨났습니다. 그런 까닭에, 그들은 세상에 속한 말을 하고, 세상은 그들의 말을 듣습니다. … 지금까지 하나님을 본 사람은 없습니다. 그러나 우리가 서로 사랑하면, 하나님께서 우리 가운데 계시고, 또 하나님의 사랑이 우리 가운데서 완성되는 것입니다. … 하나님은 사랑이십니다. 사랑 안에 있는 사람은 하나님 안에 있고, 하나님도 그 사람 안에 계십니다. 이것으로써 사랑은 우리에게서 완성된 것이니, 곧 심판 날에, 우리가 담대함을 가지는 것입니다(요일 4:1, 5, 12, 16b-17a).

공감의 신앙, 존재로 이룩하는 믿음

세월호 참사를 통해 얻게 된 가장 뼈아픈 교훈은 우리 사회가 추구해야 할 평화는 '로마의 평화'가 아니라 '예수의 평화'여야 한다는 사실이다. 로마의 평화는 약자들을 폭력으로 짓밟고서 이룩하는 평화요, 지배자의 폭력적 승리를 복음이라고 찬양하는 평화이다. 로마의 평화는 영광과 승리의 이데올로기 위에서만 건립되는 평화이다. 이와는 달리, 예수의 평화는 그 승리주의 이데올로기에 맞서 싸우다 죽은 정신이 부활해서 이룩한 평화이다. 그 평화는 고난 받는 죽음의 자리, 그 버림받음의 현장에서 아버지를 향해 부르짖을 때에 들리고, 그 부르짖음이 이 세상의 거짓된 장막을 찢어버릴 때 비로소 가시화되는 평화이다. 예수의 평화는 아직 오지 않은 그 나라를 앞당겨 삶으로써 새롭게 지어지는 평화이다.

오늘날 교회와 신앙은 그리스도를 찬양할 뿐, 그분의 길을 따라서 함께 걷지는 않는다. 예수의 평화를 말하면서도 로마의 지배 이데올로기에 사로잡혀서 가난하고 힘없는 자를 멸시한다. 로마의 평화에 중독되어서 고난당하는 이웃과 함께하는 삶을 '위험한 일'로 여긴다. 이 얼마나 어리석고 불행한 일인가? 하나님의 의를 얻기 위해서는 "그리스도를 알고, 그분의 부활의 능력을 깨닫고, 그분의 고난에 동참하여, 그분의 죽으심을 본받는 것"이라는 사실을 기억해야만 한다(빌 3:10). 그리스도의 평화는 그리스도와 동행하는 자에게 주어지는 선물이요, 그리스도의 고난에 참여하기 위해서는 고난 속에 있는 형제들의 이웃이 되어 살아가야 한다.

예수를 따르는 신앙의 사람들은 이 세상의 논리와는 다른 신앙의 논리logic of faith를 가진 사람들이다. 그들은 십자가의 길을 걸은 예수, 고난을 통해서 이 세계를 속량하는 그리스도, 고난당하는 자들과 함께 일하시기 위해 이 세계 속으로 화육하는 하나님을 믿고 따르고 증언하는 사람들이다. 예수의 종교는 이 '고난의 진리'를 깨달은 가운데 형성되었고, 그 진리를 지키기 위해 '신앙의 시련'을 감내했던 사람들의 맥박으로 이어져온 종교이다. 그런데 '힘의 복음'이 교회를 지배하게 되면서, 성경이 가장 경계했던 맘몬의 신이 하나님처럼 섬겨졌고, 로마 황제의 약탈적 유앙겔리온이 예수가 전한 "그 복음"(마 1:15)처럼 선전되어왔다. 세월호 참사가 그 거짓의 가면을 벗겨버렸다. 바로 그 맘몬의 신이 참사를 일으켰고, 교회가 전해온 복음은 예수의 평화가 아니라 실상 로마의 평화였다는 사실을 모두가 알게 되었다.

세월호 이후의 신학은 맘몬의 신, 황제의 신, 힘의 신을 폐기하고, 십자가를 진 아들을 두고 통곡하는 아버지, 아들을 죽인 어둠의 세계 전체를 부활시키려는 하나님을 증언해야 한다. 교회는 예수의 정신을 닮고, 십자가의 영성을 회복해야 한다. 고난당하는 이들의 통곡 속에서 성령의 말할 수 없는 탄식을 들을 수 있는 영적인 감수성을 믿음 속에서 길러야 한다. 힘을 숭상하는 신앙에서 돌이켜 참회하고, 고통당하는 생명들의 삶 속으로 화육하고 있는 하나님의 사랑을 몸으로 증언해야 한다. 하나님을 사랑하고, 이웃을 사랑하라는 예수의 가르침을 받아 몸으로 써야 한다.

그러나 세월호의 참사를 맞고서도 변한 것이 없는 이 무정한 세계에서 우리는 어떻게 하나님을 사랑하고 이웃을 사랑할 수 있는가? 어쩌면 우리는 사랑이라는 말에 너무 익숙해서, 그것이 우리 삶을 뒤흔드는 것임을 실감하지 못한다. 사실 이웃을 사랑하라는 말씀을 따르는 것만큼 위협과 도전이 되는 것도 없다. 이 세계가 탐욕의 시대를 오래 지내오는 동안, '이웃'이라는 말이 순결함을 상실했기 때문이다. 프로이트는 우리가 마치 '이웃사랑'이라는 요구를 난생 처음 듣는 것처럼 순진한 태도로 생각해본다면, 이웃은 "늑대"처럼 다가올 것이라고 말한다. 키에르케고르는 "우리가 온전히 사랑할 수 있는 유일한 이웃은 죽은 사람"이라고 말한다. 살아 있는 이웃, 특히 고난당하면서 내가 여기 있음을 알아달라고 외치는 이웃을 만나고, 그들을 사랑하는 것은 우리 삶에 커다란 위협이다.[4] 자본주의라는 에고이즘의 시대를 살아가면서, "사랑하라"는 성경의 말씀을 따르는 일은 어쩌면 불가능한 일처럼 느껴진다. 그러나 우리는 이 불가능한 일에 대한 도전에 기독교 교회와 신앙의 운명이 걸려 있다는 것을 직감하고 있다.

다가오는 새로운 나라를 꿈꾸는 신앙인에게 진실로 필요한 것은 사랑이다. 사랑이 우리의 삶을 위협하고 뒤흔든다고 해도, 우리는 사랑을 향해 나가지 않을 수 없다. 사랑이 필요 없다고 말하면, 그것은 아가페이신 하나님을 부인하는 것이 될 것이다. 하지만 현실에서는 그 반대이다. 오늘날의 신앙인은 사랑의 능력을 스스로 불신하며, 고난당하는 이웃과의 만남조차 두려워하고 있다. 그렇기 때문에 하나님마저도 온 맘으로 사랑할 수 없게 되었다. 우리는 '하나님을 진실로 사랑할 수 있을 때까지!' 사랑을 배워야 한다. 교회와 신앙인은 하나님의 아가페적 사랑을 삶에서 구현해가야 하는 운명에 매여 있다. 이 사랑은 단순히 나로부터 출발하는 '몸의 선행'이 아니라, 고통 속에서도 믿음의 진실을 지키는 모든 정신적 · 육체적 행위이다. 믿음이 하나님의 선물이듯, 이 사랑 또한 우리 인생에 참된 가치와 아름다움을 부여해주는 하나님의 선물이다.

세월호 이후의 신학은 '참회'의 영성을 길러야 한다. 신앙이란 어떤 교리에 대한 지적인 동의가 아니라, 어떤 새로운 프로그램, 즉 다가오는 하나님 나라의 질서에 대해 헌신하는 것이다. 신앙이란 '삶을 헌신하는 방식'으로서, 상대방을 바꾸는 것이 아니라 자신을 바꿔서 세계를 변화시키는 것이다.[5] 예수님은 제일 먼저 "참회하라μετανοεῖτε"고 가르치셨

---

4 케네스 레이너드 · 에릭 L. 샌트너 · 슬라보예 지젝, 정혁현 역, 『이웃: 정치신학에 관한 세 가지 탐구』(도서출판b, 2010), 9-10 재인용.
5 마커스 J. 보그 · 존 도미닉 크로산, 김준우 역, 『바울의 첫 번째 복음』(한국기독교연구소,

다. 이 참회는 나쁜 행실 이후에 통과하는 의례가 아니라, 하나님 나라 앞에 선 자기를 뚜렷하게 의식할 때 가능한 어떤 것이다. 돈과 권력과 힘을 숭배하는 문화 속에서 하나님을 사랑하고 이웃을 사랑하는 일은 두려움과 욕망을 이겨내는 길고 어려운 훈련을 요청한다. 그러나 그것이 불가능하지는 않다. 하나님을 향한 인간의 영혼은 자기를 버려서라도 하나님을 얻으려는 종교적 본능을 갖고 있기 때문이다.

우리의 역사는 파괴와 정복의 시대를 너무 오래 달려왔고, 우리의 정서는 그것에 너무 익숙하다. 우리는 역사 앞에, 이웃 앞에, 자연 앞에 참회해야 한다. 그리스도인에게 참회란 미래에 얻을 보상에 대한 기대가 만들어내는 작위가 아니라, 사랑의 삶을 살아갈 것을 소망하며 과거의 질곡을 넘어가려는 오늘의 용기가 이룬 업적이다. 이 참회는 참 종교정신이 벌이는 새로운 형태의 모험이다. 그것은 힘에 의존하여 이뤄지는 로마의 평화를 뒤엎으려는 신앙의 확신이 만들어내는 모험이다. 이 참회가 우리와 우리 세계를 새롭게 할 수 있을 것이다.

우리가 사는 시대는 새로운 공동체를 향한 확신이 필요하다. 참회와 사랑이 그런 확신을 지어갈 것이다. 참회를 통해 하나님 나라의 이상을 살려내고, 사랑을 통해 새로운 문명을 지어갈 힘을 길러야 한다. 관념적인 교리의 고백이 신앙의 징표가 되는 것이 아니라, 존재 자체가 신앙이 되도록 해야 한다. 참회는 하나님 나라를 알 수 있는 지혜를 주며, 사랑은 새 삶을 살 자격을 부여하는 능력이 될 것이다. 참회와 사랑은 역사에 심는 믿음의 씨알로서, 그 싹이 죽음의 땅을 뚫고 올라와야지 생명의 꽃이 피고, 평화의 열매가 맺힐 것이다. 예수님은 하나님에 대한 믿음으로

2010), 230.

새로운 모험의 시대를 여셨다. 그것은 힘이 아닌 '사랑이 이기는 시대'이다. 거짓과 공포와 힘으로 이룩한 질서가 아닌, 참과 공감과 상생의 정신으로 이뤄진 새로운 질서이다. 세월호 이후의 신학은 바로 그것을 꿈꿔야 한다. 예수가 보여준 신앙의 원점에서 다시 시작해야 한다.

저주와 심판과 정의의 하나님, 여기 오소서

김은규 ㅣ 성공회대학교

우리 민족은 역사 속에서 너무도 많은 학살을 경험한 피에 맺힌 한恨의 정서를 갖고 있다. 주변 제국들인 중국과 몽골, 일본에게 잦은 침략을 받을 때마다, 우리의 젊은 군인들은 물론이고 양민들도 학살을 당했고 포로로 잡혀갔다. 동학혁명 때는 부패한 조선의 군인들에게 삼사십만의 농민이 희생되었고, 일제 강점기에 우리의 독립군과 의병들과 양민, 그리고 일본에 징용으로 끌려간 군인들과 위안부들 수십만이 학살을 당했다. 해방 이후 한국전쟁과 그 후에는 좌우 이념 갈등으로, 제주도와 지리산 주변만이 아니라 한반도 전역에서 한국군과 경찰에 의해서, 또 인민군에 의해 수백만 명이 넘는 사람들이 학살을 당했다. 이승만 독재에 맞선 4.19 혁명과, 박정희 군사정권 때 학생과 시민과 종교인들이 혹독한 탄압을 겪었으며, 전두환 군사정권의 등장을 저지하기 위해 5.18 광주 민주항쟁 때 선량한 시민과 학생이 맞서다가 학살을 당했다. 세월호도 현재 진행 중인 권력에 의한 학살이다.

이렇듯 우리 국민은 지난 한 세기 넘는 기간에, 제2차 세계대전 중 독일에서 6백만 유대인이 희생당한 것만큼의 큰 희생이 있었다. 하지만 한반도를 둘러싼 제국들이나 권력자들은 일말의 양심도 없었으며, 희생자들에 대해 속죄할 마음도 위로할 마음도 없다. 오직 권력과 자기 정당화만을 갖고 있다.

그러면 한국 근현대사에서 한 축을 감당한 기독교는? 우리가 믿는 하나님은? 불행하게도 기독교는 500년 넘게 유럽 제국들의 종교로 지구 남반부 전역을 식민지로 만드는 데 지배이념으로 기여한 찬란한(?) 유산을 가진 종교였다. 한국에 온 선교사들은 일본 제국과 타협하며, 피식민지 민족이 겪는 뼈아픈 현실을 외면한 채 학교와 병원, 교회 외에는 관심을 갖지 않고, 개인의 구원과 내세만을 강조하며 선교했다. 우리 민족의 아픈 현실과 독립에는 대부분 눈과 귀를 가리면서 선교했다. 1970 -80년대에도 한쪽 기독교는 성령운동과 축복과 부흥운동과 같은 비사회적인 개인 구원에만 초점을 맞추며 선교사들의 맥을 이었지만, 다른 한쪽 기독교는 민중신학과 토착화신학을 주체적으로 내놓으며, 교회로 하여금 사회 현실에 뛰어들게 하여, 독재정권에 맞서 민주화와 인권운동을 펼쳤고, 여성, 통일, 종교 간 대화에 관심을 갖게 했다.

우리나라의 비극적 역사와 기독교를 간략하게 돌아보았다. 세월호 대학살 이전과 이후를 구분해보면, 우리는 어떤 기독교, 어떤 하나님을 믿을지를 새롭게 정립해볼 필요가 있다. 구약에서 하나님은 사실 힘없는 민족의 신이었다. 우리나라 경상도와 전라도를 합친 작은 면적의 이스라엘 국가는 거대하고 강대한 메소포타미아 제국과 이집트 제국이 위 아래로 맷돌처럼 억누르는 자리에서 생존해야 했다. 그것도 사막과 지

중해라는 척박한 기후와 지형으로 옴짝달싹하기 어려운 지정학적인 환경에 있었다.

이렇게 위축되고 쪼그라들기 쉬운 구약시대에 구약성경은 당시의 민중에게 복음이었다. 하나님은 사회적 약자인 민중 편에서 왕과 권력자들이 백성을 억압하는 것에 대해 경고하고, 저주와 심판을 내리고, 정의를 외침으로써 민중으로부터 큰 호응을 얻었다. 반대로 이스라엘 권력자들은 자신들을 향한 하나님 심판의 소리를 당연히 싫어했다. 구약성경을 보면서, 새삼 경탄하게 되는 것이 바로 이 부분이다. 하나님은 손바닥만한 작은 나라 민중의 인권을 존중하고 보호하기 위해서, 억압하는 권력자들과 주변 제국들을 향해 준엄한 심판의 목소리를 마구마구 거침없이 내고 있는 것이다. 또한 그러한 문서들이 금서로 폐기되고 불살라지지 않고 남아 보존되었다는 것 역시 거의 불가사의하다. 예수님 역시도 소외된 지역인 갈릴리에서 민중과 함께하며, 생명과 정의와 평화를 펼치다가 로마 제국과 성전 권력자들에 의해 희생되었다. 그 후 예수님의 십자가 희생과 부활정신은 기독교 민중에게 순교의 정신으로 이어지면서 로마 제국의 종교탄압을 견뎌내게 했다.

하지만 기원후 4세기 로마 제국의 콘스탄틴 황제가 기독교를 공인한 이후 기독교는 구약의 사회정의의 정신과, 예수가 민중과 함께한 사랑과 정의와 평화의 정신은 온데간데없이 오늘날까지 완전히 다른 종교로 변질되었다. 기독교가 제국권력의 중심이 되어 약소국가의 종교와 문화를 억압하고, 전쟁과 식민지 확장에 하나님과 예수를 내세워 철저하게 지배 이데올로기로 이용했다. 그리고 교회권력으로 수많은 사람을 죽였다.

한국의 많은 교회는 이 연장선상에 있다. 구약 하나님의 사회정의와 예수의 민중적 삶과 정신은 사라지고, 오직 은혜를 주고 물질로 축복하는 하나님과 예수님을 자본주의의 대표주자로 내세웠고 지금도 그렇게 하고 있다. 그래서 성경공부를 하면, 은혜와 축복 신앙이 성경의 주류를 이루는 것 같이 배운다. 하지만 구약성경을 가만히 들여다보면, 불의한 것에 대한 정의로운 저주와 심판이 거대한 주류가 되어 면면히 흐르고 있다. 신약성경의 복음서도 예수님의 사랑과 정의가 같은 축을 이루고 있다.

"억눌리는 사람들을 위로하는 권력자가 없다"

> 나는 또 세상에서 벌어지는 온갖 억압을 보았다. 억눌리는 사람들이 눈물을 흘려도, 그들을 위로하는 사람이 없다. 억누르는 사람들은 폭력을 휘두르는데, 억눌리는 사람들을 위로하는 사람이 없다(전 4:1).

전도서는 얼핏 보기에 인생에서 권력과 부를 다 누려보니, 세상이 '허무하고' 헛되다고 하여 비관하거나 절망하는 것으로 생각된다. 하지만 전도서를 한 꺼풀 벗겨 들어가 보면, 하나님이 인간에게 주신 가치 있는 삶이 진정으로 무엇이냐를 깨닫게 하는 지혜의 책이라는 것을 알 수 있다. 저자도 권력과 부의 위치에서만 있었던 것은 아닌 것 같다. 그것은 권력과 향락도, 물질과 부귀영화도 진정한 행복을 가져다주는 것이 아니라는 것이다. 어쩌면 권력자가 온갖 억압을 하여 억눌림을 당해 눈물 흘리는 사람들에게 다가가 위로를 해주는 것이 진정한 삶의 가치라는 것을 보여주는 대목이다.

억압하는 권력자는 폭력으로 위협을 하며, 자신들의 기득권을 누린다. 다윗 왕이 우리야 장군의 부인을 차지하기 위하여 장군을 최전방으로 내보내어 죽게 한 일, 아합 왕의 부인 이세벨이 궁터 앞에 포도밭을 차지하기 위하여 거짓 증인을 내세워 포도밭 주인을 돌로 쳐 죽인 일. 권력자는 자신들의 사적인 이익을 취하기 위하여 온갖 술수를 썼고, 이를 은폐하려고 했으나 결국 모두 들통이 나고 말았다. 권력으로 억압하는 사람들은 억압당하는 사람들의 이야기를 들으려 하거나, 처지를 이해하려고 하지 않기 때문에 진정으로 위로할 줄 모른다.

세월호 대학살은 명백히 기업과 국가공권력이 만들어낸 비극적 참사이다. 어민들이 해경보다 먼저 달려와서 생존자들을 구출했다. 해경은 선장과 선원들만 구조하고 떠났다. 국가는 총체적으로 무능하게 대처하여 304명의 희생자를 냈다. 해경의 무능인지, 아니면 그 촌각을 다투는 소중한 시간에 해경은 무엇인가 기록들을 삭제하고 은폐하려는 데 시간을 더 쓴 것은 아닌지? 대통령은 그때 어디에 있었는지 떳떳하게 말하지 못한다. 국무총리 등이 팽목항에 왔어도, 공무원들은 구출하는 데 일초가 아까운 시간에 브리핑 준비로 더 분주했다. 유가족이 진실을 밝히고자 그렇게 애쓰고, 팽목항에서 광화문까지 도보순례를 해도, 청와대에서 가장 가까운 곳에 천막을 치고 76일 동안이나 대통령과 면담을 요청을 해도, 대통령에게 진심어린 위로의 말을 들을 수 없었다. 대한항공의 '땅콩회항' 사건 역시도 기업 소유자의 딸이 일으킨 사건으로 전 세계 뉴스의 웃음거리가 되었다. 권력을 갖고 있는 소유자가 직원들에게 억압적인 말과 행동을 했음에도 진정으로 사과하고 위로할 줄을 모르는 것은 똑같다.

권력을 억압적으로 사용하는 자들은 겉치레로 마지못해 위로의 표현을 하지만, 진정성이 전혀 없기에 위로받을 생각은 접어야 한다. 앞에서 본 우리 민족의 비극사에서도, 구약성경 안에서도, 현재의 권력 안에서도, 똑같은 결론이다.

"세상이 썩었고, 무법천지가 되었다"

하나님이 보시니, 세상이 썩었고, 무법천지가 되어 있었다. 하나님이 땅
을 보시니, 썩어 있었다. 살과 피를 지니고 땅 위에서 사는 모든 사람들의
삶이 속속들이 썩어 있었다. 하나님이 노아에게 말씀하셨다. "땅은 사람
들 때문에 무법천지가 되었고, 그 끝 날이 이르렀으니, 내가 반드시, 사람
과 땅을 함께 멸하겠다."(창세기 6:11-13).

이 내용은 하나님께서 천지를 창조하시고, 아담과 하와도 하나님과의
약속을 어겨 에덴동산에서 쫓겨난 뒤, 그들의 자식들 카인과 아벨 간에
살인 사건이 있은 후, 사람들이 늘어나면서 생겨난 일이다. 우리가 에덴
동산 이야기를 신화적으로 해석하더라도, 최초의 공동체가 썩고 무법천
지가 되어버렸다는 것을 알려준다. 어느 나라나 최초의 신화들을 말할
때는 자기 민족의 우수성을 자랑하기 마련인데, 구약의 창조신화(창 1-
11장)는 처음부터 불의에 대한 하나님의 정의로운 심판이 계속되고 있
음을 보여준다. 노아라는 의인을 남겨두고 홍수로 도시를 심판한다. 이
어지는 바벨탑 사건도 인간이 높은 탑을 쌓으며, '하느님처럼 되려는be-
coming like God' 인간의 교만에 대한 심판이 이어지고 있다.

창조신화에서 하나님은 인간에게 단순히 심판으로 겁을 주려는 것이
아니라, 이스라엘 민족이 외세로부터 견디어 생존하고, 사회 내에서 백
성들이 어떻게 살아가야 할지를 알려주는 지혜를 일러주고 있다. 그것
은 무엇보다도 하나님과 개인이 올바른 관계를 맺는 것이며, 사회는 권

력이 지배하는 세상이 아니라, 정의가 있어야 한다는 것을 강조하고 또 강조하고 있다. 하나님은 그것이 안 될 때, 홍수라는 심판을 보여줌으로써 경각심을 불러일으키는 것이다.

한국 사회는 전쟁 후 자본주의가 도입되어 급격하게 산업화가 이루어지면서, 개인과 사회의 가치관이 무너지고 경쟁과 이익만을 추구하는 사회가 이미 되었다. 하나님이 우리 사회를 보시면, '세상이 썩었고, 무법천지가 되었다'고 똑같이 말할 것이다. 정치계, 경제계, 언론계, 법조계, 종교계, 교육계, 공무원, 군대 등 곳곳에 썩지 않은 곳이 없어 보일 정도이다.

세월호는 부패한 권력이 만들어낸 대학살이다. 국가 공권력 기관인 해양경찰, 세월호와 관련된 일부 공무원, 세월호의 소유주가 결합한 뇌물과 부패가 과적을 용인했다. 이들은 세월호가 침몰하는 위기의 순간에도 배에 갇힌 수많은 생명보다는 자신들과 권력과 돈으로 유착되어 있는 선장과 선원들만 구출하고 떠났다. 부패 권력이 인간의 존귀한 생명을 버린 것이다. 수학여행을 가는 어린 학생들과 교사들, 그리고 일반인들을 한순간에 수장시킨 것이다. 세상이 썩으면 이렇듯 무법천지가 되어 국민의 안전과 생명을 아랑곳하지 않는다. 이 부패하고 무능한 권력형 사슬에 관련된 자들에 대해 사법부는 솜방망이 처벌로, 정치권은 진실규명보다는 적절한 타협으로 나아가고 있다. 개탄스러운 일이 아닐 수 없다. 그래서 이들에 대한 하나님의 진노와 준엄한 심판이 어느 때보다 기다려지는가 보다.

"지도자라는 것들은 굶주린 개처럼 그렇게 먹고도 만족할 줄을 모른다. 백성을 지키는 지도자가 되어서도 분별력이 없다. 모두들 저 좋을 대로만 하고 저마다 제 배만 채운다"(사 56:11). 이사야 예언자는 유다

왕조의 부패한 권력과 지도자들에 대해 줄기차게 정의를 외쳤지만, 끝내 나라가 바벨론 제국에 의해 멸망을 당한 뒤 위와 같이 언급했다. 곧 나라가 멸망하는 순간까지도 권력자들은 자기들의 이익만을 취한다는 교훈을 본다. 이 일이 지금부터 2,500년 전의 일인데도, 권력의 속성은 어쩌면 그렇게도 똑같을까?

"나는 너희들(제사장들)이 싫다"

나 만군의 주가 말한다. 너희 가운데서라도 누가 성전 문을 닫아 걸어서, 너희들이 내 제단에 헛된 불을 피우지 못하게 하면 좋겠다! 나는 너희들이 싫다. 나 만군의 주가 말한다. 너희가 바치는 제물도 이제 나는 받지 않겠다(말 1:10).

고대부터 제사장은 신과 인간 사이의 중개자 역할을 해왔다. 메소포타미아의 앗시리아, 바벨론, 페르시아 제국들, 그리고 이집트 제국에서 고위 제사장은 왕의 최측근에서 신권정치theocracy를 하며 엘리트 권력을 누려왔다. 하위 제사장들도 지방 성전들을 지키며 봉헌물과 세금을 받으며 권력을 누렸다. 이스라엘 민족은 이집트에서 노예의 억압으로부터 벗어나 새로운 평등한 사회와 질서를 꿈꾸었고, 그것을 법과 사회제도로 건강하게 지켜내려 가고자 했다. 부족시대에 일부 이루어냈지만, 이스라엘 국가가 생긴 이후 왕과 귀족들의 권력은 부패해갔고, 여기에 제사장들도 함께했다. 제사장들은 율법과 전통을 지키며, 나름 공동체에 구심점 역할을 하는 기여를 했다. 하지만 하나님이 원하는 제사장은 그것만이 고유한 신적 임무로 기득권과 권력을 유지하는 것이 아니라고 보셨다. 하나님은 제사장들에게서 실망하시고, 오늘날 종교시민사회 운동가라고 할 수 있는 이사야, 하박국, 예레미야, 아모스, 에스겔 등 많은 예언자들을 등장시켜 왕과 권력자들의 부패한 권력에 대해 저주와 심판과 정의로운 비판하게 하셨고, 부패한 제사장들에 대해서도 따끔하면서도 매서운 비판의 소리를 내게 하셨다. 위의 본문도 제사장들이 민중 편에서 정의로운 입장으로 함께하지 않고, 권력 편에 있었거나 자기 기득권을 유지하는 것에 있었다는 것을 보여주는 대목이다.

말라기는 구약성경의 맨 끝에 나온다. 유다 민족이 바벨론 제국에 의해 50여 년간 포로 생활을 보낸 이후, 새로운 페르시아 제국이 등장했고, 기원전 500년경 전후에 예루살렘의 무너진 성전을 재건하는 시기의 삶을 반영하고 있다. 나라가 없는 처절한 절망의 시기에도 제사장들은 타락해 있는 상황에서, 하나님은 예언자를 통해 제사장들에게도 심판을 내린다. 제사장들이 단순히 율법을 선포하고 지키고, 형식적인 제사와 예배를 드리는 것이 중요한 것이 아니라, 제사장들의 도덕성 회복, 그리고 하나님의 정의를 회복하는 일이 더 근본적인 것이라는 것을 강조하는 장면이다. 구약성경의 맨 마지막까지 하나님은 타락한 제사장에게 무엇이 근본이고, 무엇이 본질이라는 것을 새삼 일깨워주고 있다.

공공성과 정의의 회복이

오늘 한국의 기독교는 민중의 입장을 대변하고 있는가? 아니면 썩은 사회를 옹호하는 권력의 편을 대변하고 있는가? 불행히도 후자에 길들여 있어 보인다. 물론 건강한 교회들이 더 많다. 하지만 소위 대형교회들의 한심한 작태들을 보면, 부패한 기업과 다름없다. 목사가 돈을 빼돌려 사유화하고, 교회 돈으로 회사를 만들어 자식에게 넘기고, 온갖 잡음과 추문들을 내고 있다. 그러고도 매주일 강단에 나온다. 교인들에게는 회개를 외치며, 정작 자신들은 철면피로 나서고 있다. 또한 이들은 사회적·정치적 사안들이 생길 때마다, 시민사회와 건전한 비판자들을 향해 용공, 좌경, 종북세력이라고 설교하고 있다. 자신들의 부패를 은폐하고 목회의 정당성을 여기서 찾고 있다. 이들은 역사의식도 없으며, 오로지 은혜와 축복신앙으로 교인들을 자본주의의 물질주의로 현혹하여, 맹목적이고 수준 이하의 신앙으로 길들여 판단력을 마비시키고 있다. 이러한 목회자들이 아무리 화려하고 폼 나게 예배를 드린다고 하나님과 예수님께서 좋아하실까?

세월호는 기독교의 어떤 아류에 속한 교단과 관련이 있다. 세월호 회사의 실제 소유주는 교단을 이용했고, 돈과 권력으로 교주처럼 행동했다. 엄청난 사건을 일으킨 배후의 장본인이면서 국민 앞에 잘못을 인정하기보다는, 숨기에 급급했고, 급기야 미스터리한 죽음으로 발견되었다. 어쩌면 세월호와 관련된 부패한 권력들은 그의 죽음에 대해 속으로는 쾌재(?)를 불렀을지 모른다.

한국교회는 자신들의 교회성장과 확장에만 몰두하기에, 공공성과 사회적 책임과 윤리에 대한 의식수준이 매우 미미한 수준이다. 한국에서 기독교인들이 1천만 명에 이른다면 인구 네다섯에 한 명이 기독교인이라고 할 수 있겠으나, 공공의식과 사회정의에 대한 의식은 거의 전무하다고 하겠다. 이것은 목회자의 책임, 무분별하고 독선적인 신학교육의 책임이 일차적이다. 교회가 개인의 축복에만 매달리는 것은 미성숙한 태도이며, 기복신앙 수준에 머물러 있다는 것이다. 이것만이 아니다. 교회를 목회자 개인소유로 생각하고 평신도와 갈등과 분열을 겪는 교회들이 점차 늘고 있다. 부끄럽지만 이러한 현실이 오늘 한국교회의 거대한 자화상이다.

세월호를 통해 한국교회는 공공성과 정의의 회복이 그 어느 때보다 절실히 요구된다. 사회적 약자들, 소수자들, 비정규직 노동자들, 여성, 농민, 가정 폭력, 청소년 학대, 저소득 노인, 외국인 노동자, 다문화 가정 등에 대한 체계적인 접근과 관심, 그리고 이들의 인권을 위해 동행하는 것이다. 그것이 구약에서 민중을 위한 정의의 외침이며, 그리스도 예수께서 보여주신 생명과 정의와 평화의 모습으로 가는 것이다.

이를 위해 새로운 민중교회 운동이 일어나야 하며, 최근 시작한 작은 교회 운동이 좀 더 활발하고 긴밀하게 협력하게 되길 기대한다. 아울러 기독교에만 국한되지 말고, 불교, 가톨릭, 원불교 등과도 지역에서 협력하며 숙제와 과제들을 함께 풀어나가는 것도 바람직하다. 이제는 한국교회도 종교다원주의니 하면서 공격할 시점도 이미 지났고, 여기에 머뭇거리고 주저할 필요도 없다. 적극적으로 이웃 종교인들과 만나고 대화하고 현장에서 함께 공조하며, 세월호를 포함하여, 생명과 생태, 평화와 통일 등의 문제에 협력해나가는 성숙한 종교인의 모습을 가져야 할 시점이다.

우리 모두 가슴에 '진실과 정의의 부활의 노란 리본'을

때로 우리는 자신의 삶을 돌아보거나 앞을 내다보면서, 운명론인지 숙명론인지에 생각에 잠길 때가 있다. 운명론은 사람은 각자 태어나면서 자기의 운명을 갖고 있는데, 이는 세상의 사건이 모두 미리 그렇게 되도록 정해져 있고, 인간의 노력으로 그것을 바꿀 수 없다고 하는 생각이다.

숙명론도 모든 것을 신의 섭리로 보거나, '전생'의 업보로 '현세'의 삶이 결정된다는 사상에서 숙명론적 요소를 발견할 수 있다. 특히 어떤 큰일이나 어려움이 생겼을 때, 이 같은 고정불변과 체념의 생각에 빠질 수 있다. 세월호 대학살은 이런 것과는 전혀 무관하며, 인간의 욕심과 권력과 무능이 만들어낸 사건이며, 그 과정에 귀한 꽃다운 생명들이 희생된 것이다. 사회와 역사와 세계는 우리가 만들어나가는 것이다. 진실규명을 위해 유가족과 종교인들, 그리고 시민사회인들이 함께 풀어나가야 할 과제이다.

마키아벨리의 『군주론』에 보면, 적이 어느 도시를 침략해 들어갈 때, 정복하기 힘든 도시는 외곽에서 공격하여 점차 도시로 가까워질수록 저항이 심해지는 도시라고 말한다. 그것은 내부의 결속력이 강하다는 의미다. 지금 한국 사회는 도처가 썩어 있다. 민심도 갈라져 있다. 반드시 외형적인 침략이 아니더라도, 취약한 상태가 되었다. 한국교회도 뿔뿔이 갈라져 있고, 사회적 신망도 땅에 떨어졌다. 세월호 대학살을 계기로 한국 사회와 교회는 부패하고 썩은 틀에 대해 지난 수십 년간 언제나 입으로만 떠벌이는 회개가 아니라, 준엄한 저주와 심판을 받아야 할 때이다. 그리고 진실을 세우는 정의롭고 깨끗한 사회를, 그리고 낮은 자들과 함께하는 교회로 새롭게 탄생해야 할 것이다.

1250년경 이탈리아에서 반유대주의적인 교황이 유대인들에게 가슴에 별표를 달게 한 이후로, 유대인들은 600여 년이 넘도록 갖은 억압과 차별과 추방을 견디어냈고, 죽음을 맞기도 했다. 그 절정이 600만 유대인의 대학살이다. 그래서 유대인들의 가슴에 달린 별표는 차별과 죽음의 한을 상징한다. 우리 가슴에 노란색 리본을 달고 다니는 것을 부끄러워하거나 이상하게 볼 필요가 없다. 진실이 밝혀질 때까지 노란색 리본은 죽은 희생자들 생명의 부활이고, 심약한 유가족이 용기 있게 일어서는 부활이며, 교회와 사회가 부패한 권력에 대하여 잘못된 것을 바로 잡는 진실과 정의의 부활을 상징하는 것으로 기억되게 해야 할 것이다.

노랑나비와 들꽃으로
다시 오렴, 애들아!

김기석 ― 성공회대학교

이야기의 시작

"엄마, 아빠! 수학여행 다녀올게요."

"그래, 우리 딸(아들), 수학여행 가서 친구들이랑 재미있게 놀고, 선생님 말씀 잘 듣고, 건강하게 다녀오렴."

"네, 걱정 마세요. 그럼 다녀오겠습니다."

이렇게 집을 나선 우리 아이들이 아빠와 엄마에게 돌아오지 못했다. 아이들의 재잘거림은 무쇠덩이보다 더 무거운 침묵의 바닷물 속에 갇혀버렸다. 착하고 잘 웃던 우리 아이들의 얼굴은 일초 일초가 억겁보다 더 긴 시간처럼 느껴지던 그 긴 시간, 수십여 일이 지나서야 차마 눈뜨고 볼 수 없을 만큼 참혹한 모습으로 팽목항의 콘크리트 바닥에 뉘어져 엄마아빠와 대면할 수 있었다. 세상에, 수학여행 간 아이와 부모가 이런 식으로 만나는 일이 어디 있단 말인가? 그러나 이토록 참담한 만남조차도 아직도 저 바닷물 속에서 올라오지 못한 아이들의 부모들에게는 간절한 부러움의 대상이라니 도대체 이런 기막힌 상황을 무어라 말할 수 있는가?

과연 우리의 아이들은 어디로 갔을까? 정녕 우리는 아이들의 얼굴을 영영 볼 수 없단 말인가? 아이들을 삼켜버린 무심한 바닷물을 바라보며 발만 동동 구르다가 절박한 심정으로 아이를 잃은 엄마, 아빠들은 기도한다. 아니 기도라기보다 피를 토하는 심정으로 절규한다.

"전능하신 하나님! 도대체 왜 우리 아이를 데려가셨나요? 생명의 예수님! 주님은 죽었던 나사로를 다시 살려주시고 우리에게 영원한 생명을 약속하신 분이십니다. 이 세상 무엇과도 바꿀 수 없는, 단 하나밖에 없는 소중한 우리의 아이를 죽음에서 건져내어 다시 살릴 수 있습니까? 하나님, 왜 침묵만 지키고 계신가요? 무어라고 대답 좀 해주세요."

무력한 하나님

세월호 참사로 사랑하는 자식을 잃은 부모와 유가족에게 '하나님의 전능성'은 어떻게 이해될 수 있을까? 하나님은 세상을 창조하시고 섭리로 이끌어가는 전능하신 분이라는데, 도대체 어떻게 이런 비극이 일어나도록 허락하셨단 말인가? 내 자신보다도 더 소중한 아이들을 잃는 고통을 겪으면서 우리는 '전능하신 하나님'에게 따지지 않을 수가 없다. 세월호 참사를 겪으면서 우리 마음속에 지울 수 없는 '하나님의 전능성'에 대한 항의에 대해 과연 성서는 무어라고 대답할 것인가?

그는 하나님의 모습을 지니셨으나, 하나님과 동등함을 당연하게 생각하지 않으시고, 오히려 자기를 비워서 종의 모습을 취하시고, 사람과 같이 되셨습니다. 그는 사람의 모양으로 나타나셔서, 자기를 낮추시고, 죽기까지 순종하셨으니, 곧 십자가에 죽기까지 하셨습니다(빌 2:6-8).

이 성서 구절은 사람들이 막연히 알고 있던 '하나님의 전능성'에 대해 다시 한번 돌이켜 생각하게 한다. 대개 우리는 하나님은 전지전능하시므로 능히 못 할 일이 없는 분이라고 생각하기 쉽다. 전능하신 하나님은 저 하늘 높은 곳, 천사들이 호위하는 가운데 신비로운 구름에 둘러싸인 보좌에 위엄을 떨치면서 앉아 계신 분으로 떠오른다. 이러한 하나님의 모습은 시편에서도 노래하듯이 한번 입을 열면 천둥소리가 울리고 눈빛을 발하면 번개가 치고 산과 바다를 뒤엎으시는 능력자의 형상이다. 그러나 빌립보서는 하나님의 모습에 대해 전혀 다른 이야기를 전하고 있다. 그것은 곧 "예수님은 하나님과 동등한 존재이시나 스스로 자신을 낮추어 종의 모습을 취하여 사람이 되었고, 순종하여 마침내 십자가에 달려 죽으셨다"는 고백이다. 이를 신학에서는 '케노시스kenosis'라는 개념으로 설명한다. '케노시스'란 하나님과 같은 존재이신 예수께서 스스로 자신을 낮추어 사람이 되어 이 세상에 오신 성육신 사건의 본질을 표현하는 개념으로서 '신성 포기', '자기 비하', 또는 '자기 겸손'이란 뜻이다. 이 '케노시스'의 뜻에 비추어보면 하나님은 언제 어디서든 무엇이나 마음대로 할 수 있는 전능하신 분이 아니다. 그분의 전능성은 나약함과 고통과 죽음까지 포함한다. 이 세상과 사람을 구원하기 위하여 자신의 지위를 포기하고 힘없는 한 인간이 되어 이 세상에서 가장 견디기 어려운 십자가형의 고통을 받고 창에 찔려 죽임을 당한 경험을 포함하는 전능성이다.

기독교는 유대교에서 나왔다. 유대교와 기독교와 이슬람은 뿌리가 같다. 그 뿌리란 전능하신 창조주를 유일한 하나님으로 믿는 신앙이다. 그런데 유대교 및 이슬람과 기독교의 가장 큰 차이는 바로 예수님에 대한 믿음이다. 지금으로부터 2천 년 전 팔레스타인 땅 나사렛에 태어난 한 인간, 예수를 온전한 하나님으로 믿고, 그분의 삶 속에 하나님의 뜻과 사랑이 완전하게 드러났다고 고백하는 것이 바로 기독교이다. 유대교 관점에서 볼 때 역사적 존재인 한 인간이 전능하신 하나님이라는 주장은 그야말로 신성모독이 아닐 수 없다. 그러나 기독교 신학에서 하나님의 전능성은 그분이 전지전능한 능력을 소유하고 발휘해서가 아니라, 그것을 버리는 자기 비움과 스스로 낮아지는 겸손을 통해 완성되는 전능성이다.

고통당하신 하나님

예수의 생애는 결코 영광스럽지 않았다. 그의 삶은 승리의 나팔소리로 막을 내린 것이 아니라, 사람들이 보는 앞에 채찍을 맞고 벌거벗긴 채 십자가에 달리어 가장 고통스럽고 치욕스러운 모습으로 숨을 거두었다. 그런데 그분이 바로 전능하신 하나님이시다. 이러한 하나님의 모습은 전능하신 하나님에 대한 일반 대중의 기대와는 전혀 다른 모습이지만, 사실 오래전에 이미 구약시대의 예언자들에 의해 이미 예언된 내용이다.

주님의 능력이 누구에게 나타났느냐? 그는 주님 앞에서, 마치 연한 순과 같이, 마른 땅에서 나온 싹과 같이 자라서, 그에게는 고운 모양도 없고,

훌륭한 풍채도 없으니, 우리가 보기에 흠모할 만한 아름다운 모습이 없다. 그는 사람들에게 멸시를 받고, 버림을 받고, 고통을 많이 겪었다. … 그는 굴욕을 당하고 고문을 당하였으나, 아무 말도 하지 않았다. 마치 도살장으로 끌려가는 어린 양처럼, 마치 털 깎는 사람 앞에서 잠잠한 암양처럼, 끌려가기만 할 뿐, 아무 말도 하지 않았다(사 53:1-7).

일찍이 이사야 예언자는 이스라엘을 구원할 메시아는 영광스러운 왕의 풍채가 아니라 유월절 어린 양처럼 연약한 모습으로 우리 앞에 나타나신다고 예언하였다. 예수 그리스도를 통하여 온전히 계시된 하나님은, 압도적인 권능으로 이 세상에 현존하는 악의 세력을 심판하는 방식이 아니라, 자신이 연약한 존재가 되어 세상의 악으로 인해 발생하는 고통을 온몸으로 짊어짐으로써 궁극적으로 악을 극복하는 길을 보여주셨다.

고통 받는 하나님에 대한 생생한 이야기가 있다. 엘리 위젤은 1986년도 노벨문학상을 수상한 유대인 작가이다. 제2차 세계대전 중에 나치에게 끌려가 홀로코스트에서 구사일생으로 살아난 위젤은 수용소에서 자신의 부모와 누이가 죽임을 당하는 것을 지켜보아야 하는 극심한 고통을 겪었다. 그러나 그가 가족의 죽음 이상으로 더 충격적이었던 사건은 어린 소년의 처형 장면이었다. 탈출을 시도했다가 붙잡혀온 불행한 이 소년은 수많은 유대인이 보는 앞에서 본보기로 교수형에 처해졌다. 수용소의 간수들은 잔인한 자신들의 악마성을 이 무고한 열세 살짜리 어린 소년의 목숨을 유린하면서 드러냈다. 사람들은 목에 밧줄이 걸린 채로 허공에 매달려 몸부림치는 어린 소년의 모습을 보아야 했다. 아직 목숨이 붙어 있는 채 혀를 내밀고 숨을 헐떡이는 소년의 눈동자와 마주친 엘리 위젤은 피눈물을 쏟으며 절규하였다.

"하나님, 도대체 당신은 어디에 계십니까? 어째서 이토록 우리에게 극심한 벌을 내리시나요? 왜 우리의 고통을 외면하는 겁니까?"

그런데 그때 그는 어디선가 들려오는 목소리를 듣게 된다.

"위젤아, 나도 저 소년과 함께 교수대에 매달려 고통 받고 있단다."

오랜 시간이 흐른 뒤 죽음의 행렬에서 극적으로 살아난 엘리 위젤은 파리에서 프랑수아 모리악을 만나 자신의 체험을 말해주자 모리악은 위젤에게 이렇게 대답했다고 한다.

"당신 자신도 소년과 함께 교수대에 매달려 있다고 대답한 그분은 바로 십자가에 못 박혀 죽으신 예수 그리스도라고 나는 믿고 싶소. 우리를 대신해 고통 받으신 하나님은 지금도 이 세상에서 연약한 사람들이 겪고 있는 고통 가운데 함께 하시는 분이라오."

기독교에서 말하는 구원은 고통을 심판하거나 회피함으로써가 아니라, 고통을 끌어안음으로써 이룩되는 구원이다. 하나님은 고통과 동행하시고, 스스로 고통을 당하셨기에 이 세상의 고통을 이해하고 위로할 수 있는 분이다. 하나님은 우리의 고통을 결코 외면하지 않는다. 스스로 낮아져 연약한 사람이 되어 이 세상에 오신 하나님은, 몸소 온갖 고통을 다 받으심으로써 우리의 고통을 이해하시며 이 세상에서 고통 받는 사람들의 동반자가 되셨다.

십자가 사건과 세월호의 고통

예수를 메시아로 믿고 따르던 제자들은 예수께서 예루살렘을 올라갈 때 나름대로 속내를 품고 동행하였다. 그것은 세속적인 기대였다. 메시아인 스승이 왕궁과 성전이 있는 예루살렘에 올라가 영광스러운 자리를 차지할 때 자신들에게도 상당한 지분이 주어질 것이라는 기대였다. 그러나 어이없게도 예수는 체포되었고 모욕적인 재판을 받았으며, 십자가에 달려 고통스럽게 죽고 말았다. 십자가에 달린 예수는 단지 육체적 고통으로만 괴로워한 것이 아니다. 어쩌면 아버지 하나님께 버림받았다는 절망감이 더 그를 괴로움에 몰아넣었는지도 모른다. "나의 하나님, 나의 하나님, 어찌하여 나를 버리셨습니까?"라고 외치며 숨을 거둔 예수의 마지막 순간은 그야말로 비참했다.

제자들은 이러한 사태를 도무지 이해할 수 없었다. 도대체 왜 우리의 스승 예수는 그토록 무기력했는가? 뚜렷하게 잘못한 일도 없는데 왜 제대로 항변도 하지 못하고 묵묵히 사형판결을 받아야 했는가? 왜 가시관을 쓰고 채찍질당하고 십자가를 짊어지는 굴욕을 당해야 했는가? 왜 십자가에 매달려 울부짖다가 죽음을 맞이할 수밖에 없었는가? 이럴 바에야 처음부터 예루살렘에 오지 말지, 환영해주는 군중들도 많은 갈릴리를 떠나 굳이 우리를 이끌고 이곳에 와서 그야말로 헛된 죽음을 당해야 했는가? 이러한 풀리지 않는 물음들과 더불어 제자들을 더욱 괴롭힌 것은 자신들조차 스승과의 약속을 팽개치고 도망쳤다는 자책감이었다. 예수님을 사랑한다며 언제나 함께하리라고 대답했지만, 막상 재판정에서 병정들의 창칼을 보자 두려움에 떨며 자신은 예수의 제자가 아니라고 거짓말을 하고 도망칠 수밖에 없었다. 예수께서 겪으신 십자가의 고통과 절망, 그리고 자신들의 비겁함에 대한 자책으로 제자들은 매 순간이 억겁처럼 길게 느껴지는 괴로운 시간을 보내고 있었다. 이러한 절망의 시간에 제자들에게 믿을 수 없는 놀라운 소식이 전해졌다. 그것은 예수께서 다시 살아나셨다는 소식이었다. 과연 십자가에 달려 죽은 예수는 무덤에 갇혀 있지 않았다. 그는 무덤 문을 열고 부활하심으로써 고통에서 영원한 생명으로 이르는 길을 열어주셨다. 제자들은 절망에서 새로운 희망을 찾았고 두려움을 떨치고 예수를 증언하기 시작했다. 죽음 너머에서 영원한 생명을 깨닫게 되었다.

어른들을 믿었기에, 착한 아이들이었기에, "가만히 있으라!"는 말만 믿고서 선실에 남아 있다가 세월호의 육중한 쇳덩이 갑판 아래에 갇혀 4월의 차가운 바닷물 속으로 잠겨버렸다. 그 거대한 배가 어두운 바다 속으로 침몰하던 그 순간 우리의 아이들은 얼마나 무서웠을까? 죽음의 물살이 아직은 가녀린 아이들의 숨을 삼켜버릴 때 아이들은 얼마나 고통스러웠을까? 꽃보다도 아름답고 별보다도 총총한 이 아이들을 사지에 빠뜨리고도 유유히 휴대폰을 챙겨 세월호를 빠져나간 선장과 선원들은 도대체 왜 아이들을 버린 것일까? 구조가 본업인 해경들은 왜 배 안에 남아 있는 생존자들을 외면한 채 돌아갔을까? 배가 침몰한 후 왜 정부는 단 한 명도 구조하지 못했는가? 왜 대통령은 자신의 목숨보다 소중한 아이를 잃고 가슴에 큰 구멍이 나서 살아갈 힘을 잃은 부모들을 만나주지 않는가? 도대체 세월호 참사의 책임은 누가 지는 것인가? 세월호 참사의 근본적인 책임을 유병언이라는 사람에게 돌리더니 어이없게도 그자는 의문투성이의 시신으로 발견되고 말았다. 이젠 누구에게 책임을 물어야 할지도 알 수 없는 이 부조리한 상황을 어떻게 납득할 수 있는가? 왜 일 년이 다 되도록 진상규명은 전혀 이뤄지지 않고 사건의 실체는 점점 더 안개 속으로 빠져드는 것인가? 왜 어떤 사람들은 세월호 유족들에게 경기침체의 책임을 씌우고 이제 좀 그만하라고 압박하는가? 자신의 목숨보다 더 소중한 아이를 잃은 부모의 고통은 그 무엇으로도 치유되지 않는데, 어디에서도 해결책을 찾을 수 없으니 답답해서 가슴이 터질 것 같은 이 막막한 현실을 어떻게 받아들이고 일상으로 되돌아갈 수 있단 말인가? 슬픔에 잠겨 단식하는 유족들 앞에서 치킨과 피자를 100판 배달시켜 소위 '폭식투쟁'이란 짓을 하면서 조롱하는 자들과 어떻게 같은 하늘을 이고 살아간단 말인가? 세월호 참사로 소중한 자녀 혹은 식구를 잃은 유가족들은 지난 한 해 동안 이러한 고통과 번민을 겪으며 밤낮을 보냈다. 이제 그만 접으라는 사회 일각의 차가운 눈초리를 의식하며 매 순간 밀려오는 좌절감에 몸과 마음을 가누기 어려운 나날들이었다.

십자가에 달려 죽으신 예수께서는 무덤에서 부활하여 영원한 생명을 약속하셨다고 한다. 그렇다면 우리의 아이들은 어떻게 되는 것인가? 과연 우리 아이들은 죽지 않고 다시 살아날 수 있는가? 그렇다면 어떻게 해야 우리 아이들을 다시 만날 수 있는 것인가?

노랑나비와 들꽃으로 되살아나는 아이들

필자는 작년 가을, 〈세월호 참사를 기억하며 걷는 생명평화 순례〉에 짧은 일정이나마 참여하였다. 진도 팽목항에서 서울 광화문까지 기도를 올리며 걷는 이 순례에 많은 성공회 성직자들과 교우들이 동참하였다. 매일 아침 길을 떠나기 전에 생명평화 순례자들은 함께 모여 기도를 올렸다. 기도의 마지막 순서는 항상 진도 앞바다에서 예쁜 꿈을 접어야 했던 아이들과 희생자들의 이름을 부르는 것이었다. 순례를 제안한 신부는 공책에다가 희생자들의 이름을 또박또박 손글씨로 적어 품에 지니고 매일 아침 한 장에 적힌 이름을 불렀다. 세월호에 갇혀, 아니 이 시대의 어둠에 갇혀 그만 검푸른 바다 속으로 사라져버린 단원고 아이들과 희생자들의 이름이 한 명씩, 한 명씩 불려졌다. 이름이 불림으로 인해 순례자들은 가슴 속에서 희생된 아이들이 다시 부활함을 느꼈다. 아이들이 순례자들에게 말하는 목소리가 들렸다. 비록 "우리들은 사랑하는 부모님 곁을 떠날 수밖에 없지만 자신들을 가두었던 이 시대의 어둠을 반드시 밝혀달라고, 맑고 푸르른 꿈을 차가운 물속으로 끌고 들어가 질식시킨 저 부패와 무관심의 사슬을 끊어달라!"고 절규하였다.

순례단의 선두에는 〈세월호 참사를 기억하며 걷는 생명평화 순례〉라는 노란 깃발이 앞장섰다. 순례자들이 걷는 가을의 길섶에는 많은 들꽃들이 피어 있었다. 개망초와 구절초가 피어 있고, 싸리꽃과 왕고들빼기꽃이 웃고 있었다. 감국과 산국이 각각 진한 노란색을 서로 견주었고, 쑥부쟁이와 벌개미취가 조용히 자태를 뽐내었다. 동산 위로 아침 해가 솟아 가을 햇살이 비치기 시작하자 나뭇가지마다 걸린 거미줄에는 이슬방울이 영롱하게 빛나기 시작했다. 그 아래로 냇물은 졸졸거리며 흘러가고 있었다. 어른들의 잘못으로 한순간에 그 푸른 나래를 접어야 했던 아이들을 생각하며 한 걸음 한 걸음 옮기는 순례자의 눈에는 이제 이 모든 생명들 속에서 아이들의 모습이 느껴졌다. 아이들의 웃음소리와 재잘거림과 자유로운 몸짓들이 떠올랐다. 못다 핀 아이들의 꿈과 생명이 이 뭇 생명들 속에 함께 있는 듯이 느껴졌다.

그런데 갑자기 어디선가 노란색 나비 하나가 나풀나풀 날아오더니 필자가 들고 가는 순례단 깃발 앞에서 춤추며 날아가기 시작했다. 순례행렬은 자동차들이 쌩쌩 달리는 6차선 차도와 넓게 펼쳐진 들판 사이로 난 좁은 인도를 따라 걷는 중인데, 신기하게도 나비는 차도로도 들판으로도 날아가지 않고 마치 강아지가 주인을 앞장서 가듯이 순례행렬 앞에서 계속 날아가는 것이었다. 이러한 동행은 잠시 동안 우연히 일어난 것이 아니라, 신기하게도 오래 동안 수백 미터 구간 동안 이어졌다. 필자에게 이 일은 하나의 계시처럼 느껴졌다. 노랑나비는 순례 깃발 앞에서 필자의 발길을 이끌다가 작은 화훼단지가 나오자 꽃들을 향해 날아갔고, 순례단은 그곳에서 고단한 다리를 펴고 쉼을 가졌다. 꽃을 가꾸는 화훼단지 여주인이 마당으로 나와서 예고 없이 들이닥친 순례단을 친절하게 맞이해주시고 마음으로 동참한다고 격려해주셨다.

이후에도 노랑나비의 모습이 뇌리에서 떠나지 않아 다음날 인터넷으로 검색해보니 그 나비는 '남방노랑나비'였다. 보통 배추흰나비보다는 조금 작은데, 노란색 날개 끝에 검은 줄이 가늘게 나 있다. 그 무늬는 순례단이 들고 가는 깃발의 색깔과 똑같은 것이었다. 우연이라 하기에는 정말 신비스러운 사건이었다.

침몰하는 세월호에서 아이들이 마지막까지 주고받았던 이야기들과 영상을 보면서 눈물을 흘렸던 것이 엊그제 같은데 어느덧 일 년이 흘렀다는 사실이 믿어지지 않는다. 100일이 가고 200일이 지나 300일이 다 가도록 진상규명을 비롯해 무엇 하나 제대로 아이들을 위해 해준 것이 없는데 우리의 기억은 벌써 희미해지는 것이 아닌지 자책이 들기도 한다. 아이들과 유가족이 더 이상 희생자가 아니라, 마치 경기침체의 주범처럼 손가락질 받는 이 기막힌 이 시대 속에서 하루하루를 부끄럽게 호흡하면서 살아가고 있다. 처음에는 지나가는 어린아이들만 보아도 눈시울이 뜨거워지고 가슴이 먹먹했는데, 어느덧 무덤덤해지고 있는 우리 자신의 모습을 발견하곤 한다.

그러나 순례길에 나타나 앞장서서 날아가는 노랑나비를 통해서 어떤 계시 같은 깨달음을 얻었다. 그것은 세월호에 탔던 아이들의 영혼이 완전히 우리 곁을 떠난 것이 아니라 언제 어디서나 우리와 함께 있다는 깨달음이다. 이 땅에 존재하는 모든 생명 속에 아이들이 숨결이 깃들어 있음을 느끼고 싶다. 그 어떤 말로도 위로할 수 없는 유가족들에게 감히 그 아이들이 영원토록 우리와 함께 있다는 생명의 메시지를 전하고 싶다. 하지만 이 위로의 메시지는 결코 이 시대의 어둠을 향한 분노를 누그러뜨리는 것이 돼서는 안 될 것이다. 이 부패한 사슬을 묵인하는 거짓 용서와 혼동돼서도 절대로 안 된다. 우리는 한편으로는 아이들이 우리 곁에 함께 살아 있음을 느끼면서, 다른 한편으로는 아이들을 죽음으로 내몬 어둠의 세력과 부패한 무리들을 물리치고 이 세상 모든 아이가 구김살 없이 활짝 웃을 수 있는 세상을 만들자는 다짐이어야 할 것이다.

하나님의 영은 온 세상에 가득하니 그것은 곧 생명의 영이요, 기운이다. 영원하신 하나님 품에 안긴 아이들의 영혼은 이제 이 세상에 충만한 생명으로 돌아와 풀과 꽃과 나비와 새들의 생명 속에서 다시 살아나니, 이들 뭇 생명 속에서 하나님의 영을 만나고 동시에 아이들의 모습을 발견하자. 그리고 이 뭇 생명을 공경함으로써 이 세상에 남은 우리가 아이들을 못다 산 삶을 살려내고, 하나님의 영을 모시자. 그리고 나아가 이 생명을 죽음으로 몰아넣는 반생명적인 제도와 탐욕을 악으로 규정하고 맞서 싸워 아이들의 생명을 지켜내자.

세월호,
고통 속의 빛

: 영생에 대하여

이은선 ― 세종대학교

복 있는 사람은

악인의 꾀를 따르지 아니하며,

죄인의 길에 들어서지 아니하며,

오만한 자들의 자리에

함께 앉지 아니하며,

오로지

주의 율법을 즐거워하며,

밤낮으로 율법을 묵상하는 사람이다.

그는

시냇가에 심은 나무가

철따라 열매 맺으며

그 잎이 시들지 아니함 같으니,

하는 일마다 잘 될 것이다.

그러나 악인은 그렇지 않으니,

한갓 바람에 흩날리는 겨와 같다.

그러므로 악인은

심판받을 그 때에 얼굴을 들지 못하며,

죄인은 의인들의 모임에 들어서지 못한다.

의인의 길은 주께서 인정하시지만

악인의 길은 망할 것이다(시편 1편).

　위 성서의 시는 우리가 너무도 잘 아는 시편 1편의 말씀이다. 구약학자들의 연구에 따르면 이 1편은 이후에 이어지는 시편 전체(150편)를 아우르는 '전문前文, precis'에 해당한다. 이 전문의 정신은 한 마디로 '지복至福, beatitude'인데, 모세가 이스라엘 민족을 애급의 노예 생활에서 인도해낸 후 1천여 년 이상의 시간을 보냈고, 혹독했던 바벨론 포로기(B. C. 605-535)도 거치면서 삶의 온갖 고통과 불의, 그러나 동시에 기쁨과 회복, 소망도 겪으면서 한 편의 '지혜wisdom의 시'로 영근 것이다.

　그동안 얼마나 많은 고통과 비애와 슬픔이 이 세상에 있었을까? 얼마나 많은 사람이 전쟁과 나라 안의 내분과 수없이 되풀이되는 정치적·경제적·종교적 착취와 불의로 인해서 절망하고 탄식하며 죽어갔을까? 지금까지 사람들은 그런 모든 일을 겪으면서도 이 지혜의 시를 읽고 위로를 받았을 것이고, 다시 마음을 다잡고 새롭게 삶을 시작했을 것이며, 무엇이 義의 길인가를 알기 위해서 하늘의 말을 들으려고 노력했을 것이다. 거기서 '궁극'이 무엇이고, 선한 사람들에게 '지복'을 약속했다면 그것이 무엇인가, '죽음 이후'와 어떻게 연결이 되며, '영생'과 '부활'이 무엇인가 등의 질문들을 계속 했을 것이다. 너무 억울함이 크고, 불의가 계속되는 것 같으며, 현재의 삶은 여전히 고통과 더불어 이어지기 때문이다.

세월호 참사 – 인류 삶을 지탱해온 세 가지 원리의 붕괴

일찍이 함석헌 선생은 앞으로 인류의 삶이 지금까지 그 캠프를 지켜오던 세 가지 기둥인 "민족"과 "소유권", "가정"이 크게 요동치는 혼란을 겪게 될 것이라고 내다보았다.[1] 나는 지난해 4월 16일 대한민국 진도 앞바다 팽목항에서 발생해서 우리가 겪고 있는 세월호 참사야말로 이 내다봄을 참으로 적나라하게 적중시킨 사건이라고 생각한다. 세월호 참사가 발생한 이후 사람들이 제일 많이 던진 질문 중 하나는 '이것이 국가인가?'라는 것이었다. 곧 1주기가 되어가는 오늘의 시점에도 광화문 광장에 걸려 있는 구호에는 "(세월호 참사는) 국가가 국민을 구조하지 않은 사건입니다"라는 것이 있다. 지금까지 대한민국은 근세에 나라를 잃어버린 경험도 했고, 또 입이 닳도록 반만년 단일민족을 이야기하는 데서도 드러나듯이 '국가'와 '민족'은 그들 행위의 도덕적 기초였고 기둥이었다. 그런데 지금 그것이 흔들리고 있다. 국가가 자국민을 상대로 해서 학살과 전쟁을 일으킬 수도 있다는 것이 감지되면서 지금까지 생각하던 국가와 민족에 대한 생각과 가치관이 크게 요동치고 있는 것이다.

20세기 들어서 세계에서 유래가 없는 집약적인 근대화를 겪은 한국 사람들에게 소유와 경제는 모든 것 중의 모든 것이었다. 그 근대적 산업

---

1 함석헌, "5.16 어떻게 볼 것인가," 노명식, 『함석헌 다시 읽기』(책과함께, 2011), 622.

화의 과정을 어느 지역보다도 농축적으로 체현하고 있는 산업도시 '안산'에서의 삶도 바로 그것이었다. 그러나 이번 세월호 참사를 겪으면서 사람들은 지금까지 소유권과 부르주아적으로 축소된 핵가족에 저당 잡힌 삶이 얼마나 쉽게 무너질 수 있는가를 깊이 체험했다. 철저히 기업국가로 전락한 정치와 경제의 불의한 합병 속에서 일반 국민들과 세월호 유가족들은 자신들이 온통 경제와 소유권의 노예였음을 뼈저리게 느낀 것이다. 세월호 유가족들은 어느 대한민국의 소시민과 마찬가지로 지금까지 '가정'을 위해서 참으로 수고해왔다. 핵가족의 자식을 위해서 부부가 힘을 합해 일해 왔으며, 그 가운데서 자식들도 부모의 처지를 이해하면서 미래의 또 다른 가정과 가족을 위해서 참고 노력해온 것을 잘 알수 있다. 지난 1월에 출간된 『금요일에 돌아오렴: 240일간의 세월호 유가족의 육성기록』을 보면 그것이 잘 드러난다. 그들에게 가족은 삶의 목표였으며, 자식은 기쁨의 원천이었고 지지대였으므로 자식을 잃었다는 것은 모든 것을 잃은 것이다. 그래서 그들은 자식을 잃고서 더 이상 삶의 의미를 찾지 못하고 방황하고, 이러지도 못하고 저러지도 못하면서 어쩔 줄을 모른다:

승희 보내고 삶이 완전히 바뀌었어요. 인생에 즐거운 것도 없고, 삶에 의욕도 없고, 사람들도 싫고…. 억울하고 분한 마음밖에 없는데 뭐가 들리겠어요…. 일도 진작 그만뒀어요…. 우리 딸 없는 세상에서 돈 벌어 잘살면 뭐하나 싶고, 이사 갈 생각도 해요…. 아는 사람들이랑 마주치기도 싫어서… 저는 시도 때도 없이 울고 다녀요. 사진 보다 울고, 밥 먹다가 울고, 길 가다가도 울고… 승아 있는데 그러면 안 되는 거 알지만 승희 없는 세상에서 인생이 길어질까 무섭고… 어떻게 살아야 할지 답이 없어

요. 앞이 컴컴해요. 내 목숨 내가 어떻게 못하니 살긴 살겠지만 진짜 평생을 이렇게 살아야 한다니.[2]

몸의 끝이 모든 것의 끝인가?

몸의 부재와 '죽음'까지 불러온 불의를 겪고서 사람들은 이처럼 방황한다. 몸의 죽음 앞에서 누군들 흔들리지 않겠으며 '두렵지' 않을 것이고, 몸의 부재 후에 무엇이 더 남을 수 있는가 묻지 않을 수 없다. 마가복음 9장 30-32절과 누가복음 9장 43하-45절에는 예수께서 앞으로 다가올 자신의 수난과 죽음을 예고하는 장면이 나온다. 거기에 대한 반응으로 제자들은 그것에 대해 "예수께 묻기조차 두려워하였다"라는 서술이 나온다. 보통 몸의 끝은 모든 것의 끝으로 여겨지므로 우리는 그 무근저를 두려워하고, 그러나 한편으로 그 끝과 죽음을 불의하게 맞이한 사람들에게는 그것이 모든 것의 끝이 될 수 없고, 결코 그렇게 생각할 수 없다. 죽음이 모든 것의 끝이라는 생각에서 매우 두렵고, 그렇지만 '죽음 이후'에 대해서 우리가 생각하고 아는 바가 너무 적으므로 그 끝에 대해서 말하기조차 두려워하며 침묵하고 외면하는 것이다:

하느님의 존재에 대해서도 어떻게 평가해야 하는지 모르겠어요. 하느님의 자비가 느껴지지 않는 상황이 벌어진 거니까 처음에는 하느님을 부정하게 되잖아요. 저는 갈 데가 없어서 결국 하느님한테 다시 돌아갔어요. 천국이라는 희망조차 없으면 우리 채원이는 그저 암흑일 뿐이니까요.[3]

---

2   416 세월호 참사 시민기록위원회 작가기록단, 『금요일에 돌아오렴』(창비, 2015), 76-82.

예수 시대도 그랬고 오늘 우리 시대에서도 '보수주의자들conservative'
은 자신들이 이미 이룩한 것, 기득의 것을 영구히 '보존conserve'하려고
악과 불의를 저지른다. 가장 극단적인 방식으로 몸의 끝이 모든 것의 끝
이라고 여겨서 그 몸을 죽이는 방식으로 자신들의 보존에 위협이 되는
대상들을 제거해버린다. 그런데 그 죽임을 행한 자들도 몸의 끝이 모든
것의 끝이 아님을 어렴풋이 느껴서 두려움에 떤다. 예수 시대 선지자 요
한의 살인자 헤롯 왕도 예수의 활동을 듣고서 혹시 그 예수가 자신이 불
의하게 살해한 요한이 다시 살아난 것이 아닌가 하고 불안에 떨며 그 행
태를 자세히 알아보라고 명했다(눅 9:7-9).

세월호 희생자의 유가족처럼 "세상 사람들이 다 지켜보는 가운데 살
아서 '수장'을 당해야 했던 내 아이"를 잃어버린 경우라면 몸의 죽음이
모든 것의 끝이라는 생각을 결코 용납할 수 없다. 그래서 우리는 '죽음
이후'와 '고통 속의 빛'과 '부활'과 '영생'에 대해서 이야기해야 하고, 여기
에 더해서 불의하게 살생한 자들의 피할 수 없는 두려움도 몸의 끝이 모
든 것의 끝이 아니라는 것을 증거하니 '죽음 이후'와 '영'과 '정의'에 대해
서 이야기하지 않을 수 없다. 이렇게 '하느님의 존재'와 '정의'의 물음은
'죽음 이후'와 '영'과 '지복'의 물음으로 연결되고, 오늘 세월호 참사를 겪
는 한국 사회는 더더욱 이 물음을 회피할 수 없다.

몸의 끝과 영

신약성서가 전하는 예수 생전의 활동에서 죽음과 관련한 이야기 중에

---

3 같은 책, 218.

회당장 '야이로의 딸' 이야기가 있다. 마가복음 5장 21-43절도 같은 이야기를 전하지만 특히 누가복음 8장 49절 이하의 표현에 주목한다. 죽어가던 딸을 살려달라고 간청하는 야이로를 따라 예수는 그 집에 가시지만 도착하기 전에 아이는 이미 죽었다고 한다. 사람들은 죽은 아이로 인해 울며 애도하고 있었고, 예수가 도착하여 그 아이가 죽은 것이 아니라고 하자 그 말을 비웃었다고 한다. 그러나 예수께서 아이의 손을 잡고 '아이야 일어나라'고 하자 **"그 아이의 영이 돌아와서, 그 아이가 곧 일어났다"**(눅 8:55)고 말한다. 이 이야기의 표현대로라면 몸의 죽음은 영이 몸 밖으로 나가는 것이고, 그래서 그 영으로 인해서 몸의 끝이 모든 것의 끝이 아니라는 것을 증거해주는 것으로 이해할 수 있다. 공관복음서에는 없고 요한복음만이 전하는 마르다와 마리아 자매의 오빠 나사로의 이야기도 죽은 지 나흘이나 지났지만 예수가 다시 살려내셨다고 전하고, 그렇게 다시 살아난 나사로를 당시 유대의 기득권자였던 대제사장들은 예수와 더불어 죽이려 했다고 한다. "그것은 나사로 때문에 많은 유대 사람이 떨어져 나가서, 예수를 믿었기 때문"(요 11:11)이라고 하는데, 이렇게 '죽음 이후'와 부활 이야기는 사람들로 하여금 다시 궁극과 영원과 하나님 신앙에로 시선을 돌리게 하는 강력한 기제가 됨을 알 수 있다.

오늘날 우리 시대, 그리고 기독교 성서 밖의 '죽음 이후'와 '영'에 대한 이야기도 몸의 끝이 모든 것의 끝이 아니라는 우리의 성찰에 큰 울림을 주고, 그래서 우리로 하여금 더욱 더 진지하게 현재에서의 의義뿐만이 아니라 과거에 대한 義도 성찰하고 행위하도록 만든다. '80년 5월 광주의 상처에 대한 더할 수 없는 깊은 시선인 한강의 소설『소년이 온다』는 죽은 이들의 혼을 불러 이야기를 풀어나간다:

"산 사람이 죽은 사람을 들여다볼 때, 혼도 곁에서 함께 제 얼굴을 들여다보진 않을까." "혼은 자기 몸 곁에 얼마나 오래 머물까." "그들이 다가왔어. 얼룩덜룩한 군복에 철모를 쓰고, 팔엔 적십자 완장을 차고서 빠르게. 그들은 2인 1조로 우리들의 몸을 들어 올려 군용 트럭에 던져 넣기 시작했어. … 난 내 몸을 놓치지 않으려고 뺨에, 목덜미에 어른어른 매달려 트럭에 올라탔어." "나를 죽인 사람과 누나를 죽인 사람은 지금 어디 있을까. 아직 죽지 않았다 해도 그들에게도 혼이 있을 테니, 생각하고 생각하면 닿을 수 있을 것 같았어. 내 몸을 버리고 싶었어. 죽은 그 몸뚱이로부터 얇고 팽팽한 거미줄같이 뻗어 나와 끌어당기는 힘을 잘라내고 싶었어. 그들을 향해 날아가고 싶었어. 묻고 싶었어. 왜 나를 죽였지. 왜 누나를 죽였지. 어떻게 죽였지."[4]

우리 시대의 또 다른 문학가 공지영도 나름으로 '죽음 이후'의 체험을 소개한다. 그녀가 알고 있던 한 스위스 이민자 여성이 갑작스럽게 사랑하던 아이를 잃었다. 특히 그때까지 신앙과는 거리가 멀게 살아왔던 그 남편이 많이 괴로워했고, 하지만 남편은 고통 가운데서 신앙을 갖게 되었고, 아이가 죽기 전 가족들이 함께 갔던 한 순례지에서 죽은 아이를 다시 만나는 체험을 한 것을 전한다:

소피아, 나 아이를 만났어. 아이가 내게 왔어! … 아이는 그 모습 그대로 빛으로 왔어. 그리고 내게 말했어. 아빠, 슬퍼하지마…. 울지마, 아빠. 우리의 생은 여기서 끝나는 게 아니야. 우린 다시 만나게 될 거야.[5]

---

4 한강, 『소년이 온다』(창비, 2015), 13-52.
5 공지영, 『수도원 기행 2』(분도출판사, 2014), 176-177.

아이는 그렇게 거기서 한 시간 이상을 머물며 아빠와 이야기를 나누다 갔다고 한다. 공지영은 이런 이야기를 듣고서 그 지인 언니에게 "세월호 엄마들을 위해 언니 이야기 꼭 쓰고 싶어"라고 했고, 자신의 딸에게 사람이 하늘나라에 가는 것을 아기가 엄마 자궁을 나와 좁은 산도를 통과하며 고통을 겪고 탄생하는 것으로 비유한다. 그러면서 '난산'과 '순산'이 있지만 난산이었다고 해서 태어난 것을 기뻐하지 않는 것이 아닌 것처럼, 세월호 아이들이 하늘나라에 난산을 통해서 간 것으로 생각하면 어떨까 제안한다. "이 세상이 끝이 아니라 저세상이 있다는 믿음이 있는 우리 신앙인들에게는 어쩌면 죽는 것도 꼭 나쁜 일만은 아닐 수도 있습니다." "어떤 의미에서 신앙이란 자기 자신의 유한하고 불확실한 지식을 초월하려는 '정신의 개방'이다." 이 말은 나치에 의해 수용소에 끌려가 사망한 유대인 여성 철학자 에디트 슈타인Edith Stein이 했다고 전한다.[6]

예수의 부활논쟁과 산 자의 하나님

공관복음서 모두에 나와 있는 예수 행적 중에 사두개파 사람들과의 부활논쟁이 있다. 당시 부활이 없다고 주장하는 사두개인들은 예수를 곤경에 빠뜨릴 질문을 한다. 즉 모세의 율법에 따라 형이 자식 없이 아내만 남겨두고 죽는 경우 동생이 그 여자를 맞아들여 자식을 낳아주어야 하는데, 이렇게 일곱 형제가 모두 한 여성의 남편으로 살다 간다면 부활의 때에 누가 그녀의 남편이 되는가 하고 물었다. 거기에 대해 예수는, "사람이 죽은 사람들 가운데서 살아날 때에는 장가도 가지 않고 시집도 가

---

6 같은 책, 178-179.

지 않고, 하늘에 있는 천사들과 같다." "하나님은 죽은 사람의 하나님이 아니라, 살아있는 사람의 하나님이시다. 너희는 생각을 크게 잘못 하고 있다"(막 12:25-27)는 것이었다.

여기서 예수도 부활을 말씀하시니 우선 몸의 끝이 모든 것의 끝이 아님을 증거하신 것이다. 하지만 그는 더 나아가서 "하나님은 죽은 자의 하나님이 아니라 산 자의 하나님이다"라고 응수했다. 나는 이것을 우리가 몸의 끝을 겪고 맞이하는 부활의 시간에도 결코 놓지 못하는 '자아'나 '자기정체성'의 이 세상적인 구별과 한계도 포기할 것을 요구하시는 언어로 이해할 수 있다고 생각한다. 즉 우리가 그렇게 그 포기를 두려워하고 힘들어하는 '정체성'이나 '개체성'도 어쩌면 또 하나의 죽은 틀에 대한 고집이고, 그것은 우리가 이미 앞에서 비판한 대로 이 세상에서의 보수주의자들처럼, 다른 차원이긴 하지만 유사하게, 이룬 것과 성취한 것을 영구히 보존하려는 또 하나의 불신앙으로 볼 수 있다는 것이다. 여기에 대해서 '산 자의 하나님'을 믿는다는 것은 그런 경계와 나눔, 개체성에 대한 고착을 내려놓은 것이리라.

산 자의 하나님에 대한 신앙은 모든 종류의 고착과 실체론, 보수주의를 흔든다. 기독교회가 믿는 하나님은 바로 그런 하나님이고, 예수가 그것을 가르쳤지만 오늘날 한국교회는 그런 산 자의 하나님을 가르친 예수 자신을 다시 박제화해놓고, 그를 실체론적으로 그리스도로 고정시켜서 소수의 종교적 특권을 유지 보존하는 일에 이용하고 있다. 거기서 특권계급이란 여성에 대한 남성, 이웃 종교인에 대한 기독교인, 평신도에 대한 성직자 그룹 등이라고 할 수 있다. 이렇게 부활의 날에도 자아에 대한 집착을 버릴 수 없을 만큼 우리는 자아 중심적이고, 몸에 대한 집착이 크고, 또 그것을 억울하게 잃었을 경우는 더욱 그러할 것인데, 나중에

천당에 가서 죽은 아들딸들을 다시 만나보는 것이 유일한 삶의 의미라는 세월호 엄마들에게 '산 자의 하나님'에 대한 믿음을 가지고 그 지경까지 가야 한다고 요구하는 것은 너무 과한 것일까?

다윈 이후의 현대 진화론과 신학과의 대화를 진지하게 수행하는 신학자 존 F. 호트에 따르면 하나님의 진정한 창조원리는 자신을 비우고 내어주면서 상대방으로 하여금 오히려 그 자신이 되도록 하는 "하나님의 자기 비움the humility of God"이다. 그런 의미에서 '자연선택natural selection'을 말하는 현대 진화론과 신학이 대치되는 것이 아니며, 현대 진화론을 받아들인다고 해서 창조와 역사 속에서 관여하시는 하나님의 계획과 뜻을 부정하는 유물론적 무신론을 받아들이는 것이 아니라고 강조한다. 같은 맥락에서 우리의 죽음도 우리가 생애 동안 다른 사람들 및 자연세계와 맺은 관계들로 구성되어 있는 개인적 중심에서 해방되어 우주와 더 깊은 참여로 나아가는 개인적 여정으로 유추한다.[7] 창조와 진화의 참 원리는 그렇게 '자기포기'이고, '자기비움'이며, '연약함과 겸손의 원리'라고 밝히는데, 이것은 인류의 다양한 종교적 성찰들이 하나같이 공통으로 강조하는 내용이다.

'몸의 부활'을 강조하는 기독교는 이 자기비움의 원리를 '여기 · 지금'부터 실행하는 것을 강조한다. "누구든지 내 뒤를 따라오려거든, 자기를 부인하고, 날마다 자기 십자가를 지고 나를 따라오너라"(눅 9:23)는 말씀대로 끊임없이 자기를 비우고 포기하면서 사랑과 자기포기로 나아올 것을 강조하신다. 예수는 "너희의 義가 서기관이나 바리새파 사람들의 義보다 더 낫지 않으면 결코 천국에 들어갈 수 없다"(마 1:20)고 했다.

---

7 존 F. 호트, 박만 옮김, 『다윈 이후의 하느님 - 진화의 신학』(한국기독교연구소, 2011), 86-99.

부활의 때에 개인적 개체성도 비우는 것이야말로 바리새파의 보수주의를 넘어서는 것이 아닐까 생각한다. 이번 세월호 유가족의 한 어머니에게서 나는 이 자기개체성 포기와 극복의 성취가 이미 이 땅에서부터 이루어지고 있는 것을 본다:

> 그의 이야기 속에는 제훈이를 가리키는 '우리 애'와 다른 아이들을 표현하는 '우리 애들'이 섞여 있다. 그의 시간 속에는 제훈이와 제훈이가 아닌 아이들의 경계는 희미해졌다. '우리 애'라고 말할 때 그것은 '우리 애들'의 이야기가 되고 떠난 아이들을 말할 때에 그것은 또한 어느 새 우리 옆에 살아 있는 아이들의 이야기가 된다. 우리를 품은, 그리고 우리를 향한 이야기가 된다.[8]

독실한 가톨릭 신자인 제훈이 어머니는 성당에서 죽은 사람들을 위한 위령의 달로 지내는 11월에 아들을 위해서 기도하다가 "갑자기 내 아들 뿐 아니라 삼백 명이 넘는 다른 영혼들도 느껴지"면서 "그 사람들을 위해서도 기도해야겠구나" 하고 생각했다고 한다. 그녀는 고백하기를, "제가 다른 아이들을 바라볼 수 있게 된 것만으로도 감사한 일이라는 생각이 들어요. 그날 밤에 꿈을 꿨어요. 여러 사람들이 즐거운 모습으로 단체사진을 찍는 꿈이었어요. '아, 그래. 그 사람들이 전대사를 받았구나' 싶었지요."[9]

---

8 416 세월호 참사 시민기록위원회 작가기록단, 『금요일에 돌아오렴』, 312-313.
9 같은 책, 330.

생명의 연속성과 부활

세월호 참사가 식자들에 의해서 종종 '한국의 홀로코스트'로 비유되기도 한다. 20세기 유대인들의 홀로코스트를 세상에 드러내는 데 물꼬를 튼 엘리 비젤Elie Wiesel, 1928-은 그 후 시간이 한참 지난 2011년 삶과 죽음을 넘나드는 위험한 심장수술을 받으면서 그 경험들을 삶과 죽음, 죽음 이후 등에 관한 깊은 성찰로 다시 풀어낸다. 잘 알려져 있다시피 그는 유대인 대학살의 비극을 십대에 겪었고, 거기서 모든 가족을 잃고서 살아남아서 살아남은 자로서 온 힘을 다해서 인간의 미움과 절망, 폭력, 무신성에 대해서 싸워온 사람이다.

그는 자신의 세대는 때때로 하나님에게 버림받았고, 인간성으로부터 배반당한 세대였다고 고백한다. 그렇지만 그럼에도 불구하고 어떻게 인간이 그 잔인성으로부터 한 번에 완전해질 수 있겠느냐고 반문하면서, 그렇다고 인간성에 대한 믿음으로부터 돌아서겠냐고 되묻는다. 삶의 긍정과 인간성에 대한 신뢰와 가족과 이웃과 말과 신앙의 전통에 대한 믿음을 놓지 않은 것이다. 자신이 그렇게 하나님 신앙을 놓지 않는 이유를, 그는 바로 "자신이 스스로의 기억에서도 그렇고, 자기 민족과 조상들의 기억에서도 아주 오래된 하나님 신앙을 실행하는 마지막 자가 되지 않기 위해서"라고 한다. 그리고 마지막으로 쓰기를, 지금까지 자신의 모든 삶과 활동이 자기 부모와 조상들의 "살해당한 꿈과 희망murdered dreams and hopes"에 바쳐진 것이었다고 밝힌다.[10] 자기 어머니 아버지, 자기 할머니 할아버지, 자기 조상들이 삶의 온갖 고통 속에서도 죽음이 아니라

---

10 Elie Wiesel, *Open Heart*, trans. by Marion Wiesel (New York: Random House, 2012), 72ff.

삶을 마지막 언어로 선택해온 전통을 자신도 따르고 있음을 고백한 것이다.

일찍이 그는 나치 수용소 경험을 폭로한 글『밤*Night*』이라는 작품에서 다음과 같이 썼다:

나는 결코 잊지 않겠다. 나의 살고 싶은 간절한 소망의 영원성을 모조리 빼앗아간 이 칠흑 같은 침묵을. 나는 결코 잊지 않겠다. 내 하나님과 내 영혼을 살해하고, 또한 나의 꿈들을 모두 잿더미로 화하게 한 이 순간들을. 나는 결코 이것들을 잊지 않겠다. 설사 내가 하나님도 마찬가지로 살아남게 되었다 하더라도.

이렇게 하나님도 살해당하는 끔직한 경험을 한 후에도 그는 하나님은 "죽음이 우리를 이끄는 것이 아니라 삶이 우리에게 길을 보여준다"는 것을 가르치신다고 지적한다. 그러면서 인간은 "죽기 바로 전의 그 순간에도 여전히 영원하다", "모든 순간은 새로운 시작이다, (인간의) 모든 손사래는 하나의 약속이다", "모든 말은 기도가 될 수 있다"라는 말로 자신의 산 자의 하나님에 대한 신앙을 고백한다.[11] 나는 세월호 유가족도 이런 믿음이길 바란다. 우리가 몸의 끝이 모든 것의 끝이 아니라고 말하는 것은 바로 이러한 생명의 연속성에 대한 믿음을 표한 것이고,[12] 우리가 믿는 하나님이 죽은 자의 하나님이 아니라 산 자의 하나님임을 믿는 것이 바로 이것이라고 여긴다. 맨 앞에서 들었던 시편 1편의 총괄적인 뜻이고, 부활도 그렇게 우리들의 신앙과 더불어 오는 것이라고 생각한다.

---

11 *Ibid.*

12 이은선 · 이정배,『묻는다, 이것이 공동체인가』(동연, 2015), 154 이하.

영생과 우리의 본분

그런 생명의 연속성에 대한 믿음이 우리로 하여금 어떻게든 이 세월호의 진상을 규명하는 일에서 포기하지 않도록 한다. 제대로 된 진상규명과 더불어 '사실factual truths'이 밝혀져서 그것이 우리 공동 삶의 토대가 될 때 용서도, 미래의 약속도 있을 수 있기 때문이다. 그렇게 우리 중 어느 누구의 삶도 어떤 시대도 허공에서 시작되지 않는다. 누군가가 이루어놓은 토대 위에서 새롭게 시작하는 것이고, 그래서 그 토대 위에서 시작한 우리 몸의 삶도 그 끝을 맞이할 때는 또 하나의 인간성의 돌을 쌓아놓은 것이기를 바란다. 몸이 없이는 벽돌을 쌓을 수 없고, 몸의 부활을 강조하는 그리스도교의 부활은 그처럼 우리 몸의 삶을 의미 있게 살 것을 촉구한다. 세월호 유가족인 한 엄마가 그것을 다음과 같이 잘 표현해 주었다:

> 어쨌든 진실이라는 목표 하나 보고 달려가다 보면 목적지에 다다를 수 있을 것 같아요. 그렇지만 내가 끝장을 봐야 해, 내가 결과를 내야 해 그런 생각은 아니에요. … 어쨌든 내가 할 수 있는 만큼 최선을 다해서 간다. 그거예요. 이 길 가다보면 또 다른 사람들이 있으니까. 우리 가고 난 뒤에 다른 사람들이 언젠가는 밝혀줄 거다, 그건 확신해요. 우리가 앞서서 얼마만큼 가줬으니까 다음 사람들이 거기에서부터 출발하면 되니까.[13]

세월호의 한 아버지는 이 싸움은 엄마들이 앞장서서 싸우는 것이기

---

13 『금요일에 돌아오렴』, 159-160.

때문에 결코 쉽게 끝나지 않으리라는 믿음을 표현해주었다. 엄마들이 싸우면서 "한명 두명 투사들이 나오고" 있다는 것이다.[14] 엄마들이 생명운동의 전사들이다. 이들의 싸움은 그 생명의 가장 처절한 죽임에 대한 싸움이므로 죽음을 넘어서 갈 것이고, 온갖 고통을 넘어서 생명의 빛을 따라 부활과 영생으로 나아갈 것이다:

> 그런데 그 새벽에 희한한 음성이 들리기 시작했어요. 멍 때리고 앉아 있으면 "엄마, 왜 그래?" 하는 호성이 목소리가 자꾸 들려요. 옆에 있는 것처럼. 그러니까 '어! 똑바로 살아야지!' 하는 생각이 드는 거예요. … 여기서 포기해 버리면 나라가 버린 내 자식을 부모가 또다시 버리는 셈이니까. 죽어서 내가 우리 애를 어떻게 봐요, 그래서 이 말주변 없는 엄마가 전국을 다니면서 간담회를 하게 됐어요. 뭐라도 알려야 될 것 같아서. 잊히는 게 무서워서.[15]

우리 모두는 용서와 약속이 없이는 살아갈 수는 없는 서로 기대야 하는 존재들이다. 그리고 피조물이다. 불의한 사람들도 마찬가지이다. 그들에게도 몸의 끝은 있고, 그렇지만 또 몸의 끝이 모든 것의 끝이 아니기 때문이다.

---

14 같은 책, 308.
15 같은 책, 122, 128.

남겨진 자들의 신학

세월호의 기억과 분노 그리고 그 이후

2015년 4월 9일 초판 1쇄 인쇄
2015년 4월 15일 초판 1쇄 발행

지은이 세월호의 아픔을 함께하는 이 땅의 신학자들
엮은이 NCCK 세월호참사대책위원회
펴낸곳 도서출판 동연
펴낸이 김영호
편   집 조영균 | 디자인 이선희 | 관리 이영주
등   록 제1-1383호(1992. 6. 12)
주   소 우 121-826, 서울시 마포구 월드컵로 163-3 2층
전   화 02-335-2630, 4110
전   송 02-355-2640

잘못된 책은 바꾸어드립니다.
책값은 뒤표지에 있습니다.

ISBN 978-89-6447-269-9 93200

• 이 도서의 국립중앙도서관 출판예정도서목록(CIP)은 서지정보유통지원시스템 홈페이지
  (http://seoji.nl.go.kr)와 국가자료공동목록시스템(http://www.nl.go.kr/kolisnet)에서
  이용하실 수 있습니다.(CIP제어번호: CIP2015010213)